Frauen ohne Wohnung

Spezifische Sozialisationsbedingungen, subkulturelle Strukturen
und Interventionsansätze des Hilfesystems

von

Kathrin Macke

I0124921

Tectum Verlag
Marburg 2000

Die Deutsche Bibliothek - CIP-Einheitsaufnahme

Macke, Kathrin:
Frauen ohne Wohnung.
Spezifische Sozialisationsbedingungen, subkulturelle Strukturen und
Interventionsansätze des Hilfesystems.
/ von Kathrin Macke
- Marburg : Tectum Verlag, 2000
Zugl: Göttingen, Univ. Diss. 1999
ISBN 3-8288-8107-6

Tectum Verlag
Marburg 2000

Frauen ohne Wohnung

Spezifische Sozialisationsbedingungen,
subkulturelle Strukturen
und Interventionsansätze des Hilfesystems.

Von der Erziehungswissenschaftlichen Fakultät

der Georg-August-Universität Göttingen

zur Erlangung des Grades eines

Doktors der Philosophie

- Dr. phil. -

genehmigte Dissertation

von

Kathrin Macke

geb. am 31.08.1956 in Einbeck

Referent: Prof. Dr. K. Wallraven

Korreferenten: Prof. Dr. H. Giesecke

Prof. Dr. B. Girgensohn

Tag der Disputation: 15. Januar 1999

Gliederung

1. Einleitung

Die Anzahl von Frauen, Männern und sogenannten Straßenkindern, die sichtbar wohnungslos im öffentlichen Raum leben, hat seit Beginn der neunziger
Jahre zugenommen.

Vor dem Hintergrund zunehmender Arbeitslosigkeit, wirtschaftlicher Umstrukturierungen, sozialpolitischer Sparmaßnahmen und nicht zuletzt durch den Zusammenschluß der beiden deutschen Staaten haben sich, so hat es den Anschein, Ausgrenzungsprozesse formiert, die bestimmten Bevölkerungsgruppen die Partizipation an der gesellschaftlichen Wohlstandsentwicklung verweh-
ren. Hinzu kommen gesellschaftliche Entwicklungen wie der Trend zur Individualisierung. Die dadurch bedingte „Pluralisierung der Lebensstile, die Ent-
strukturierung von Lebensphasen und traditionell typischen Lebensplänen und
Bewältigungsweisen ... gefährden vorrangig diejenigen, die isoliert und vereinzelt, ohne kollektiven Halt und jede verstehende Konfliktfähigkeit sind, vor allem dann, wenn sie aus dem Bildungs- und Beschäftigungssystem abdriften"
(Bieback/Milz 1995:13)[1].

Diese abdriftenden Bevölkerungsgruppen sind durch steigende Ausgaben der
staatlichen Ausfallbürgschaft (Sozialhilfeleistungen) und flankiert von einem
Mangel an bezahlbarem Wohnraum verstärkt ins öffentliche Bewußtsein ge-
drungen. Einhergehend mit den nationalen Armutsberichten (Paritätischer
Wohlfahrtsverband 1989; Hanesch 1994) und regionalen Untersuchungen zum
Sozialhilfebezug (Rheinland-Pfalz 1992; Hamburg 1993) hat auch der wissenschaftliche Diskurs über dynamische und segmentierende Armutsprozesse
neue Impulse erfahren (Buhr 1995; Hübinger 1996). Die Diagnosen dieser
Untersuchungen weisen auf die Zunahme von zeitweiligen Armutslagen, auch
der mittleren Schichten, hin. Daneben scheinen sich jedoch auch solche verfestigenden Mangellagen herauszubilden, die Personengruppen auf Dauer aus-
grenzen. Diese Armutsbevölkerung verfügt über stark eingeschränkte Hand-

---

[1] Auf die, in der Einleitung genannten, Literaturangaben wird im Hauptteil eingegangen.

lungsmöglichkeiten und ist von einer gravierenden gesellschaftlichen Marginalisierung betroffen.

Der überwiegende Teil dieser dauerhaft armen, wohnungsverlierenden Bevölkerung lebt in den sich ausdehnenden klassischen Armutsquartieren der Städte und Kommunen. Eine geringere Anzahl von Menschen lebt ohne jede eigene Unterkunft auf der Straße.

Der Wohnungsverlust wurde bis in die siebziger Jahre als ein Merkmal einer defizitären Persönlichkeitsstruktur gedeutet. Diese Sichtweise erfuhr durch sozialwissenschaftliche Untersuchungen, die insbesondere Ende der siebziger Jahre zur Randgruppenproblematik entstanden, eine Relativierung. Die wissenschaftlichen Erklärungsansätze betonten erstmals gesellschaftlich bedingte Faktoren, die als maßgeblich für den Verlust der Wohnung angenommen wurden (Iben 1971; Hess/Mechler 1973). Zwar beachteten in Folge diverse Untersuchungen die gesellschaftlichen und individuellen Gegebenheiten, die den sozialen Abstieg und einen daraus resultierenden Verlust jeder Unterkunft flankierten, eine einheitliche Definition des Daseins ohne eigene Wohnung existierte jedoch nicht.

Unterschiedliche Bezeichnungen und inhaltliche Ansätze bedingen eine Vielfalt sich widersprechender Analysen über die Betroffenheit von Frauen, aber auch von Männern, Jugendlichen und Kindern.

In dieser Arbeit wird für den Personenkreis der ohne Wohnung lebenden Frauen der Terminus `Wohnungslose´ verwendet. Dieser Begriff impliziert die wesentlichen Lebens- und Problemlagen und ist frei von individuellen Eigenschaftszuweisungen. „Letztlich ist der Begriff `Wohnungslosigkeit´ Ausdruck einer zivilen, republikanischen, den Grund- und Menschenrechten verpflichteten Gesellschaft ..., ein res publica beanspruchender Begriff für die Verletzung des Grundrechts auf Wohnen, auf Teilhabe und soziale Gerechtigkeit" (Holtmannspötter 1996:27).

In den wenigen Publikationen über Wohnungslosigkeit von Frauen werden nur jeweils einzelne Aspekte des sozialen Abstiegs behandelt. Zwei Altersgruppen werden als besonders gefährdet angenommen. Das Hauptrisiko für den Personenkreis der jungen Erwachsenen und älteren Frauen zu bestehen. Der hohe Anteil der älteren Frauen läßt vermuten, daß ein Zusammenhang zwischen unzulänglicher sozialer Absicherung, Armut und Wohnungsnot besteht (Langer 1984). Der ebenfalls hohe Anteil der jungen Frauen dagegen scheint auf Adoleszenzprobleme zu weisen (Trauernicht 1989).

Für die Frauen beinhaltet dieser Verlust und das Leben im öffentlichen Raum weitestgehende persönliche Schutzlosigkeit und gesellschaftliche Verachtung. Das Verbleiben in diesem Lebensumfeld verringert soziale Kontakte und bedingt in der Regel den Ausschluß von der politischer Willensbildung sowie der Teilhabe an kulturellen Bildungsangeboten. Das Straßenmilieu scheint jedoch auch soziale Ressourcen und Schutzfunktionen für die darin lebenden Frauen bereitzuhalten, die als sanktionsarm und identitätsstiftend erlebt werden können (Weber 1984).

Ein Leben ohne eigene Unterkunft ruft staatliche und andere Hilfen auf den Plan[2]. Die Wirkungsweise der Hilfeangebote beruht auf der rechtlichen Definition gem. § 72 BSHG. Angebote der Hilfe setzen in der Regel erst mit dem Erscheinen der Frauen auf der Straße ein und zielen auf Reintegration in die Gesellschaft. Die Bereitstellung präventiver Hilfen, die einen Wohnungsverlust verhindern könnten oder unmittelbar nach Eintritt in die Obdachlosigkeit angezeigt wären (§11-15 BSHG), scheinen sich bis jetzt in den Kommunen nicht etabliert zu haben (Horn 1992; BSU 1993).

Die sozialpädagogischen Hilfeangebote für wohnungslose Frauen verweisen auf eine Fülle unterschiedlicher Ansätze. Es wird nicht reflektiert, sondern lediglich agiert. So entsteht der Eindruck, daß die soziale Arbeit in der Wohnungslosenhilfe gesellschaftliche Ungerechtigkeiten verfestigt und nicht, ihrem Anspruch entsprechend, verändert.

Das spezifische Hilfesystem für wohnungslose Menschen ist zudem kaum auf

---

[2] Hiermit sind sowohl die freien Wohlfahrtsverbände als auch Initiativen auf ehrenamtlicher Basis gemeint.

weibliche Personen und ihre Problemlagen eingestellt. Besonders im stationären Bereich und in den Notunterkünften sind viele der Angebote undifferenziert
und werden von den Frauen nicht angenommen. Teilstationäre oder ambulante Einrichtungen haben scheinbar durch vorhandene Freiräume und eine
geringere Reglementierung des alltäglichen Lebens eine höhere Akzeptanz.
Niedrigschwellige Angebote, die an die Existenzsicherung und das momentane
Überleben anknüpfen, sind in den letzten Jahren mit der Zunahme der sichtbar
wohnungslosen Bevölkerung, vor allem in den Ballungsgebieten installiert worden.

Das forschungsleitende Interesse der vorliegenden Arbeit ist durch mehrjährige
Tätigkeit im Hilfesystem für wohnungslose Menschen entstanden. Bei Wohnungsverlust handelt es sich um einen differenzierten Prozeß, der sowohl von
gesellschaftlichen als auch subjektiven Faktoren bestimmt wird.

In dieser Arbeit wird der Frage nach der Kombination von gesellschaftlichen
Konstellationen und individuellen Problemdispositionen nachgegangen. Hierzu
wurden qualitative Interviews mittels eines Gesprächsleitfadens mit betroffenen Frauen durchgeführt. Es wird der Frage nachgegangen, ob die Deutung
und Verarbeitung von prägenden Bedingungen der Primär- und Sekundärso-
zialisation, von Behinderungen und Erkrankungen, gesellschaftlichen Werthaltungen und Forderungen zu dem Selbstbild der Frauen beitragen. Diese Pro-
blemfelder sind, davon wird ausgegangen, Indikatoren weiblicher Handlungsmöglichkeiten, deren Brisanz insbesondere in biographischen Umbruchsitua-
tionen und damit verbundenen spezifischen Belastungsfaktoren sichtbar wird.

In den Kapiteln 2 und 3 dieser Arbeit soll geklärt werden, welche Bedingungen
dafür verantwortlich sind, daß eine wachsende Anzahl von Frauen ohne eigene
Wohnung leben, und sichtbar als mittel- und obdachlos im Straßenbild erscheinen. In den Kapiteln 4 bis 6 wird die Lebenssituation von Frauen ohne
eigene Unterkunft und das System der Hilfen in den Mittelpunkt gestellt und
nach der Funktionalität der Hilfemaßnahmen gefragt. In Kapitel 7 werden die
Resultate der Arbeit gebündelt und der sozialpolitische Handlungsbedarf so-

wie die pädagogischen Anforderungen thematisiert, die für eine bedarfsgerechte Hilfepraxis notwendig sind.

Um die konkrete Situation des derzeitigen Hilfesystems für wohnungslose und von Wohnungslosigkeit bedrohte Frauen darzustellen, wurde eine schriftliche Befragung von ambulanten und stationären Beratungs- und Betreuungseinrichtungen durchgeführt. Diese Erhebung war notwendig, da keine vergleichenden Studien über die Hilfeangebote vorliegen.

Es wird zu klären sein, inwieweit die praktizierten sozialpädagogischen Ansätze in diesen Einrichtungen an der unmittelbaren Lebenswelt ihres Klientels anknüpfen oder auch präventive Maßnahmen installiert haben.

Abschließend wird diskutiert, ob durch verändertes Wahrnehmen der Helfenden der `Würde des Menschen´ besser gedient wird. Eine lebensweltorientierte professionelle Sozialarbeit muß dabei gesellschaftliche Widersprüche reflektieren und die Eigenständigkeit und Handlungsfähigkeit der Sozialpädagogik unter demokratischen und emanzipativen Prämissen realisieren. Die Hauptaufgabe einer so verstandenen Sozialarbeit muß die Erweiterung der Handlungsfähigkeit von den Menschen sein, die in der Regel am Ende der Wohlstands- und Einflußskala stehen.

Zusammenfassend werden folgende Hypothesen genannt:

• Es gibt nicht *die* wohnungslose Frau. Der Verlust jeglichen Obdachs ist das Resultat eines dynamischen Prozesses, in dem sowohl soziale, institutionelle und individuelle Faktoren eine Rolle spielen.

• Dieser Prozeß des sozialen Abstiegs wird maßgeblich von stigmatisierenden Zuschreibungen beeinflußt.

• Durch professionelle, präventive Hilfeangebote kann dieser soziale Abstieg in die Wohnungslosigkeit und Verelendung verhindert werden.

2.   Wohnungslosigkeit von Frauen

Armutslagen und Wohnungslosigkeit von Frauen stellen keine neue Erscheinung dar. Es gab immer weibliche Personen, die verarmten, ganz ohne Obdach oder in Notquartieren lebten. Der gesellschaftliche Umgang mit randständigen mittellosen Personen erfuhr jedoch eine Wandlung, die maßgeblich die Lebensbedingungen dieser Menschen gestaltete. Während im Mittelalter eine gottgefällige Almosenversorgung der Armen stattfand, setzte sich im Lauf der Jahrhunderte der Gedanke durch, Armut und Wohnungslosigkeit sei zu überwinden und die geeigneten Erziehungsmaßnahmen dazu wären Disziplin, Arbeit und Gehorsam.

Das Leben ohne Unterkunft und ein gesichertes Einkommen war und ist abhängig von gesellschaftlich gewährten Hilfen[3]. Die Gewährung und Funktion dieser Hilfeleistungen zur Sicherung des Überlebens der armen Bevölkerung wurde insbesondere im 19. Jahrhundert durch erzieherische und disziplinierende Ansätze bestimmt, die auch die Wahrnehmung von wohnungslosen Menschen nachhaltig prägten. Die heutige Hilfepraxis fußt zwar auf dem staatlich verbrieften Recht einer Daseinsvorsorge (Bundessozialhilfegesetz), die Sichtweise von wohnungslosen Menschen als vorrangig Erziehungsbedürftige ist dadurch jedoch nur marginal aufgehoben worden.

2.1.   Umfang des Personenkreises

Frauen erschienen bis Anfang der neunziger Jahre nur vereinzelt sichtbar als mittel- und obdachlos im Straßenbild. Das Dasein im öffentlichen Raum stellte bis dahin ein männliches Phänomen dar. Die Studien und Untersuchungen Anfang der achtziger Jahre beziehen sich dementsprechend in der Regel auf die Problematik verelendeter Männer. Es wurde zwar die gesellschaftliche

---

[3] Hierbei handelt es sich um einseitige Hilfen. Die Stabilisierung von einseitigen Hilfen erfordert, nach Maas (1996:14), „ein komplexes gesellschaftliches System, in dem wechselhafte menschliche Regungen wie Mitleid, ..., durch verläßliche Stützen ersetzt werden, durch abstrakte Werte wie öffentliche Ordnung, die Sozialstaatlichkeit oder gar persönliche Rechtsansprüche."

Deklassierung von Frauen aus den unteren sozialen Milieus, und damit einher-
gehende Ausgrenzungsmechanismen registriert, der soziale Abstieg und die
Lebenssituation von wohnungsverlierenden Frauen erfuhr jedoch nur geringe
Beachtung[4].

Bestenfalls als marginale Erscheinung sahen die Forschungsarbeiten weibliche Wohnungslosigkeit im öffentlichen Raum. So stellt Weber, der eine Untersuchung der Stuttgarter Stadtstreicherscene durchführte, fest: „Bei der gegenwärtigen Forschungslage läßt sich nur eins mit Bestimmtheit sagen: daß die
Nichtseßhaften eine weitgehende frauenlose Randgruppe sind und daß die
tatsächliche Zahl alleinstehender, wohnsitzloser Frauen nicht einmal zu schätzen ist" (Weber 1984:39).

Die diesen Studien zugrundeliegenden methodischen Ansätze erfaßten die
Entstehung und Verfestigung der Wohnungslosigkeit bei alleinstehenden
männlichen Personen. Da verelendete Frauen in der Mehrzahl nicht dem Ad-
jektiv `alleinstehend´ entsprachen und im Straßenmilieu eine geringere Prä-
senz aufwiesen, erfuhren sie wenig Beachtung. Es erfolgten jeweils Erhebungen in einem auf männliche Klienten ausgerichteten Hilfesystem, das durch die
konzeptionelle und praktische Ausrichtung den spezifischen Hilfebedarf von
Frauen nicht beachtete. Die Hilfeangebote und die wissenschaftliche Aufarbeitung von Obdachlosigkeit war auf Männer fixiert und blieb es vorerst
(Rohrmann 1987; John 1988; Treuberg 1990).

Erst das verstärkte Auftreten von sichtbar wohnungslosen Frauen in dem spezifischen Hilfesystem, und im öffentlichen Raum Ende der achtziger Jahre ini-
tiierte eine Auseinandersetzung mit der Problematik. Auf regionaler Ebene

---

[4] In den Arbeiten über Obdachlosigkeit Anfang der siebziger Jahre fand lediglich die Lebenssituation von Frauen in Notunterkünften Beachtung. Hess/Mechler (1973:66ff) berichten z.B. aus einer Obdachlosensiedlung (Ghetto) einer süddeutschen Großstadt. Neben den strukturellen Merkmalen des Lebens in der Randständigkeit, Armut und Isolation,
thematisieren sie anhand von Aktenvermerken der Sozialfürsorge die vorurteilshafte
Wahrnehmung der obdachlosen Frauen. Außer den allgemeinen individuellen Defiziten
diagnostiziert die administrative Fürsorge bei Frauen in Notunterkünften eine sittliche
Verwahrlosung und das Unvermögen Kinder zu erziehen. Diese Sichtweise der Sozialbü-
rokratie stellt auch Stoltenberg (1979:21ff) fest. Frauen in Notunterkünften erfuhren, im
Gegensatz zu Männern, eine zweifache Deklassierung: Einmal als arme, randständige
Personen und als sittlich deprivierte Individuen.

(München, Hamburg) entstanden Studien, die eine zunehmende weibliche Unterversorgung mit Wohnraum aufdeckten (Bremer/Romaus 1990; Schlottmann/ Schmidtke 1991).

Problematisch bei diesen und allen weiteren Untersuchungen zur weiblicher Wohnungslosigkeit ist die uneinheitliche Differenzierung der Personengruppe. Während Bremer/Romaus in München die Anzahl und Lebenssituation von alleinstehenden wohnungslosen Frauen in stationären und teilstationären Unterbringungen untersuchten, beziehen sich Schlottmann/Schmidtke in ihrer Datenerhebung aus Hamburg auf alle wohnungslosen Frauen in ambulanten und stationären Einrichtungen.

Die vorliegenden Studien gehen von einer hohen verdeckten weiblichen Wohnungslosigkeit aus. Mittel- und obdachlose Frauen leben demnach seltener auf der Straße, sondern in Unterkünften, die durch Befristung und Abhängigkeit gekennzeichnet sind (Loch-Braun/ Rehling 1988:69). In den administrativen Befragungen (z.B. der Sozialämter, Ordnungsämter) wird daher auch die weibliche Wohnungslosigkeit marginalisiert, da die betroffenen Frauen weniger in Erscheinung treten (Koch 1993:65 ff).

Da weder ein nationaler Obdachlosenbericht noch flächendeckende regionale Statistiken vorliegen, kann das aktuelle Ausmaß weiblicher Wohnungslosigkeit nur vage eingegrenzt werden. Gesicherte Daten über den wohnungslosen Anteil der Bevölkerung fehlen. Auf dieser Ebene liegen nur Schätzungen des Hilfesystems (BAG Wohnungslosenhilfe) vor, die für 1996 die Anzahl der Menschen ohne Wohnung auf ca. 900.000 Personen in den alten Bundesländern beziffern. Der Anteil der manifest wohnungslosen Frauen wird auf ca. 160.000 - 200.000 Personen, der der Kinder und Jugendlichen auf ca. 190.000 geschätzt. Diese Angaben der BAG Wohnungslosenhilfe gehen weiter davon aus, daß ca. 35.000 Personen (davon ca. 10%-15% Frauen) ohne jedes Obdach auf der Straße leben. In einer bundesweiten Studie von 1991 wird der Frauenanteil der Wohnungslosen in großstädtischen Ballungsgebieten auf wenigstens 10% und 15% geschätzt (Geiger/Steinert 1991).

Durch fehlende Datengrundlagen sind auch Einschätzungen über die woh-
nungsverlierende Bevölkerung aus den neuen Bundesländern problematisch.
Absehbar ist jedoch, laut der BAG Wohnungslosenhilfe, ein in den kommenden
Jahren stetiger Anstieg der Wohnungslosenzahlen in Ostdeutschland, da ne-
ben der Herausnahme der Wohnungen aus der Mietpreisbindung, verstärkt
Räumungsklagen durchgeführt werden. Einem Wohnungsverlust vorbeugende
Hilfen sind bis dato nur in einigen wenigen Kommunen installiert (BAG Woh-
nungslosenhilfe 1996:167).

Eine Einschätzungen der weiblichen Betroffenheit von Wohnungslosigkeit gestaltet sich schwierig. Sichtbar wohnungslose Frauen stellen sicherlich die
Spitze des Eisberges dar. Dieses sollte jedoch nicht vergessen lassen, daß ein
beachtlicher Teil der weiblichen (und männlichen) Bevölkerung kurz-, mittel-
oder langfristig in kommunalen Notunterkünften, Einrichtungen der Wohnungslosenhilfe oder auch ohne jedes Obdach lebt und von staatlichen Hilfen
(z.B. Sozialhilfe)[5] abhängig ist. Die Randständigkeit kann beim Auftreten weiterer Probleme in dem Verlust jeglicher Unterkunft eskalieren.

2.2. Wohnungslosigkeit - Eine benachteiligte Lebenslage

Einzelne Dimensionen belastender Lebensumstände tragen nur bedingt zur
Klärung der Phänomene sozialer Ausgrenzung bei. Die Benennung von Personen als wohnungslos trifft nicht den Kern des Problems, sondern beschreibt
lediglich einen Aspekt von Armut und sozialer Ausgrenzung (Gahleitner
1996:154). Zur Definition von sozialer Ausgrenzung und Wohnungslosigkeit
muß ein mehrdimensionales Konzept herangezogen werden, das „auf die kon-

---

[5] Der Anteil der Menschen (Frauen, Männer, Kinder), die laufende Hilfe zum Lebensunterhalt (HzL) beziehen, wird von Simon (1996:12) auf 2,5 Mio. Personen für 1995 geschätzt.
Weitere 2,5 Mio. Menschen erhalten zeitweilig oder ständig einmalige Leistungen (z.B.
Bekleidungs- und Heizungsbeihilfen) oder wohnungserhaltende Hilfen (Wohngeld). Die,
als Ausfallbürgschaft konzipierte, staatliche Hilfe wird für den Personenkreis der Sozialhilfeempfänger periodisch oder dauernd zum Einkommensersatz. Angesichts zunehmender Arbeitslosigkeit und Ausdünnung des sozialen Absicherungssystems dient die Sozialhilfe also nicht mehr dazu, vorübergehende individuelle Notsituationen abzufedern, vielmehr ist sie zu einer Unterstützung für massenhafte und durchaus standardisierbare Notlagen geworden (Hanesch 1994:217).

krete Versorgungslage von Personen und Haushalten bezüglich Einkommen oder Vermögen und anderen ... ungleichsrelevanten Dimensionen wie Bildung, Beruf, Wohnen, Gesundheit, soziale Einbindung und Partizipation (eingeht)" (Hübinger 1996:46).

Gahleitner bezieht sich in seiner Untersuchung über Wohnungslosigkeit auf den Begriff der Lebenslage[6], um die Aspekte der sozialen und individuellen Faktoren des sozialen Abstiegs differenzieren zu können. Die begriffliche Herkunft der Lebenslage ist im Grenzbereich zwischen Sozialpolitik, Soziologie und Sozialarbeit anzusiedeln.

In Arbeiten zur Randständigkeit (Obdachlosigkeit) wird der Begriff der Lebenslage teilweise mit `Lebenswelt´ gleichgesetzt. Der Begriff der Lebenswelt geht auf den phänomenologischen Ansatz von E. Husserl (Husserliana 1950) zurück. Hitzler/Honer, die das Für und Wider eines lebensweltlichen Forschungsansatz diskutieren, definieren die Lebenswelt als komplexes Gefüge. „Die Lebenswelt setzt sich zusammen aus aktuellen Erfahrungen und aus Sedimenten früherer Erfahrungen sowie aus mehr oder minder genauen Erwartungen zukünftig möglicher Erfahrungen. Die Lebenswelt des Subjekts ist notwendigerweise `offen´ und damit auch erweiterungsfähig. Sie ist sinnhaft und damit per se auch` bewußt´" (Hitzler/Honer 1988: 500). Als Raum der täglichen Aktionen von Menschen, ist die Lebenswelt der Schnittpunkt von Individuum und Gesellschaft. „Lebenswelt zu verstehen, heißt den Vermittlungsprozeß zwischen Gesellschaft und Individuum aufzuschlüsseln. ... Die Lebenswelt stellt immer ein Verhältnis von Möglichkeiten und Behinderungen menschlichen Handels dar" (Oelschläger 1986: 231).

---

[6] Lebenslage ist ein rein theoretischer Begriff, der 1909 von O. Neuraht vorgeschlagen wurde um die gesamte Lage von Bevölkerungsgruppen über ihre Einkommensverhältnisse hinaus zu erfassen. Eine Erweiterung der objektiven Beschreibungen um die subjektiven Grundanliegen von Personen erfuhr dieses Konzept in den fünfziger Jahren von G. Weiser. Eine nachhaltige Wirkung auf die weitere Verwendung des Begriffes der Lebenslage beruht auf einer Präzisierung von I. Nahnsen (1975), die in den Mittelpunkt der Definition die die Lebenslagen konstituierenden `Bedingungskomplexe´ stellte (Wendt 1988:79).

Lebenslagen sind durch eine Mehrdimensionalität gekennzeichnet, sie resultieren aus spezifischen individuellen Lebensplanungen und den objektiven Möglichkeiten. Die Lebenslage kann als „Resultat eines spezifischen, über Lebensstile vermittelten Zusammenwirkens der individuellen Lebensplanung, die sich
aus den milieuspezifischen Wertvorstellungen und den Lebenserfahrungen einer Person ergibt, und den einer Person zur Verfügung stehenden Ressourcen"
(Wendt 1988:80) verstanden werden. Das Konzept verhindert die Kategorisierung von Menschen aufgrund eines Merkmals. Es werden folgende Ebenen
einbezogen: Die Einkommens- oder Vermögenslage, die Bildungssituation
relativ zum allgemeinen Bildungsstand, die berufliche Lage, Versorgungslagen
bezogen auf Ernährung, Gesundheit, Erholung, Kultur, sowie den Umfang und
das Niveau sozialer Kommunikation (Wendt 1988:82). Eine weitere inhaltliche
Ausdifferenzierung des Lebenslagenbegriffs stellt Hübinger vor:

„Lebenslage ist der durch die gesellschaftlichen (ökonomischen, sozialen und
kulturellen) Strukturen abgesteckte individuelle Spielraum zur Entfaltung und
Befriedigung von existentiellen Bedürfnissen. Die Lebenslage umreißt also die
sozialen Chancen eines Individuums in der Gesellschaft. Im einzelnen stellt
sich die Lebenslage dar als:

- der Versorgungs- oder Einkommensspielraum, der den Umfang der möglichen Versorgung mit Gütern und Diensten bestimmt;
- der Kommunikations-, Interaktions- und Kooperationsspielraum, der die
  Möglichkeiten sozialer Kontakte und des Zusammenwirkens mit anderen
  umreißt;
- der Lern- und Erfahrungsspielraum, der die Chancen zur Interessenentfal-
  tung und -realisierung durch Sozialisation, Bildung und Ausbildung, Erfahrungen in der Arbeitswelt usw. absteckt;
- der Dispositions- und Entscheidungsspielraum, der dem Individuum auf verschiedenen Lebensgebieten Mitbestimmung und Mitentscheidung erlaubt;
- der Muße- und Regenerationsspielraum, der den Ausgleich psychophysi-
  scher Belastungen ermöglicht und von den Arbeitsbedingungen, dem
  Wohnmilieu, der Umwelt usw. abhängt" (Hübinger 1997:64f).

In diesem Erklärungsansatz kommen dynamische und relativ stabile Elemente
zum Tragen. „Sowohl die soziale Herkunft als auch die Bildung und Ausbildung
... prägen die jeweilige Lebenslage" (Gahleitner 1996:45). Daneben bezieht
der Ansatz auch dynamische Komponenten ein; die kulturellen Prägungen,

Einflüsse und Verankerungen des sozialen Handelns. Akzentuiert werden also auch die spezifischen Interaktionsformen zwischen dem sozialen Handeln der Personen und deren äußere Bedingungen. Das Konzept der Lebenslagen kann daher „als Ausdifferenzierung sozialer Schichten bzw. Klassenlagen angesehen werden und beschreibt die soziale Mikroebene. In ihnen manifestiert sich der soziale Mikrokosmos, dessen spezifische Formen der Ausgestaltung aber nur durch die globalen sozialstrukturellen Gegebenheiten und Prozesse ... zu verstehen und zu erklären sind" (Hübinger 1996:49).

Soziale Ungleichheit und Unterversorgung in einem oder mehreren Lebensbereichen werden als deprivierte Lebenslage bezeichnet (Döring u.a. 1990:7). Diese Lebenslagen sind „soziale Lagen, die sich in den Dimensionen sozialer Ungleichheit, in der `Bandbreite´ der Versorgungs- und Verteilungsmöglichkeiten, am unteren Niveau bewegen und dementsprechend nur geringfügige bis gar keine Kompensationsmöglichkeiten zum Ausgleich fehlender Handlungschancen haben" (Gahleitner 1996:43). Zwei Aspekte beachtet diese Definition: In bestimmten Lebensbedingungen dominieren soziale Ungleichheiten, wenn sie in bestimmten Ausprägungen auftreten; zweitens befinden sich aufgrund des institutionellen Aufbaus moderner Gesellschaften diese Ausprägungen der sozialen Ungleichheit mit großer Wahrscheinlichkeit jeweils innerhalb gewisser Bandbreiten, die durch eine unterschiedliche vertikale Verteilung beeinflußt sind.

Das Konzept der Lebenslage richtet die Aufmerksamkeit auf die gesellschaftlichen Verhältnisse als Kontinuum zwischen privilegierten und benachteiligten Lebensbedingungen, ohne die spezifischen Interaktionsformen zwischen dem sozialen Handeln des Individuums und dessen äußeren Bedingungen zu vernachlässigen. Bezogen auf randständige Menschen (Randgruppenangehörige) kann diese Perspektive des Lebenslagenkonzeptes verdeutlichen, „daß diese Menschen weder allein durch materielle Armut und Ausgrenzung gekennzeichnet sind noch ausschließlich durch abweichendes Verhalten oder durch die Ablehnung gesellschaftlicher Werte und Normen. Es wird ersichtlich, daß die Lebenslagen der Betroffenen sich durch das Zusammenwirken eingeschränkter

Handlungsbedingungen zu benachteiligten Lebenslagen verdichten"
(Gahleitner 1996: 46).

Benachteiligte Lebenslagen haben eine zeitliche Dimension. Sie können sich
verändern oder auch verfestigen. Den Veränderungen der sozialen Mobilität
von Menschen sind jedoch gesellschaftliche und individuelle Grenzen gesetzt.
Bei deprivierten Lebenslagen scheint die zeitliche Dimension überwiegend
durch einen hohen Energieaufwand zur Vermeidung eines weiteren sozialen
Abstiegs gekennzeichnet. Weitreichende Ressourcenknappheit und fehlende
Kompensationsmöglichkeiten können dazu führen, daß sich in sozialen
und/oder individuellen Krisen die Abwärtsmobilität verstärkt.

Die reale Verteilung von Lebenslagen ist ein sozialer Prozeß, dessen Ausge-
staltungen nicht ausschließlich in den Händen der Individuen liegen, sondern
durch eine Vielzahl von Faktoren mitbestimmt werden, die von dem Einzelnen
nicht beeinflußbar sind. „Die Lebenslage, in der ein Mensch sich befindet, ist
daher nicht nur ein `Resultat´ aus familialen und biographischen Ereignissen,
sondern wird ganz wesentlich mitbestimmt durch die wirtschaftlichen, sozialen
und nicht zuletzt durch die sozialpolitische Situation in der Gesellschaft"
(Hübinger 1991: 63).

Die monetäre Dimension der Unterversorgung wird im Lebenslagenansatz in
den Vordergrund gestellt und als wichtigster Bereich angenommen, der die
alltägliche Lebensbewältigung besonders nachhaltig prägt. Ein eingeschränkter finanzieller Handlungsspielraum beeinflußt „individuelle Wertorientierungen,
Einstellungen und spezifische Ansprüche, gerade was Lebensziele anbelangt,
..." (Gahleitner 1996: 46). Die ökonomische Benachteiligung als Untersu-
chungsaspekt läßt sich anhand des Haushaltsnettoeinkommens relativ zwei-
felsfrei beweisen. Alle weiteren Ebenen, die eine benachteiligte Lebenslage
per Definition bedingen, sind bis jetzt nur partiell in kleinräumigen Bereichen
analysiert wurden.

Die Untersuchungen von Friedrich u.a. (1979) und Tobias/Boettner (1992) be-
leuchten unterschiedliche Faktoren, die Lebenslagen beeinflussen. Friedrich

u.a. nutzen den Begriff der Lebenslage zur Beschreibung von gruppenspezifi-schen Benachteiligungen obdachloser Menschen um darauf aufbauend „Konzepte für eine Familienberatung zu entwickeln, die das Spannungsfeld zwischen familiärer Lage, Wohnquartier und kommunaler Sozialpolitik umfas-sen sollten" (Friedrich u.a. 1979: 49). In dem Untersuchungsansatz werden Elemente der strukturellen Lebensbedingungen (Einkommen, Arbeitssituation), der milieuspezifischen Wertvorstellungen und Orientierungen und der familia-len Verarbeitungen von benachteiligten Lebenslagen beachtet. Die Autoren stellen fest, daß eine unzureichende Einkommensversorgung als Auslöser für den Prozeß der materiellen Deprivation fungiert. Die Verfestigung der struktu-rellen Benachteiligungen wird dann durch spezifische Orientierungen und fami-liendynamische Einflußgrößen bedingt.

Die Untersuchung von Tobias/Boettner konzentriert sich auf die Lebensbewäl-tigung unter Armutsbedingungen in einem überschaubaren städtischem Ar-mutsgebiet[7]. Im Gegensatz zu den Obdachlosensiedlungen mit überwiegend konstanten Bevölkerungsanteilen basiert diese Analyse der Lebensbewälti-gung auf einer Untersuchungsgruppe, die erst im Lauf der letzten Jahre ver-armte (achtziger Jahre), und aufgrund dieser Verarmung in das Untersu-chungsgebiet zog. Trotz einer relativ einheitlichen sozialen Herkunft stellten Tobias/Boettner bei der Untersuchungsgruppe unterschiedliche Strategien fest, mit der die ʽneueʼ Verarmung verarbeitet wurde. Sie unterscheiden Konsoli-dierte und Lageristen, die sich in bestimmten Grenzen mit der veränderten Le-benssituation arrangieren und sich dabei an den Normen ihres Herkunftsmi-lieus orientieren, von Wohnungslosen/ Personen der Trinkhallenszene, deren Armutsbewältigungen auch subkulturelle Merkmale beinhaltet und die zu weni-ger normativ akzeptierten Problemlösungen greifen. Individuelle Problem-

---

[7] Böhnisch/Schelfold (1985:88) betonen die sozialisatorischen Elemente der Lebensbewäl-tigung. Danach geschieht Lebensbewältigung „vor dem Hintergrund einer sozialen Le-benslage, in der die sozialen und kulturellen Bewältigungsmöglichkeiten enthalten, in der aber genauso kulturell verfestigte Bewältigungsstereotype eingegangen sind. Wie Le-bensbewältigung abläuft und gelingt, ist weiter abhängig von früher gemachten Erfahrun-gen bei der Bewältigung von Lebensproblemen. ... Es gibt also so etwas wie einen bio-graphischen Prozeß des ʽErlernens von Bewältigungsformenʼ".

21

lösungsprozesse werden demnach von materiellen und sozialen Ressourcen sowie spezifischen Kompetenzen und Werthaltungen beeinflußt.

Eine Vielzahl von Faktoren muß bei der Bestimmung einer benachteiligten Lebenslage herangezogen werden. Neben den strukturellen Bedingungen, die anhand von gesicherten Daten (Einkommen, Wohnumfeld, soziale Herkunft, Bildungsstand, etc.) ermittelt werden können, stellen sich die individuellen Handlungsmuster als nicht generalisierbar dar.

Ein Ansatz von Iben (1993)[8] versucht die Vielschichtigkeit und den Lebensrahmen von benachteiligten Lebenslagen zu veranschaulichen. Er übernimmt ein systemisch-interaktionistisches Modell von Tschümperlin (1988) um Ausgrenzungs- und Verarmungsprozesse in ihrer Komplexität darzustellen. Dieses `Pentagon der Armut´ verknüpft alle relevanten Faktoren die zur Erklärung von Lebenslagen herangezogen werden müssen. Die Ecken des Pentagon umfassen:

• Biographie/Persönlichkeit
• Soziale Netze
• Gesellschaftliche Werthaltungen
• Arbeit/Einkommen
• Kosten/Konsum

Die Verbindung persönlicher Merkmale und Erlebnisweisen mit sozialen, normativen und ökonomischen Rahmenbedingungen vermeidet bei einer solchen (graphischen) Betrachtung eine einseitige Sichtweise. „Langzeitarbeitslosigkeit (zerstört zum Beispiel) die sozialen Beziehungen, das Selbstwertgefühl, das Verhältnis zu gesellschaftlichen Werten und die Bedürfnisstillung und Konsumfähigkeit. Andererseits hängt die persönliche Bewältigung von Langzeitarbeitslosigkeit auch davon ab, inwiefern die anderen Ecken (des Pentagons) tragfähig bleiben. Unter Armutsbedingungen sind in der Regel alle Ecken des Pentagons beeinträchtigt, wie sich etwa an der Lebenslage von obdachlosen

---

[8] Iben nutzt dieses Modell insbesondere zur Diskussion der Beziehung zwischen Armutslagen und etablierter Sozialarbeit. Die graphische Verdeutlichung basiert auf dem von Peter Tschümperlin (1988) entworfenen Pentagon der Armut.

22

Familien nachweisen läßt" (Iben 1993: 52).

2.2.1. Sozialpsychologisch orientierter Ansatz

Der sozialpsychologisch orientierte Erklärungsansatz betrachtet den familialen Kontext als auslösenden Moment des Wohnungsverlustes. Es geht in erster Linie um den Einfluß normabweichender Sozialisationsbedingungen, die auf gestörten interfamilialen Beziehungen und Kommunikationsprozessen beruhen. Nicht das Individuum, sondern die Erziehungsinstanzen der Primärsozialisation werden als Auslöser des sozialen Abstiegs und daraus resultierender Wohnungslosigkeit gesehen.

Die angenommene „Defizitfamilie ist gekennzeichnet durch eine materielle und immaterielle Mangelsituation gemessen am gesellschaftlichen Durchschnitt und ... (hat keine) Möglichkeiten, allein Erziehungsschwierigkeiten und -fehler .. aufzuarbeiten" (Degen 1995:43). Die beeinträchtigenden Faktoren der Primärsozialisation (familiale Störungen und Konflikte, problematisches Erziehungsverhalten, abweichende Rollenmodelle) führen zu Defiziten auf der individuellen Ebene, die sich insbesondere in einer eingeschränkten Selbstidentität, einer mangelhaften Handlungskontrolle, einer geringen kognitiven Kompetenz und spezifischen Wert- und Deutungsmustern manifestieren (Albrecht u.a. 1990: 48ff).

Die Betonung des weiblichen Wohnungsverlustes gemäß dieses Ansatzes liegt auf einer defizitären oder traumatischen Sozialisation und den inadäquaten Bewältigungsstrategien der Betroffenen im Umgang mit geforderten traditionellen Rollenerwartungen. Bei vielen wohnungslosen Frauen kulminieren in den Instanzen der Primärsozialisation soziale, psychische und ökonomische Probleme, die im weiteren Lebensverlauf Selbständigkeit und Eigenverantwortlichkeit erschweren (Schlottmann/Schmidtke 1991:8). Problematische frühkindliche Sozialisationserfahrungen wie das Fehlen einer kontinuierlichen Zuwendung, sexueller Mißbrauch, keine geglückte Identifikation mit der Mutter und keine geglückte geschlechtliche Identität, da der soziale Vater fehlte, werden als Ursachen angenommen, die zu Rollendisparitäten führen können (Steinert 1991:58).

Bei den wohnungslosen Frauen wird dementsprechend von einer defizitären Sozialisation ausgegangen, die inadäquate Bewältigungsstrategien und Konflikte mit den bestehenden gesellschaftlichen Rollenerwartungen erzeugte und dadurch in einem sozialen Abstieg mündete. „Es sind dies zunächst `nicht erfüllte´ Rollenerwartungen, sei es als Frau von Seiten des (Ehe-)Partners, sei es als Tochter von Seiten der Eltern, eines Elternteils, die zu Konflikten mit der Konsequenz des Wohnungsverlusts führen. Sozialisationsbedingungen, psychosoziale Probleme, abweichendes Verhalten ...stellen die Weichen für ein Leben ..., das häufig mit Wohnungslosigkeit gleichzusetzen ist. Fehlende oder unzureichende finanzielle Ressourcen konstituieren den dritten wesentlichen Lebensbereich, der den Weg in die Wohnungslosigkeit kanalisiert, verstärkt oder .. verursacht " (Bremer/Romaus 1990: 91).

Eine defizitären Persönlichkeitsentwicklung einhergehend mit dem Unvermögen spezifischen Rollenerwartungen gerecht zu werden erfährt, diesem Ansatz zufolge, eine Verstärkung durch mangelhafte monetäre Ressourcen.

2.2.2. Normative Ansätze

Frauen, die wohnungslos werden, verhalten sich nonkonform. Ihnen wird eine Abweichung von der gesellschaftlichen Normalität unterstellt, da sie der zentralen Leistungsnorm, die vorrangig die Erfüllung der gesellschaftlich zugewiesenen familialen Rolle beinhaltet, nicht genügen. Normen haben nicht nur einen Regelungs-, sondern auch einen Herrschaftscharakter. Über ihre Einhaltung wachen Instanzen sozialer Kontrolle, die sanktionierend auf Normabweichungen reagieren. Solche Abweichungen können äußerliche Merkmale (u.a. Behinderungen), unterstelltes oder wirkliches abweichendes Verhalten (u.a. Prostitution, Sucht) und sozioökonomisch benachteiligte Lebensumstände sein (Koch 1991:13). Zwar hat deviantes Verhalten unterschiedliche Bedeutungen (z.B. rücksichtslos, gefährlich, als Reaktion auf Notsituationen), diesem liegt jedoch stets die Annahme zugrunde, es handele sich um einen Normbruch. „Handlungen gelten ja nicht als abweichend, weil sie als zweckrational, affektuell, persönlich desinteressiert usw. gelten. Erst der normative Kontext, in dem sie wahrgenommen werden, entscheidet darüber, ob sie als abweichend wahrgenommen werden" (Peters 1989: 24).

Die gesellschaftlichen Bedingungen für abweichendes Verhalten werden in der, von Merton (1968) im Anschluß an Durkheim[9] entwickelten, Anomietheorie behandelt. Dieser Ansatz geht davon aus, daß zwischen den in der dominanten Kultur verbreiteten Werten und Zielen (z.b. Sozialprestige, Wohlstand) und der über die Sozialstruktur vermittelten ungleichen Verteilung von legitimen Mitteln eine Diskrepanz besteht, die auf die benachteiligten Mitglieder der Gesellschaft einen Druck zur Abweichung ausübt. „Anomie geht bei Merton hervor aus der Diskrepanz zwischen Kultur und Sozialstruktur" (Bohle 1984:2). Merton unterscheidet dabei zwischen legitimen Zielen, die durch die vorherrschende Kultur definiert werden und den zur Erreichung dieser Ziele als erlaubt geltenden Mitteln.

Die gesellschaftlichen Herrschaftsbedingungen bedeuten für Personen, abhängig vom beruflichen Status, Alter und Geschlecht, ungleiche Chancen zum Erreichen der als erstrebenswert definierten kulturellen Ziele. Abweichende Reaktionen sind denkbar, wenn das Individuum die erstrebenswert definierten Ziele nicht mit den als legitim anerkannten Mitteln erreichen kann. Merton hat eine Typologie der Anpassungsmöglichkeiten erstellt, die zwischen Konformität, Innovation, Rebellion, Ritualismus und Rückzug unterscheidet. Da für diese Arbeit insbesondere die Innovation und der Rückzug (sozialer Rückzug) einen Erklärungsansatz bieten, sollen diese Typen nachfolgend kurz skizziert werden:

• Innovation: Charakteristisch ist hier die Anerkennung der kulturellen Ziele bei gleichzeitiger Ablehnung der legitimen Mittel. Diese Reaktion wird, laut Lamnek, gerade in der westlichen Kultur, durch eine starke Betonung der

---

[9] Der Begriff Anomie wurde von E. Durkheim (1893) geprägt. Er führte Abweichungen (Devianz) nicht auf psychologische und individualistische Faktoren zurück, sondern auf soziale Sachverhalte.

Erfolgsziele bei gleichzeitigem Mangel der Mittel (ungleiche Bildungsmög-
lichkeiten, Arbeitslosigkeit etc.) herausgefordert (Lamnek 1993:119). Nach
Merton sind die unteren sozialen Schichten am Stärksten dem Druck der
Abweichung ausgesetzt, da sie geringere Zugangsmöglichkeiten zu den le-
gitimen Mitteln (z.B. Bildungschancen) haben, um die postulierten Ziele (z.b.
Wohlstand) zu erreichen.

• Der soziale Rückzug als Anpassungstyp wird durch die Aufgabe der kulturellen Ziele als auch der institutionalisierten Mittel charakterisiert. Zu dieser
Gruppe werden u.a. Drogensüchtige, Nichtseßhafte etc. gerechnet, die zwar
einen Teil der Bevölkerung darstellen, aber nicht der Gesellschaft zugehörig
sind, da sie deren postulierten Werte nicht teilen (Lamnek 1993:121). Wenn
zu Beginn sowohl Ziele als auch Mittel akzeptiert wurden, letztere sich aber
nicht als effektiv erwiesen haben, erfolgt der soziale Rückzug. Die Gesellschaft nimmt diese Personen als massive Außenseiter wahr.

Es ist hier nicht das einzelne Individuum, das aufgrund persönlicher Dispositionen abweichende Merkmale in sich trägt; die gesellschaftlichen Bedingungen
produzieren die Abweichung. Deviante Handlungen dienen danach der Bewältigung gesellschaftlich vorgegebene und vom einzelnen Gesellschaftsmitglied
nicht manipulierbarer Strukturen (Lamnek 1993:117).

Abweichendes Verhalten von Frauen ist im Besonderen an das jeweilige gesellschaftlich definierte Rollenbild gebunden. Akzeptierte Mittel zum Statuserwerb müssen sich an diesen Rollenanforderungen orientieren. „Entscheidet
sich die Frau für illegitime Mittel, zeigt sie in doppelter Weise abweichendes
Verhalten: Erstens greift sie auf illegitime Mittel zurück und zweitens weicht sie
von ihrem gesellschaftlich definierten Rollenverhalten ab" (Wichtmann
1991:83). Devianz hat demnach bei Frauen aufgrund der spezifischen Rollenzuschreibung andere Ausprägungen als bei Männern. Während bei Frauen z.B.
sexuell abweichendes Verhalten als Form weiblicher Devianz gewertet wird,
spielt bei Männern eher Straffälligkeit als Abweichung eine Rolle. Diese Unterschiede in der weiblichen und männlichen Devianz werden durch die Internali-
sierung der jeweiligen geschlechtsspezifischen Rollenmuster erklärt. „Durch
die Anerkennung des herrschenden normativen Systems und die gleichzeitige
Normverletzung entsteht kognitive Dissonanz. Den Frauen stehen nur wenige
Techniken zur Verfügung, diese kognitive Dissonanz zu verringern"
(Wichtmann 1990: 69).

Eine andere theoretische Sichtweise auf abweichendes Verhalten beinhaltet das Konzept der Selbstkontrolle von Hirschi (1969)[10]. Ausgangspunkt dieses Ansatzes ist die Fragestellung, warum sich die Mehrzahl der Menschen konform verhält. „Diese Konformität ist nach Ansicht der `social control theory' zurückzuführen auf ein `Band', das zwischen dem Individuum und der Gesellschaft besteht und das es vor Normverletzungen bewahrt. Art und Qualität der Einbindung der einzelnen Person in die Gesellschaft entscheiden darüber, ob sie sich angepaßt oder abweichend verhält. Wird dieses `Band' geschwächt oder brüchig, so sind abweichende Verhaltensweisen zu erwarten" (Krämer 1992:25). Hirschi erklärt das Zustandekommen von abweichendem Verhalten durch eine Schwächung mehrerer Bindungsebenen, wobei die emotionalen Bindungen zu den Eltern oder sonstigen Bezugspersonen entscheidend für die Selbstkontrolle ist. Der Familie wird eine wesentliche Bedeutung bei der Entstehung von Abweichungen aufgrund geringer Selbstkontrolle zugewiesen.

Auf einer zweiten Bindungsebene ist die Verpflichtung gegenüber konventionellen gesellschaftlichen Zielen entscheidend. Je mehr sich das Individuum mit diesen Zielen identifiziert und danach handelt, um so unwahrscheinlicher ist deviantes Verhalten. Die Schule als Sozialisationsinstanz kann in dieser Ebene unter bestimmten Umständen einen wesentlichen Beitrag zur Selbstkontrolle leisten. Die schulische Verhaltenskontrolle basiert auf dem existentiellen Interesse der Aufrechterhaltung von Disziplin und Ordnung und reagiert auf abweichendes Verhalten mit Sanktionen. Die Effizienz der Schule als Sozialisationsinstanz basiert im Wesentlichen auf einer Unterstützung der Familie (Lamnek 1997:159).

Eine dritte Bindungsebene spiegelt den Zusammenhang zwischen fehlender gesellschaftlicher Integration und Abweichung. „Eine sinnvolle Freizeitgestaltung, Berufstätigkeit bzw. ein Engagement in gesellschaftlich akzeptierten Tä-

---

[10] 1990 ist in Weiterentwicklung von Hirschis kontrolltheoretischem Ansatz (Theorie der sozialen Bindung) eine „General Theory of Crime" von Gottfredson/Hirschi erschienen. Lamnek (1997) bezieht sich in seinen Ausführungen auf Gottfredson/Hirschi (1990).

tigkeiten wird das Individuum in die Gesellschaft integrieren ..." (Krämer 1992:26). Bei keiner geglückten Eingliederung in die gesellschaftlich relevanten Bereiche ist demnach eher mit einer Abweichung zu rechnen. Die Anerkennung von gesellschaftlichen Moral- und Wertvorstellungen stellt die vierte Bindungsebene dar. Personen, die solche Normen und Verbote internalisiert haben, werden eher in die Gesellschaft integriert, als Personen, die diese Vorstellungen ablehnen.

2.2.3. Ökonomischer Ansatz

In der Literatur über die Wohnungslosenproblematik wird in der Regel davon ausgegangen, daß Armut und Arbeitslosigkeit die ursächlichen Faktoren für den Verlust der Wohnung darstellen (u.a. Ruhstrat 1991; Evers/Ruhstrat 1993). Die Argumentationen, die in gesellschaftlichen Determinanten die Verursachung von Wohnungslosigkeit sieht, bezieht sich auf sozialwissenschaftliche Ansätze zu Armutsproblematiken, die mit der Diskussion über die `Neue Armut´[11] in den achtziger Jahren begann, und insbesondere soziale Prozesse und daraus resultierende benachteiligte Lebenslagen in einen gesamtgesellschaftlichen Kontext betrachtet.

---

[11] Armut als strukturelles, gesellschaftliches Phänomen hat es immer gegeben; das Neue an der sogenannten `Neuen Armut´ ist ihre zeitgemäße Form (Werth 1991: 2 ff). „Verursacht durch massenhafte Dauerarbeitslosigkeit gesellte sich die (neue) Armut der Arbeitslosen zur Armut von Obdachlosen, Rentnern, Behinderten etc. „ (Mertens 1987:505).
Die Betroffenheit von vorübergehenden oder verfestigten Armutslagen bei Personen, die nicht den klassischen deprivierten Randgruppen angehören, werden in gesellschaftstheoretischen Ansätze diskutiert. Die dynamische Armutsforschung (u.a. Leibfried/Leisering 1995;Ludwig 1996) stützt sich auf die Gesellschaftsanaylse von Beck (1986), Beck/Beck-Gensheim (1994). Die Längsschnittbetrachtungen dieses Forschungsansatzes haben als wichtiges Ergebnis die breite Betroffenheit von vorübergehenden Armutslagen deutlich gemacht. Verfestigende Formen der sozialen Ausgrenzung werden in diesen Forschungsansatz nicht beachtet. Hier setzt auch die Kritik an (u.a. Busch-Geertsema/ Ruhstrat 1992; Butterwegge 1996). Hübinger (1996:223) weist auf die Begrenztheit des dynamischen Forschungsansatzes hin: „Wenn sich aus den neueren Ergebnissen der dynamischen ... Armutsforschung bald ein neues Bild der Armut im modernen Wohlfahrtsstaat herauskristallisieren sollte, so wird es das Bild der Gesellschaft -bei allen gruppen- und schicht- spezifischen Differenzierungsprozessen im Detail- als einem noch immer weitgehend rigiden System sozialer Ungleichheit letztlich nicht ersetzen können".

28

Wohnungslosigkeit wird nach dem ökonomischen Ansatz als besondere Form der verdeckten Armut, also als Existenzbedingung verstanden, bei der die verfügbaren monetären Mittel unterhalb der anerkannten Armutsgrenze (Sozialhilferegelsatz)[12] liegen (John 1988:114). Die Erklärungsperspektive zielt insbesondere auf eine unzureichende materielle Absicherung in Verbindung mit Ausgrenzungsprozessen am Arbeitsmarkt.

Dieser Ansatz, der Wohnungslosigkeit als generelles Ausgeschlossensein von einer gesicherten Lebensweise begreift, wird meist mit dem Unterversorgungsansatz verbunden (Specht 1985:36). Dessen zentrale Aussage setzt die im Armutsansatz beschriebenen Problemlagen in Verbindung zu der Unterversorgung durch das Sozialleistungssystem. Die Hauptursachen von Wohnungslosigkeit werden nach diesem ökonomisch orientierten Erklärungsmuster in einer unzureichenden materiellen Absicherung und einem mangelhaften Hilfesystems diagnostiziert.

Es wird davon ausgegangen, daß Frauen per se ein größeres Armutsrisiko tragen und dementsprechend eher durch Wohnungslosigkeit bedroht sind, insbesondere wenn die ökonomische Absicherung über einen Mann, wie im Fall einer Scheidung, nicht mehr gewährleistet ist (Reichelt 1989; Loch-Braun/Rehling 1988; Enders-Dragässer 1994)[13]. Dieser latente soziale Abstiegsmoment betrifft vorwiegend Frauen aus den sozialen Unterschichten, die durch ihre traditionelle Familienorientierung gefährdet sind (Sellach 1995:72).

---

[12] Die Berechnung der bundesdeutschen Sozialhilfe orientiert sich an der Bestimmung des Existenzminimums im Sinne der absoluten Armutsdefinition (ein objektiv definiertes, absolutes Subsistenzminimum wird unterschritten). Eine Person wird dann als arm angesehen, wenn ihr -im Vergleich zum Bevölkerungsdurchschnitt- der Zugriff auf materielle Ressourcen (Einkommen) in erheblicher Weise verschlossen bleibt. Dabei wird mit drei Schwellenwerten operiert: Eine Armutsgrenze von 40% des Durchschnittseinkommens markiert eine strenge Einkommensarmut; 50% des Durchschnittseinkommens geben ein mittleres Armutspotential an; 60% des Durchschnittseinkommens kennzeichnen eine armutsnahe Einkommenssituation. Für 1990 wurde das Haushaltseinkommen mit DM 3626.- berechnet, die Armutsgrenze (50% Schwelle) lag bei DM 790.-. (Datenreport 1994:598 ff.)
[13] Einige Autorinnen (u.a. Loch-Braun/Rehling 1988, Kulawik 1990, Köppen 1985) sehen in dem individuellen Schicksal von Frauen und Mädchen, die obdachlos werden, einen Ausdruck der *Feminisierung der Armut*. Sie beziehen sich dabei auf Pearce (1978), die den Ausdruck prägte, um wesentliche Veränderungen im ökonomischen Status der Frauen in den siebziger Jahren in den USA zu erfassen. Die überproportionale Abhängigkeit von Sozialhilfeleistungen bei Frauen wird bei dieser These der weiblichen Armut in den Vordergrund gestellt.

In einer Stellungnahme der AG der Freien Wohlfahrtspflege Hamburg e.v. wird eine Differenzierung weiblicher Personengruppen vorgenommen, die besonders von einer Armutsgefährdung und einer daraus resultierenden Wohnungslosigkeit bedroht sind:

1. Jugendliche und jungerwachsene Frauen zwischen 16-25 Jahren die ein Kind zu versorgen haben und über keine abgeschlossene Schulausbildung/Berufsausbildung verfügen.

2. Junge Frauen zwischen 25 und 35 Jahren, ohne Berufsausbildung, die ein oder mehrere Kinder alleinerziehen.

3. Frauen mit Berufsausbildung, die nach langjähriger Familienpause vor einer gescheiterten Partnerschaft stehen.

4. Ältere Frauen mit geringfügigen oder keinen eigenen Rentenansprüchen.

5. Migrantinnen mit ihren Familien, die über keine Berufsausbildung verfügen (AG der Freien Wohlfahrtspflege Hamburg e.V. 1992: 48 ff).

Generelle Risiken einer möglichen Verarmung scheinen sowohl von strukturellen als auch individuellen Bedingungen abhängig zu sein. Neben einer belastenden Situation in der Herkunftsfamilie und einem niedrigen Bildungsniveau werden durch eine frühe Mutterschaft, eine gescheiterte oder scheiternde Partnerschaft sowie psychosoziale Probleme Verarmungsprozesse vorangetrieben. „In welchen Lebensabschnitt sich soziale und wirtschaftliche Not ... zu einem Leben in Armut verdichten, ist individuell verschieden" (AG der Freien Wohlfahrtspflege Hamburg e.V. 1992:50).

2.3. Stigmatisierungsansatz

In diesem Ansatz wird die Bedeutung von stigmatisierenden Interaktionsprozessen für das Selbstkonzept thematisiert. Dieser soziologischer Ansatz analysiert abweichendes Verhalten auf dem Hintergrund der gesellschaftlichen Reaktionen und Sanktionen. Die verschiedenen Erklärungsmuster sind nicht ätiologisch orientiert. Es wird davon ausgegangen, „daß wir erst wissen können, ob eine gegebene Handlung als abweichend einzuordnen ist, wenn die Reaktion anderer darauf erfolgt ist. Abweichendes Verhalten ist keine Qualität, die im Verhalten selbst liegt, sondern in der Interaktion zwischen einem Menschen, der eine Handlung begeht, und Menschen, die darauf reagieren" (Bohle 1984:6). Der Erklärungsansatz richtet das Untersuchungsinteresse nicht auf die Ursachen von Devianz, sondern auf soziale Zuschreibungsprozesse, die ein bestimmtes Verhalten etikettieren, stigmatisieren und die betreffende Person somit überhaupt erst zum Abweichler werden läßt. Devianz entsteht durch Prozesse der Normsetzung, Normanwendung und der selektiven Handlungsmotivation von Institutionen bzw. Agenten der sozialen Kontrolle.

Was unter abweichendem Verhalten zu verstehen ist, definieren die Personengruppen die eine gesellschaftlich beherrschende Position innehaben. Die sozialen Selektionsprozesse, die dazu führen daß bestimmte Handlungen oder auch Personen als abweichend festlegt werden, sind demnach unmittelbar mit Prozessen der Herrschaftssicherung verknüpft. „Dieses Interesse an der Stabilisierung bestehender gesellschaftlicher Einflußpotentiale (...) wird am ehesten dadurch realisiert, daß negative Etiketten wesentlich solchen Personen oder Gruppen zugeschrieben werden, die auch in anderen sozialen Dimensionen marginale (sozial verachtete) Rollen innehaben" (Trauernicht 1989:61). Diese Personengruppen, die durch die Kriterien `soziale Randlage´ bzw. `niedriger Sozialstatus´ eine Abgrenzung von der übrigen Bevölkerung erfahren, geraten zudem in das Gesichtsfeld der sozialen Kontrollinstanzen. Die dort erfolgenden Bewertungen, Rollenzuweisungen und Interventionsstrategien sind zwar für den Erhalt der sozialen Struktur funktional, für das als abweichend definierte Individuum wirkt sich dieser Prozeß jedoch destruktiv aus. Durch die erhöhte Aktivität der Instanzen der sozialen Kontrolle in sogenannten `Problemfeldern´ verbunden mit den, wesentlich auf ökonomischen und politischen Interessen der herrschenden Gruppen abgestellten Rechtsnormen, sind bestimmte Personen und Gruppen der Bevölkerung eher einer Stigmatisierung und Kriminalisierung ausgesetzt als andere.

Trauernicht stellt in diesem Zusammenhang einen praxisbezogenen Ansatz von Rosen (1977) zum Thema `Sexuelle Verwahrlosung von Mädchen - Anmerkungen zur Doppelmoral in der Sozialarbeit´ vor. Rosen problematisiert in dieser Studie den unkritischen Umgang mit dem Etikett der `sittlichen Ver-

wahrlosung von Jugendlichen´ der zur Sozialkontrolle genutzt wird. Verhal-
tensauffälligkeiten bei Mädchen würden in erster Linie von den sozialen Instanzen (Sozialarbeit/Jugendhilfe) auf den Bereich des Sexualverhaltens reduziert.
Dieses Handeln der Praxis sei im Wesentlichen an einer repressiven Sexual-
moral orientiert, die die Aufrechterhaltung einer starren Rollendifferenzierung
stütze. Identisches Verhalten werde bei Frauen und Männern unterschiedlich
bewertet. Diese Doppelmoral in der Hilfepraxis wirkt sich, laut Rosen, besonders für Mädchen aus den unteren Gesellschaftsschichten negativ aus, da hier
das Hilfeangebot eher zu einer Verfestigung von Stigmatisierungsprozessen,
die in der Unterschichtssozialisation begründet sind, führe (Trauernicht
1989:61).

Auch Kieper, die sich mit den ´Lebenswelten verwahrloster Mädchen´ beschäftigt, stellt fest, daß abweichendes Verhalten von Mädchen als ´weibliche Ver-
wahrlosung´ wahrgenommen wird. Die Kontrolle von Frauen ist stärker auf die
Einhaltung von geschlechtsspezifischen Rollenvorschriften ausgerichtet als bei
Männern, „ bei abweichendem Verhalten von Frauen (wird) sehr häufig der Zusammenhang zu ihrer angeblich nicht gelungenen Anpassung an Weiblich-
keitsnormen hergestellt, abweichendes Verhalten von Männern wird dagegen
selten auf ihre Basisrolle -das männliche Geschlecht- bezogen" (Kieper
1980:15).

Eine Stigmatisierung erfolgt aufgrund von spezifischen Verhaltenserwartungen,
die ihren Maßstab auf spezifische Definitionen der weiblichen Geschlechtsrolle
begründen, und denen in Interaktionen nicht entsprochen werden kann. Stigmata erzielen dabei ihre Wirkung vor allem in gemischten Interaktionssituationen zwischen normalen und als abweichend identifizierten Personen. Hier entwickelt sich eine Eigendynamik, die die soziale Distanz zwischen den Akteuren
vergrößert und die Entstehung stabiler abweichender Rollen vorantreibt[14].

---

[14] Die Funktion von Institutionen, durch stigmatisierende Typisierungen und Zuschreibungen zu abweichenden Verhalten beizutragen, wird von verschiedenen Autoren thematisiert und kritisiert (u.a. Brusten/Hohmeier 1976; Conen 1983; Trauernicht 1989).

Weber weist in seiner Arbeit über `Stadtstreicher´ darauf hin, daß Wohnungs-
losigkeit als eine besondere Form von Abweichung aufgefaßt wird, die spezifische soziale Reaktionen und institutionelle Behandlungsformen nahelegt und
rechtfertigt (Weber 1984:21f). Jede Person, die ihre Wohnung verliert und keine neue findet, gerät in eine Situation, die in der Perspektive administrativer
und sozialer Handlungsmuster als Abweichung definiert wird und verschiedene soziale Kontrollinstanzen zum Eingreifen veranlaßt. Das Etikett wohnungslos bzw. ohne festen Wohnsitz wird zum übergeordneten Statusmerkmal, „das
den Betroffenen in sämtlichen relevanten sozialen Interaktionen inferiore Rollen zuweist und diese durch entsprechende Degradierungszeremonien absichert und aufrecht erhält" (Weber 1984: 143). Diese Stigmatisierungen und ihre
Anwendung auf die wohnungslosen Menschen setzen spezifische Anpas-
sungsprozesse in Gang. Die soziale und personale Identität der Betroffenen
verändert sich zunehmend; die interaktiv- interpretativen Fremdbilder bilden
sich in einem negativen Selbstbild ab.

2.4.   Zusammenfassung

Regionale Studien und Schätzungen des Hilfesystems für wohnungslose Menschen stellen seit Beginn der neunziger Jahre fest, daß eine wachsende Anzahl von Frauen auf der Straße lebt. Diese sichtbare Wohnungslosigkeit läßt
sich nicht durch einzelne Ursachen erklären.

Soziale Randständigkeit ist das komplexe Zusammenspiel von gesellschaftlichen und individuellen Faktoren, die der Erklärungsansatz der benachteiligten
Lebenslage zu erfassen sucht. Dieses mehrdimensionale Konzept ermöglicht
die Analyse verschiedener Ebenen, die zu einem sozialen Abstieg und dem
Verlust der Wohnung beitragen. Lebenslagen sind konkrete Konstellationen
von externen Bedingungen, die sich im Lebenslauf des Individuum finden, in
Verbindung mit den jeweiligen individuellen Interpretations- und Handlungsmuster. Sozialisatorische, normative und ökonomische Faktoren haben Anteil an

der sozialen Ausgrenzung. Stigmatisierungsprozesse wirken verfestigend in diesem Prozeß der gesellschaftlichen Deklassierung.

3. Wohnungslosigkeit von Frauen - Eine Untersuchung

Die Erkenntnisse über die sozialen und subjektiven Merkmale wohnungsloser Frauen verweisen auf ein komplexes Bedingungsgefüge. Gesellschaftliche Faktoren allein für den sozialen Abstieg in die Wohnungslosigkeit verantwortlich zu machen, würde eine ´objektive Eigendynamik´ (Riege 1993:107) der äußeren Bedingungen unterstellen, die individuelle Handlungsspielräume faktisch nicht zuläßt und der Person jegliche Verantwortung für die Vergangenheit abspricht, aber damit auch keine persönlichen Entfaltungsmöglichkeiten in der Zukunft anerkennt.

Albrecht u.a., die Armutskarrieren von ´nichtseßhaften Männern´ untersuchten, weisen darauf hin, daß Wohnungslosigkeit auch eine individuelle Seite hat. „Wenn wir glauben unzweifelhaft belegen zu können, daß die gesamtgesellschaftlichen, vor allem die ökonomischen Bedingungen, jenen Bedingungskranz abgeben, der über Quantität und Qualität der ´Nichtseßhaftigkeit´ entscheiden, so kann das selbstverständlich nicht über den Umstand hinwegtäuschen, daß über die Verursachung von ´Nichtseßhaftigkeit´ im *individuellen Fall* damit noch wenig gesagt ist. Die gesellschaftlichen Rahmenbedingungen wirken *vermittelt* über einen ganze Kette von kulturellen, sozialen und psychischen Faktoren und können *nur so* ´Nichtseßhaftigkeit´ *verursachen*" Albrecht u.a. (1990:28)[15].

Im Folgenden soll anhand von Fallbeispielen die Komplexität der individuellen Karrieren dargestellt werden. Die Aufzeichnung von komplexem biographischen Geschehen ist geeignet, die Wechselwirkungen von gesellschaftlichen

---

[15] Hervorhebungen im Original.

Bedingungen und individuellen Handlungsmöglichkeiten deutlich zu machen[16].

3.1. Fragestellung und methodisches Verfahren

Die Form der Lebenslaufforschung läßt Rückschlüsse auf die Dynamik lebens-
zeitlicher Prozesse zu, die sowohl gesellschaftliche Gegebenheiten als auch
subjektive Bedingungen beinhaltet (Kohli 1986:205; Mädje/Neusüß 1996:219).
Die Biographie kann als ein Konstrukt verstanden werden, in dem objektive
Strukturen und subjektive Verarbeitung integriert sind (Herlyn/Vogel
1988:93)[17].

Die Erforschung von Biographien ist ein qualitatives Verfahren, das auch individuellen Handlungsorientierungen und Deutungsmustern Raum bietet. Baacke
benennt fünf Grundannahmen, die in einem biographischen Forschungsansatz
zu beachten sind:

- „Biographien sind komplex ...Sie umfassen mehrere aufeinander bezogene,
einander zum Teil durchdringende und hierarchisch bestimmte Dimensionen.

[16] In der Literatur über `abweichendes` Verhalten von Mädchen wird die biographische Analyse zur Untersuchung von komplexen Zusammenhängen herangezogen. Kieper (1980) nutzt in ihrer Arbeit autobiographische Aussagen, um die Lebenswelten und die individuelle Deutung der untersuchten Mädchen aufzuzeigen. Die von Conen (1983) durchgeführten Interviews mit `Mädchen, die aus der Familie flüchten` beschäftigen sich insbesondere mit den Hintergründen dieser Familienflucht. Trauernicht (1989) geht in ihrer Untersuchung über `Ausreißerinnen und Trebegängerinnen` explizit auf die Selbstaussagen und Deutungen der Mädchen unter der Fragestellung: „ob sich spezifische Zusammenhänge zwischen weiblichen Lebenskontexten und den Ursachen und Erscheinungsformen der Familienflucht erkennen lassen" (Trauernicht 1989: 112) ein.

[17] Von einigen Autorinnen werden biographische Daten zur Untersuchung von wohnungslosen Frauen genutzt. Steinerts (1991) Kategorisierung von Frauen in normalitätsorientierten, institutionsorientierten und alternativorientierte basiert auf der „Rekonstruktion subjektiver Interpretationen im Hinblick auf Problemkonstellationen vor dem Eintritt der Wohnungslosigkeit, die sich zu typischen verdichten lassen, und ... um typische Verlaufsformen von Wohnungslosigkeit im Sinne der Bewältigungsstrategien unter Berücksichtigung der sozialen Orientierung der Betroffenen"(Steinert 1991: 118). Objektive gesellschaftliche Widersprüche sowie das subjektive Empfinden von wohnungslosen Frauen untersucht Wichtmann (1991), die `persönliche Interviews` mit betroffenen Frauen in stationären Einrichtungen der Wohnungslosenhilfe durchführte um u.a. die individuelle Chronologie des Wohnungsverlustes aufzuzeigen. Bodenmüller (1995) erklärt auf der Grundlage von Interviews die Entstehung und Manifestation der Wohnungslosigkeit von Mädchen und jungen Frauen.
Daneben gibt es einige biographische Aufzeichnungen von wohnungslosen Frauen, die unspezifischer sind und daher hier nur erwähnt werden sollen: Swientek (1986) mit der Aufzeichnung der Lebensgeschichte der Karin P. ; Blank (1990), die in Interviews mit wohnungs- und obdachlosen Frauen insbesondere den sexuellen Mißbrauch als Bedingung für den sozialen Abstieg problematisiert und Gronau /Jagota (1994), die biographische Daten über das Leben obdachloser Frauen aufgezeichnet haben.

- Biographien zu erforschen bedeutet eine gesteigerte Hinwendung auf Innen-ansichten, subjektive Verarbeitungsformen von Interaktionen....

- Aktuelle wie übergreifende historische Aspekte spielen ebenso eine Rolle wie Zukunftsaussichten oder Zukunftshoffnungen. Die Zeitlichkeit der Bio-graphie ist ihr konstituierendes Merkmal.

- Biographien werden in der Regel angesehen als Entfaltung eines Grund-plans, in dem auch vergangene Erfahrungen fortwährend restrukturiert wer-den. Dies macht den Identitätspunkt der Biographie aus...

- Da Biographien nicht unmittelbar zu haben sind, beschäftigt man sich mit ihnen über ihre Vertextung. Zwischen Textstruktur und Lebensstruktur be-stehen Entsprechungen, die es erlauben, ein Leben auf der Folie eines Textes zu verstehen oder sogar zu erklären" (Baacke 1985:11).

Biographische Forschung richtet sich „...auf das ganze Leben des Subjekts;...

Subjektive Erfahrungen und subjektives Handeln rückt damit ins Zentrum der

Aufmerksamkeit; in diesem Sinn kann man sagen, daß Biographieforschung

die umfassendste Thematisierung von Subjektivität ist" (Kohli/Robert 1984:4).

Durch die Analyse individueller Lebensgeschichten ermöglicht der biographi-

sche Ansatz auch die Einbeziehung der kollektiven Dimensionen. Lebensge-

schichte ist somit „nicht als `individualisiertes´, von seinem gesellschaftlichen

Konstitutionszusammenhang abgehobenes Resultat psychischer Verarbei-

tungsprozesse (zu begreifen), sondern als .. aktuelles Ergebnis eines Ent-

wicklungsprozesses, in dem gesellschaftliche Wirklichkeit und individuelle

psychische Struktur in einer komplexen Wechselbeziehung miteinander ver-

bunden sind..." (Alheit/Dausien 1985:47). Ein biographischer Zugang muß

demnach die subjektive Lebensbewältigung im Kontext der funktionalen ge-

sellschaftlichen Anforderungen an das Individuum berücksichtigen (Stumpp

1991:506). Diese lebensgeschichtliche Herangehensweise erlaubt die Lokali-

sierung und Erforschung von biographischen Brüchen und Widersprüchen.

Um neben der Einzelfalldarstellung bestimmte thematische Bereiche sicherzu-

stellen, muß der Ansatz um Elemente des themenzentrierten Interviews er-

weitert werden. In diesem Fall beinhalteten die gesprächsleitenden Fragen:

- Objektive Merkmale der Lebensgeschichte, die die Wohnungslosigkeit ver-ursacht haben;

- die Problematik der Lebenssituation ohne Wohnung;

- die Klärung der Wechselbeziehung zwischen der spezifischen Lebensgeschichte und dem sozialen Abstieg.[18]

Als grundlegende Hypothesen dienten:

1. Ein Wohnungsverlust kann als späte Konsequenz einer `beeinträchtigten
Sozialisation´ im Zusammenhang mit dem Auftreten zusätzlicher Lebensprobleme erfolgen.

2. Die Distanzierung der Frau aus ihren sozialen Beziehungen zur Herkunftsfamilie und zu der sozialen Umwelt erfolgt in einzelnen Ablösungsschritten
und ist konfliktgeladen.

3. Es gibt nicht die wohnungslose Frau. Die Frauen, die ohne eigene Wohnung
leben, unterscheiden sich deutlich in ihren spezifischen Ausgangsproble-
men.

Außer den angenommenen biographischen Gemeinsamkeiten (z.B. soziale

Schicht, Schul- und Berufsausbildung) sollte insbesondere die Situation in der

Herkunftsfamilie (Familiensystem) sowie der Weg in die Wohnungslosigkeit

(biographischer Bruch oder kontinuierlicher sozialer Abstieg) geklärt werden.

Die Strukturierung der Interviews hat dementsprechend das vergangene bio-

graphische Erleben bis zu der aktuellen Lebenssituation erfaßt; zukünftige Er-

wartungen konnten zwar einfließen, wurden jedoch nicht gesondert abgefragt.

Als methodische Form wurde das offene Interview gewählt, das sich von einem

geschlossenen bzw. standardisierten Interview dadurch unterscheidet, „daß es

auf eine höhere Aktivität der Befragten gerichtet ist und diesem stärker die

Steuerung des Gesprächs zufallen läßt. Es enthält einen höheren Anteil an of-

fenen Fragen, nötigt also den Befragten zu eigenen Antwortformulierungen und

fordert ihn zu längeren Antworten auf und überbürdet ihm vermehrt die Verant-

wortung für die Wahl der Reihenfolge der Gesprächsthemen" (Kohli 1978:7) [19].

Bei einzelnen, für die Untersuchung relevanten Themenbereichen, wurden ge-

---

[18] Die Leitfadenorientierung des Interviews diente lediglich der Strukturierung des Gesag-
ten. Der Gesprächsleitfaden befindet sich im Anhang.
[19] Das lebensgeschichtlich orientierte (narrative) Interview wurde von Schütze (1977) aus-
gearbeitet. Das Grundelement des narrativen Interviews ist die vom Befragten frei entwik-
kelte Stehgreiferzählung, die durch eine Erzählaufforderung (erzählgenerierende Frage)
eingeleitet wird. Das narrative Interview ist dabei eine derjenigen Erhebungstechniken, die
die Erfahrungs- und Orientierungsbestände des Informanten unter weitgehender Zurücknahme des Forschereinflusses und unter den Relevanzgesichtspunkten des Informanten
zu konstruieren versucht (Schütze 1983).

gebenenfalls vertiefende Fragen gestellt, ohne die narrativen Elemente zu vernachlässigen. Dieses methodische Vorgehen ist als Kommunikationsprozeß zwischen Forscher/in und Informant/in zu verstehen, in dem der/die Fragende die einzelnen Äußerungen seines Gegenübers als Dokumente eines zugrundeliegenden Musters begreift.

Die Initiierung einer tragfähigen kommunikativen Basis, die ein solcher explorativer Forschungsansatz benötigt, muß bei der Untersuchung von randständigen Bevölkerungsgruppen einige spezifische Faktoren beachten.

- Es gestaltet sich schwierig mit Angehörigen von randständigen Gruppen tragfähige kommunikative Kontakte aufzubauen, die Einblicke in die Alltagswelt dieser Personen gestatten. Girtler, der u.a. die Lebenswelt von Kriminellen und Zuhältern aber auch von Sandlern (Wohnungslose) in Wien untersuchte, macht auf das Aufbauen einer informellen Vertrauensebene `Vertrauen gewinnen´ aufmerksam. Diese Ebene ist bei der Untersuchung dieser Personengruppen notwendige Voraussetzung, um Informationen über die individuelle Lebensgeschichte zu erhalten (Girtler 1984:97). Die `Vertrauensbeziehung´ scheint entscheidend für den Zugang zu Menschen, die ohne eigene Unterkunft leben. In der Regel entstanden die vorliegenden Forschungen auf der Basis einer vorhergehenden professionellen Tätigkeit (Beratung, Betreuung), die Einblicke in die realen sozialen Bezüge wohnungsloser Personen beinhaltete. Weber (1984), Rohrmann (1987), Giesbrecht (1987), Bodenmüller (1995) und Gahleitner (1996) weisen nachdrücklich auf langjährige Kontakte zu der jeweiligen Untersuchungsgruppe hin, die erst die Möglichkeit einer mündlichen Befragung eröffnete und den Zugang zu den spezifischen Lebens- und Problemzusammenhängen dieser Menschen erleichterte.

- Bei Forschungen im Wohnungslosenbereich besteht die Gefahr der Verzerrung, da „der Wissenschaftler (zum einen) .. meist die Maßstäbe seiner gesellschaftlichen Klasse anlegt, zum anderen kennt er die Alltagssituation der Betroffenen wohl selten aus eigener Anschauung" (Weber 1984:26). Um gesellschaftliche Zuschreibungen zu minimieren, bedarf es eines ganzheitlichen und partnerschaftlichen Ansatzes, der „die Betroffenen als Personen in ihrer Subjektivität ernst (nimmt) und sie als Träger persönlicher Erfahrungen zu Wort kommen (läßt)" (Gahleitner 1996:86). Der Anspruch dieses emanzipatorischen Ansatzes impliziert ein reflexives Verständnis der Lebenswelt der untersuchten Individuen und das Bewußtsein, daß die wissenschaftlichen Interpretationen stets `Konstruktionen zweiter Ordnung´ (Weber 1984:27) sind.

Ein Interview ist immer eine künstliche Situation, die auf reglementierten Erwartungshaltungen basiert. Die Forschende agiert, und die Erforschte versucht dem Forschungsanspruch zu genügen. Dies birgt Diskrepanzen in den Aussagen, wie sich insbesondere bei Frau G. H. (Nr. 7) zeigen wird. Biographische Aufzeichnungen sind immer im Kontext zwischen Erwartungen und darauffolgender subjektiver Darstellung zu analysieren.

Die sieben ausgewerteten Interviews basieren auf Kontakten, die durch die Tätigkeit in einer Beratungsstelle für wohnungslose Frauen und Männer in einem kontinuierlichen Prozeß aufgebaut werden konnten. Der dadurch bestehende `Vertrauensvorschuß´ (Kaufmann-Reis 1992:38) erleichterte das Zustandekommen der Interviews. Die professionelle Begleitung der Frauen auch in extremen Situationen trug zu einer beiderseitigen Akzeptanz bei, die auch die Interviewsituation prägte[20]. Die Befragungen fanden sechs bis acht Monate nach Beendigung (Beurlaubung) meiner Tätigkeit in der Beratungsstelle statt. Der Kontakt zu den Frauen wurde telefonisch bzw. brieflich hergestellt. Vor dem Interviewtermin erhielten sie Informationen über die interesseleitenden Fragen (Gesprächsinhalte) und wurden über den Verwendungszweck unterrichtet. Die mündliche Befragung fand ohne Ausnahme in den eigenen Räumen der Frauen statt[21]. Bis auf ein Gespräch, bei dem Notizen entstanden, wurden die Interviews mit einem Recorder aufgenommen. In der Regel dauerten die Interviews 1 ½ bis 2 ½ Stunden.

Da die Lebensgeschichten sehr viele persönliche Angaben beinhalten, sind die Namen der Frauen nicht ausgeschrieben.

---

[20] Die Arbeit mit wohnungslosen Frauen und Männern umfaßte sowohl formale Beratungs- und Betreuungsinhalte als auch persönliche Hilfen (BSHG § 72). Durch das Annehmen der Frauen auch in extremen Situationen (Kriseninterventionen) und spezifische Gesprächsangebote bei persönlichen Schwierigkeiten waren Kenntnisse der jeweiligen Lebensgeschichte vorhanden. Diese *persönliche Kommunikationsebene* trug zu der Gestaltung der Interviewsituation bei. Zum Interviewzeitpunkt waren vier Frauen noch in der ambulanten Betreuung durch die Beratungsstelle, eine Frau wurde nicht mehr betreut, hielt jedoch noch einen sporadischen Kontakt (Hilfe in Krisensituationen) zu der Beratungsstelle aufrecht, zwei Frauen waren wohnungslos, hatten das Hilfeangebot der Beratungsstelle jedoch nur fragmentarisch nachgefragt (eine Betreuung gem. § 72 BSHG bestand nicht).
[21] Eigene Räume heißt in diesem Zusammenhang, daß die Frauen allein oder mit ihrem Partner in sogenannten Übergangswohnungen wohnen, die von der Beratungsstelle angemietet wurden, oder daß sie in selbst angemieteten Wohnungen leben.

3.2. Kurzbiographien

Frau H. (Nr.1)

Frau B. H. ist zum Zeitpunkt des Interviews (Nov. 1995) 28 Jahre alt, ledig und lebt seit 1 Jahr in einer Übergangswohnung der Beratungsstelle.

Frau H. wird als zweitjüngstes Kind (fünf ältere Brüder, eine jüngere Schwester) in einem kleinen Ort geboren. Die Situation der Familie ist durch eine mangelhafte finanzielle Ausstattung geprägt. Der Vater (gelernter Fliesenleger) von Frau H. hat häufig wechselnde Beschäftigungsverhältnisse, die Mutter arbeitet als Reinigungskraft. Die häusliche Atmosphäre wird stark durch die Alkoholproblematik und die außerehelichen Beziehungen des Vaters beeinflußt. Hinzu kommt, daß der Vater scheinbar wahllos die Kinder und auch seine Frau mißhandelt. Die Mutter von Frau H. ist der stabilisierende Faktor der Familie und schützt auch die Kinder vor Mißhandlungen.

Frau H. besucht an ihrem Heimatort die Hauptschule und beendet diese mit 16 Jahren. Danach findet sie einen Anstellung als Arbeiterin in einer Fleischfabrik, in der sie sieben Jahre beschäftigt ist. Mit 18 Jahren zieht Frau H., nach einem handgreiflichen Konflikt zwischen ihrem Vater und ihrem Freund, aus ihrem Elternhaus aus. Sie wohnt nun bei ihrem Freund, bis dieser sie auffordert, die Wohnung zu verlassen. Danach lebt sie drei Jahre mit einem anderen Mann zusammen, bis dessen ehemalige Ehefrau zurückkommt. Frau H. zieht für kurze Zeit in ihren Eltern und von dort aus zu einem Mann, der sie mißhandelt und ein Alkoholproblem hat. Nachdem diese Beziehung untragbar für sie wird, zieht sie wiederum zu ihren Eltern. Innerhalb einer Woche kommt es jedoch zu Konflikten mit ihrem Vater und Frau H. verläßt danach endgültig die elterliche Wohnung. Sie findet einen neuen Freund der sie auch mißhandelt und alkoholkrank ist, und lebt mit ihm zusammen. In dieser Zeit wechselt sie ihre Arbeitsstelle und hat nun eine Tätigkeit als Pflegehilfe in einem Altersheim inne. Die Beziehung zu ihrem Freund verschlechtert sich, und Frau H. muß die gemeinsame Wohnung verlassen. Da sie nicht in ihr Elternhaus zurück möchte, verläßt sie die nähere Umgebung und ihre Arbeitsstelle. Sie zieht nach Lüneburg und findet Freunde in der Wohnungslosenscene. Frau H. hat keine eigene Wohnung, lebt (1 Monat) teilweise in der städtischen Notunterkunft oder auch bei Bekannten. Nach relativ kurzer Zeit in der Straßenscene lernt sie einen sogenannten `nichtseßhaften´ Mann kennen, der sie mitnimmt. Frau H. zieht mit ihrem neuen Freund, der zwar ein Alkoholproblem hat, aber Frau H. nicht mißhandelt, vier Monate durch Niedersachsen, Mecklenburg-Vorpommern sowie Sachsen-Anhalt. Im September 1994 wird Frau H., die inzwischen schwanger ist, und ihr Freund von der Beratungsstelle (Northeim) in die Betreuung aufgenommen. Durch eine Fehlgeburt verliert Frau H. im November 1994 das gemeinsame Kind. Im Dezember 1994 können beide in eine Wohnung vermittelt werden, die jedoch der Freund von Frau H. nach vier Monaten wieder verläßt. Zur Zeit des Interviews bewohnt Frau H. die Wohnung allein, wird jedoch häufig von ihrem neuen Freund, der als `Obdachloser´ in einer Notunterkunft lebt, besucht.

Frau H. erhält seit Aufnahme in die Betreuung Leistungen des Arbeitsamtes (Arbeitslosenhilfe) und ergänzende Sozialhilfe. Eine neue Arbeitsstelle konnte sie bis dato nicht finden. Frau H. hat keine Suchterkrankung. Gelegentlicher übermäßiger Alkoholkonsum steht in direktem Zusammenhang mit ihren jeweiligen Beziehungspartnern. Seit August 1995 hat Frau H. wieder telefonischen Kontakt zu ihrer Mutter und ihrer jüngeren Schwester, jedoch weder zu ihrem Vater noch zu den älteren Brüdern.

Frau H. lebt heute (1997) mit ihrem Freund in einem kleinen Ort in Südniedersachsen.

Frau S. (Nr.2)

Frau C. S. ist zum Zeitpunkt des Interviews (Jan. 1996) 28 Jahre alt, seit 1993 verheiratet und lebt mit ihrem Mann und zwei gemeinsamen Kindern (1 ¼ Jahr und 5 Wochen alt) in einer Wohnung, die auf Initiative der Beratungsstelle angemietet werden konnte. Frau S. hat noch ein Kind, das 1990 geboren wurde und das sie 1993 zur Adoption freigab.

Frau S. wird als zweitjüngstes von sieben Kindern in eine Arbeiterfamilie geboren. Der Vater ist Bergarbeiter, die Mutter arbeitet als angelernte Verkäuferin. Die finanzielle Situation der Familie scheint nicht besonders gut gewesen zu sein. Die Wohnverhältnisse in einem sozialen Brennpunkt sind sehr beengt und bestehen aus zwei Räumen mit Küche und Bad. Alle Familienangehörigen schlafen in einem Raum.

Frau C. wird mit einem Hydrocephalus geboren in dessen Folge sich eine Meningitis entwickelte. Kurz nach der Geburt wird ein Magenverschluß diagnostiziert. Die dadurch notwendige medizinische Versorgung bedingt, daß Frau S. das erste Lebensjahr beinahe ausschließlich im Krankenhaus verbringt. Aufgrund der frühkindlichen hirnorganischen Erkrankung erhält Frau S. 1994 vom Versorgungsamt einen Schwerbehindertenausweis (70%). Nach dem Krankenhausaufenthalt lebt Frau S. kurz bei ihren Eltern und wird dann bis zu ihrem 14. Lebensjahr von ihren Großeltern, die im Nachbarort wohnen, aufgenommen. Sie besucht die Sonderschule wie auch drei ihrer Geschwister (drei Geschwister gehen zur Hauptschule). Der Schulbesuch gestaltet sich aufgrund der geistigen Behinderung problematisch. Frau S. kann den schulischen Anforderungen nicht genügen und wird von den Mitschülern gehänselt. Die Beziehungen zu ihren Eltern und Geschwistern ist fragmentarisch. Nach Beendigung der Schulpflicht zieht sie zu ihren Eltern zurück. Drei ihrer älteren Geschwister sind mittlerweile ausgezogen, so daß in der elterlichen Wohnung lediglich sechs Personen leben. Nach fünf Monaten (Sept. 1984) kommt Frau S. in eine Einrichtung -Jugendhof für Behinderte-, in der sie auf eine Tätigkeit als Haushaltshilfe vorbereitet wird. Anfang 1986 zieht Frau S. wieder zu ihren Eltern, wo sie bis 1989 lebt. Während dieser Zeit wird sie wiederholt von ihrem Vater mißbraucht und von ihrer Mutter mißhandelt, die Frau S. die Schuld an der `Untreue´ ihres Mannes gibt. Auch die Arbeitssituation gestaltet sich problematisch. Frau S. findet Anstellungen als Haushaltshilfe, sie verliert diese Arbeitsstellen jedoch ausnahmslos nach wenigen Wochen oder Monaten. 1989 lernt Frau S. einen Mann kennen, der im selben Haus wie ihre Eltern wohnt. Sie wird von ihm schwanger und zieht in seine Wohnung.

Der Freund von Frau S. hat ein Alkoholproblem und verliert seine Arbeitsstelle. Die Beziehung verschlechtert sich. Als Frau S. nach der Niederkunft mit dem Kind aus dem Krankenhaus entlassen wird, hat ihr Freund die Wohnung gekündigt und ihre persönlichen Sachen an Nachbarn verschenkt. Frau S. entschließt sich daraufhin unter Einflußnahme des Jugendamtes, mit ihrem Kind in ein Mutter-Kind-Heim zu gehen. Dort lebt sie bis zum Februar 1991, dann verläßt sie die Einrichtung und ihr fünf Monate altes Kind wird zu Pflegeeltern vermittelt. Frau S. lebt von Februar bis Dezember 1991 in der örtlichen Straßenscene. Sie übernachtet mit Bekannten in einer Gartenlaube und bezieht Sozialhilfe. Im Dezember lernt sie ihren jetzigen Mann kennen, der als sogenannter `Nichtseßhafter´ in ihrem Heimatort Station macht. Sie schließt sich ihm an und begleitet ihn nach Hildesheim. Hier können Frau S. und ihr Freund, der eine Alkoholsucht hat, nach kurzer Zeit eine eigene Wohnung beziehen. Bei Konflikten verläßt Frau S. die Wohnung und taucht mehr oder weniger lange Zeit (Tage oder Wochen) in der Straßenscene unter. Anfang 1993 heiraten Frau S. und ihr Freund. Wenig später verlassen die beiden Hildesheim und ihre Wohnung. Im Juni 1993 werden Frau und Herr S. von der Beratungsstelle in Northeim in die Betreuung aufgenommen. Bei Problemen in der Beziehung zu ihrem Mann, will Frau S. sich scheiden lassen und leitet alle diesbezüglichen Schritte ein, um sie einige Tage später, wenn sie sich mit ihrem Mann wieder vertragen hat, zu widerrufen. Dieses Verhalten ändert sich mit der Schwangerschaft von Frau S. und dem Umzug in eine kleine Ortschaft im April 1994. Frau und Herr S. freuen sich auf das Kind. Nach der Geburt im Oktober 1994 übernimmt eine Tagesmutter halbtags die Betreuung des Kindes. Die Beziehung zwischen Frau S. und ihrem Mann, der in dieser Zeit weniger trinkt und seine Frau unterstützt, stabilisiert sich, und sie können vor der Geburt des zweiten Kindes im Dezember 1995 eine größere Wohnung beziehen. Sie werden durch die Beratungsstelle, eine Haushaltshilfe und eine Familienhelferin betreut.

Frau S. und ihr Mann leben von Leistungen des Arbeitsamtes sowie von ergänzender Sozialhilfe. Frau S. hat keine Suchterkrankung und trinkt sehr selten

Alkohol. Die Behinderung von Frau S. kommt insbesondere in belasteten Situationen zum Tragen und führt dann zu Überforderungen. Frau S. hat telefonischen Kontakt zu ihrer Mutter, zwei Schwestern und zu ihrer Großmutter aufgenommen. Ihre Mutter und eine Schwester haben sie daraufhin einmal für 2 Stunden besucht.

Frau S. hat sich im Juni 1997 von ihrem Mann getrennt. Ihr Mann ist zu einem stationären Entzug und nachfolgender Rehabilitation in einer Fachklinik untergebracht. Die Kinder wurden durch das Jugendamt in Pflegefamilien vermittelt. Frau S. lebt mit einem anderen Mann aus der Scene zusammen und möchte ihn nächstes Jahr heiraten. Sie erhält nach wie vor Sozialhilfe für ihren Lebensunterhalt.

Frau K. S. (Nr. 3)

Frau K. S. ist zum Zeitpunkt des Interviews (Nov. 1995) 35 Jahre alt. Sie hat drei Kinder (11, 9 und 2 Jahre alt) und lebt mit ihrem jüngsten Kind und dessen Vater zusammen in einer Übergangswohnung der Beratungsstelle. Ihre beiden älteren Kinder sind in einer Pflegestelle untergebracht bzw. zur Adoption freigegeben worden.

Frau K. S. wächst bei ihren Großeltern auf. Die Großeltern leben in einem kleinen Ort in der DDR. Zu ihrer Mutter, die in der BRD wohnt, hat Frau S. nur selten Kontakt. Neben wenigen postalischen Grüßen (3 Karten jährlich) wird sie einmal jährlich von der Mutter besucht. Als Frau S. 14 Jahre alt ist, holt ihre Mutter sie in die BRD. Die Mutter hat zwischenzeitlich geheiratet und zwei Kinder geboren. Frau S. lebt nun im Haushalt ihrer Mutter mit deren Mann und den jüngeren Halbgeschwistern. Die Familie ist gut situiert und lebt in einem eigenen Haus. Der Stiefvater von Frau S. hat eine leitende Position in einer Bank, die Mutter ist als Hausfrau tätig. Frau S. besucht die Hauptschule am Wohnort. Das Zusammenleben gestaltet sich für Frau S. und ihre Mutter schwierig, und Frau S. wird mit 14 ½ Jahren in einem Erziehungsheim untergebracht. Frau S. weigert sich, die heiminterne Sonderschule zu besuchen. Ihr wird daraufhin gestattet, am Unterricht einer Hauptschule im Ort teilzunehmen. Diesen Schulbesuch nutzt Frau S. wiederholt zum Weglaufen. Das Heim weigert sich nach einigen Abgängen, sie weiter unterzubringen und verweist sie an ein anderes Erziehungsheim. Frau S. läuft auch aus dieser Einrichtung wiederholt weg und wird nach einigen Monaten zu ihrer Mutter zurückgeschickt. Da die Konflikte im mütterlichen Haushalt bald wieder eskalieren, erfolgt eine Volljährigkeitserklärung als Frau S. 16 Jahre alt ist. Sie bezieht im Nachbarort ein möbliertes Zimmer bei einer alleinstehenden Frau. Ihre Mutter kommt für ihren Lebensunterhalt auf, und Frau S. beginnt eine Ausbildung als Kellnerin, die sie jedoch nicht beendet. Mit ihrem 18. Lebensjahr endet die finanzielle Unterstützung durch die Mutter. Frau S. muß nun für ihren Lebensunterhalt selbst aufkommen. Sie bemüht sich vergebens um eine dauerhafte Anstellung als Bedienung in der Nähe ihres Heimatorts. Schließlich nimmt sie ein Freund mit nach Hanau in ein Animierlokal. Sie arbeitet dort als Bedienung und kommt in Kontakt mit harten Drogen und Alkohol. Um ihren Drogenkonsum zu finanzieren, bittet sie Ihren Stiefvater mehrmals um Geld und erhält es. Ihr Stiefvater fährt sie auch zu den Dealern. Sie arbeitet weiter als Bedienung und prostituiert sich auch, um das Geld für ihre Sucht zu verdienen. Der Inhaber des Lokals bemerkt ihren Zustand und vermittelt sie zu einer Familie, bei der sie einen kalten Entzug macht. Nach drei Wochen ist sie soweit clean und kann wieder in dem Animierlokal arbeiten. Dort lernt Frau S. den Vater ihres ersten Kindes kennen. Mit 23 Jahren bekommt sie das Kind und lebt 1 ½ Jahre mit dem Mann und ihrer Tochter zusammen. Der Mann verläßt sie, und Frau S. und ihr Kind wohnen nun mit einem Freund in einer 1- Zimmerwohnung, die sie durch Kontakte zur Straßenscene (Alkohol und Lärm) verliert. Ihr Kind wird vom Jugendamt in eine Pflegestelle vermittelt. Sie selbst kommt ins städtische Obdach. Von dort zieht Frau S. mit einem anderen Mann zusammen. Die Probleme (Abhängigkeitsstrukturen, Alkoholmißbrauch) wiederholen sich. Frau S. gehört zur Straßenscene. Sie wird wiederum schwanger und gibt ihr zweites Kind nach der Geburt zur Adoption frei. Bei einer erneuten Unterbringung im Obdach lernt sie einen Mann aus der Scene kennen, mit dem sie sechs Jahre zusammenlebt. Sein übermäßiger Alkoholkonsum überträgt sich auf Frau S..

Sie lebt in der Straßenscene, aus der sie sich immer wieder kurzzeitig zurückzieht, wenn sie bemerkt, daß der Alkoholkonsum nachteilig ihre äußere Erscheinung verändert. Sie schließt sich dann für ein bis zwei Wochen ein und trinkt in dieser Zeit keinen Alkohol. Als ihr Freund einen Freiheitsentzug antritt, lernt Frau S. einen sogenannten `nichtseßhaften´ Mann kennen und entschließt sich, mit ihm wegzugehen. Alkohol spielt bei ihrem neuen Freund eine geringere Rolle, Frau S. trinkt weniger. Mit diesem Mann kommt Frau S. nach Northeim und wird 1991 in die Betreuung aufgenommen. Sie werden in eine Übergangswohnung vermittelt. Der Freund von Frau S. kann wenig später eine Arbeitsstelle als Dachdecker antreten. Bei Problemen in der Beziehung sucht Frau S. die örtliche Straßenscene auf. Ihr Alkoholkonsum nimmt wieder zu. Nach einigen Monaten eskalieren die Konflikte zwischen Frau S. und ihrem Freund. Sie wird geschlagen und verläßt daraufhin die Wohnung. Sie lernt umgehend ihren jetzigen Partner kennen, der trockener Alkoholiker ist. Sie wird von ihm schwanger und zieht mit ihm zusammen in eine andere Übergangswohnung in einer kleinen Ortschaft.

Frau S. und ihr Partner leben von einem geringfügigen Arbeitseinkommen (ihr Partner war früher als Computer-Fachmann selbständig und arbeitet heute als Aushilfe in diesem Bereich) sowie ergänzender Sozialhilfe. Frau S. ist drogenfrei und trinkt z.Z. gar keinen Alkohol. Die Pflege ihres Kindes und die Führung des Haushalts bewältigt sie ohne Hilfe. Zu ihrer Herkunftsfamilie hat sie eine sporadische Verbindung. Ihre jüngere Schwester, die auch zwischenzeitlich wohnungslos war, wurde von ihr aufgenommen.

Frau S. ist seit Mai 1997 mit dem Vater ihres Kinder verheiratet. Die Familie ist in einen nahegelegenen Ort umgezogen. Frau S. hat regelmäßige Kontakte mit ihren Eltern und ihrer jüngeren Schwester. Mit den Eltern und Geschwistern ihres Mannes besteht ebenfalls ein kontinuierlicher Austausch.

<u>Frau S. B. (Nr. 4)</u>

Frau S. B. ist die Halbschwester von Frau K. S.. Sie ist zum Zeitpunkt des Interviews (Nov. 1995) 25 Jahre alt, ledig und hat ein fünfjähriges Kind. Sie und ihr Kind leben mit einem Klienten in einer Übergangswohnung der Beratungsstelle zusammen.

Frau B. wird ehelich geboren, ihre beiden Halbgeschwister (Frau K. S. und ein 1967 geborenes Kind) bringt die Mutter mit in die Ehe. Die finanzielle Situation der Familie ist gut, sie bewohnen ein eigenes großzügig angelegtes Haus in einem kleinen Ort. Die Eltern von Frau B. (und Frau S.) sind bemüht, sich als `normale´ Familie darzustellen, da dieses auch der Karriere des Vaters förderlich erscheint. Die Eltern von Frau B. unterhalten keine nachbarschaftlichen Kontakte und nehmen nicht am Leben in der Gemeinde teil. Von Frau B. verlangen ihre Eltern ein unauffälliges Auftreten. Frau B. besucht im Anschluß an die Grundschule eine Realschule und schließt diese auch ab. Sie beginnt eine Ausbildung als Bürokauffrau in der Bank, in der ihr Vater als Direktor beschäftigt ist. Während dieser Zeit wohnt sie in ihrem Elternhaus. Sie wird während der Ausbildung schwanger. Kurz nach der Geburt ihres Kindes (zu dem Vater des Kindes hat sie keinen Kontakt) erlangt sie ihren Abschluß als Bürokauffrau. Sie ist in Folge kurz arbeitslos und bekommt dann eine Tätigkeit in einer Zeitarbeitsfirma. Ihr Kind wird von ihrer Mutter versorgt. Als Konflikte mit ihrer Mutter zunehmen, zieht sie zu einem Freund, der in einer Dachgeschoßwohnung im Haus seiner Frau wohnt. Die Wohnsituation eskaliert, und sie kann mit ihrem Freund in einem Nebengebäude auf dem Grundstück ihrer Eltern unterkommen. Die Sanierung/Ausbau des Gebäudes wird von ihrem Vater finanziert. Ihr Freund ist alkoholabhängig, und 1 ½ Jahre trinkt sie regelmäßig mit. Nach 2 ½ Jahren trennt sie sich von ihrem Freund. Nach dieser für sie schmerzhaften Trennung lebt sie allein in dem Nebengebäude. Trotz der räumlichen Nähe hat Frau B. nur sporadische Kontakte zu ihrem Kind. Sie wird während dieser Zeit wiederholt arbeitslos und findet eine Beschäftigung als Bürokauffrau in einer Möbelfirma. Dort ist sie 2 Jahre bis April 1994 tätig. Frau B. kündigt und übernimmt ein Lokal, die Renovierungskosten etc. finanziert ihr

Vater. Im November 1994 wird klar, daß sich das Lokal nicht rentiert, Frau B. ist wiederum arbeitslos und verliert ihre Wohnung. Ihre Eltern nehmen sie auf und unterstützen sie finanziell. Anfang 1995 wird ihr eine Anstellung in Schleswig-Holstein angeboten. Frau B. zieht dorthin, ihr Kind bleibt bei ihrer Mutter. Nach kurzer Zeit stellt sie fest, daß die Tätigkeit nicht ihren Vorstellungen entspricht und kündigt. Frau B. hat keine Wohnung und keine ausreichenden finanziellen Mittel und wird im elterlichen Haushalt aufgenommen. Dort wohnt sie bis zur Trennung ihrer Eltern im Juli 1995. Da das elterliche Haus mit Hypotheken belastet ist und eine Zwangsversteigerung angeordnet wird, muß die Familie ausziehen. Die Mutter von Frau B. findet eine eigene Wohnung, der Vater wird von einer Freundin aufgenommen, und Frau B. und ihr Kind sind ohne jede Unterkunft. Zu diesem Zeitpunkt aktiviert Frau B. den Kontakt zu ihrer Schwester Frau S., die sie und ihr Kind bei sich wohnen läßt. Hier lernt Frau B. auch ihren jetzigen Freund kennen und entschließt sich, bei ihm zu leben. Ihr Freund gehört nicht zur Straßenscene und hat keine Alkoholprobleme. Er hat eine Ausbildung als Programmierer von Software, jedoch keine Anstellung. Frau B. lebt mit ihrem Kind und ihrem Freund in einer 2-Zimmerwohnung in einem kleinen Ort.

Für Frau B. ist die momentane Situation durch die räumliche Enge der Wohnung und der ungewohnte tägliche Umgang mit ihrem Kind belastet. Sie hat ständig Kopfschmerzen. Frau B. bestreitet ihren Lebensunterhalt durch Leistungen des Arbeitsamtes und ergänzende Sozialhilfe, da finanzielle Hilfen durch ihre Eltern nicht mehr geleistet werden.

Frau B. wohnt (1997) mit ihrem Kind und ihrem Freund in einer niedersächsischen Großstadt. Sie hat eine Anstellung in der Verwaltung eines Hotels. Die Arbeitsstelle und die räumliche Entzerrung (größere Wohnung) haben die Konflikte mit ihrem Kind und ihrem Freund vermindert. Zudem kann Frau B. nun über eigenes Einkommen verfügen. Sie hat auch wieder intensivere Kontakte zu ihren Eltern aufgenommen. Der Austausch mit ihrer Schwester Frau S. hat an Intensität verloren.

Frau D. L. (Nr.5)

Frau L. war zum Zeitpunkt des Interviews (Jan. 1996) 46 Jahre alt. Sie hat zwei
Kinder (28 Jahre, 20 Jahre), die in ihrem Heimatort in Süddeutschland leben.
Sie ist geschieden und wohnt mit ihrem Partner in einem kleinen Ort in der Nä-
he von Northeim.

Frau L. wird als zweites Kind in eine Arbeiterfamilie geboren. Beide Elternteile
arbeiten ganztags. Der Vater ist als Dreher beschäftigt, die Mutter hat eine Tätigkeit als angelernte Arbeiterin inne. Die Versorgung der Kinder übernehmen
teilweise die Großeltern. Die Familie lebt in einem eigenen Haus und ist in ihr
näheres Umfeld (Siedlung) integriert. Den maßgeblichen familialen Bezugsrahmen stellt eine freikirchliche Religionsgemeinschaft dar, in der die Eltern
von Frau D. L. stark involviert sind. Nach der Geburt eines weiteren Kindes,
Frau L. ist zu diesem Zeitpunkt 8 Jahre, beendet die Mutter ihre Berufstätigkeit
und bleibt zu Hause. Frau L. besucht die Hauptschule in ihrem Heimatort. Ihre
Eltern fördern sie nicht in der schulischen Ausbildung; im Gegensatz zu ihren
Brüdern erlangt sie keinen Abschluß. Nach der Beendigung der Schule erhält
sie eine Anstellung als angelernte Bürokraft. Innerhalb ihrer Familie wird Frau
L. auf eine Tätigkeit als Hausfrau und Mutter vorbereitet. Erste Probleme tau-
chen in der Adoleszenzphase auf. Frau L. darf nur sehr begrenzt an Aktivitäten
Gleichaltriger teilnehmen und lehnt sich dagegen auf. Sie begegnet mit 16 ½
Jahren ihrem ersten Mann, heiratet ihn mit 17 Jahren (ihr Mann ist zu diesem
Zeitpunkt 18 Jahre), weil sie schwanger ist und bekommt mit 18 Jahren ihr er-
stes Kind. Frau L. wohnt mit ihrem Mann und dem Kind in der Kellerwohnung
ihres Elternhauses. Als sich herausstellt, daß das Kind geistig behindert ist,
verschlechtert sich die Beziehung zwischen Frau L. und ihrem Mann. Damit
Frau L. wieder ihrer Tätigkeit als angelernte Bürokraft nachgehen kann, über-
nimmt ihre Mutter die Versorgung ihres Enkelkindes. Die Probleme zwischen
Frau L. und ihrem Mann nehmen zu, und mit 21 Jahren trennt sie sich von ihm.
Kurz darauf versucht sie, sich mit Schlaftabletten das Leben zu nehmen. Frau
L. wird von ihrer Mutter gefunden und zur medizinischen Versorgung in ein
Krankenhaus eingeliefert. Von dort aus erfolgt eine stationäre Unterbringung

für 6 Wochen in der Psychiatrie. Nach der Entlassung, um die sich ihre Eltern bemüht haben, wohnt sie weiter in ihrem Elternhaus und arbeitet in ihrem angelernten Beruf. 1975 lernt Frau L. ihren zweiten Ehemann kennen. Er ist als Lagerarbeiter beschäftigt und lebt in Stuttgart. Nach kurzer Zeit heiratet Frau L. ihn und zieht in seine Wohnung. Ihr Kind bleibt bei ihrer Mutter. 1976 wird das zweite Kind von Frau L. geboren. Mit der Geburt des Kindes beginnt die Beziehung zwischen Frau L. und ihrem Mann problematisch zu werden. Die Konflikte nehmen zu, und 1979 wird die Ehe geschieden. Das Kind bleibt bei Frau L., die die Wohnung behalten hat und nun von Sozialhilfe lebt. 1981 lernt sie ihren dritten Ehemann in einer Bahnhofsgastwirtschaft kennen und heiratet ihn noch im gleichen Jahr. Der Mann, der Alkoholprobleme hat und von Arbeitslosenhilfe lebt, zieht mit in die Wohnung von Frau L.. Da ihr dritter Ehemann unter Alkoholeinfluß regelmäßig gewalttätig wird, verschlechtert sich die Beziehung, und die Nachbarn schalten das Jugendamt ein. Heiligabend 1981 erwirkt der leibliche Vater per einstweiligem Beschluß die Herausgabe seines Kindes. Das Kind von Frau L. lebt bis zum 14. Lebensjahr in der väterlichen Familie. Mit der Unterbringung ihres Kindes bei dem leiblichen Vater bricht Frau L. den Kontakt zu ihren Eltern ab. Die Ehe von Frau L. verschlechtert sich und wird 1982 geschieden. Mit der Scheidung verliert sie die Wohnung und lebt in Hotels (Sozialhilfeunterbringung). Ende 1982 verläßt sie Stuttgart und lebt in Hamburg, wo sie als Prostituierte arbeitet. Dort lernt sie einen LKW-Fahrer aus der Schweiz kennen, der sie mitnimmt. Sie wohnt einige Monate bei ihm in der Schweiz. Von dort aus nimmt sie Kontakt zu ihren Eltern auf. Nach der Trennung von diesem Mann und der erneuten Rückkehr nach Stuttgart 1983 unternimmt Frau L. ihren zweiten Suizidversuch. Sie springt von einer Brücke und verbringt als Folge mehrere Wochen im Krankenhaus. Nach der Entlassung aus dem Krankenhaus lernt Frau L. ihren vierten Ehemann kennen. Er hat Beziehungen zur Straßenscene und Alkoholprobleme. Da sie beide kein eigenes Einkommen haben, leben Frau L. und ihr Ehemann im Hotel (Sozialhilfeunterbringung). Die Ehe scheitert nach kurzer Zeit und wird im Mai 1984 geschieden. Frau L. zieht zu ihrer Mutter zurück (der Vater ist im März

1984 verstorben) und kann auf Vermittlung ihres älteren Bruders eine Bürotä-
tigkeit aufnehmen. Diese Arbeitsstelle behält sie bis zu ihrer fünften Eheschlie-
ßung 1986. Ihr Ehemann gehört zur Straßenscene, hat Alkoholprobleme und
neigt zur Gewalttätigkeit. Frau L. wohnt mit ihrem Mann in verschiedenen Hotels in Stuttgart, die Unterbringung wird vom Sozialamt finanziert. Anfang 1987
verlassen Frau L. und ihr Ehemann Stuttgart und ziehen umher. In Calw werden sie von dem dortigen Sozialamt in einem Hotel untergebracht. Als dort
Frau L. von ihrem Mann unter Alkoholeinfluß massiv bedroht wird, verletzt sie
ihn mit einem Brotmesser lebensgefährlich. Ihr Mann wird medizinisch versorgt
und kommt im Anschluß in eine Rehabilitationsmaßnahme. Frau L. zieht weiter
nach Rottweil und arbeitet dort zwei Monate als Spülfrau in einem Hotel. Dort
lernt sie einen sogenannten `nichtseßhaften´ Mann kennen und entschließt
sich, mit ihm umherzuziehen. Ende 1987 kommen Frau L. und ihr Freund im
Landkreis Northeim an und werden von der Beratungsstelle in eine Wohnung
vermittelt. Dort leben sie bis Ende 1988. Frau L. wird zu diesem Zeitpunkt 14
Tage in Haft genommen und nach Baden-Württemberg gebracht. Sie wird wegen Körperverletzung an ihrem fünften Ehemann verklagt und erhält 3 Jahre
Freiheitsstrafe auf Bewährung. Bei ihrer Rückkehr nach Northeim ist ihr Freund
verschwunden. Sie bleibt in der Wohnung und lernt 1989 ihren jetzigen Partner
kennen.

Frau L. und ihr Partner leben in einer kleinen Ortschaft. Sie haben dort 1993
eine Wohnung des sozialen Wohnungsbaus beziehen können. Von zwischen-
zeitlichen Arbeitsmöglichkeiten abgesehen leben Frau L. und ihr Partner von
Leistungen des Arbeitsamts und ergänzender Sozialhilfe. Frau L. hat keine
Suchtprobleme; ihr Partner ist trockener Alkoholiker. Zu ihrer Mutter und ihren
Geschwistern hat Frau L. regelmäßigen Kontakt. Sie wird von dort aus auch
finanziell unterstützt. Die Beziehung zu ihren Kindern ist fragmentarisch.

In der Lebenssituation von Frau L. haben sich (1997) seit dem Interview keine
gravierenden Änderungen ergeben. Sie lebt nach wie vor mit ihrem Partner in
der 1993 bezogenen Wohnung zusammen.

Frau A. L. (Nr.6)

Frau A. L. ist zum Zeitpunkt (Feb. 1996) des Interviews 27 Jahre alt, geschieden und in der 24. Woche schwanger. Ihr erstes Kind ist 3 Jahre alt und wohnt bei dem Vater. Frau A. L. lebt in einer Wohnung des sozialen Wohnungsbaus in einer Ortschaft in der Nähe von Northeim.

Frau L. wird als zweitjüngstes von acht Kindern in eine randständige Familie geboren. Der Vater hat einen Schrotthandel und züchtete nebenbei Kaninchen. Die finanzielle Situation ist mangelhaft, die Familie kann sich gerade ernähren und kleiden. Die Wohnung in einem baufälligen Bauernhaus ist beengt. Der Vater von Frau L. hat Alkoholprobleme und mißhandelt seine Kinder wahllos. Ihre Mutter unterstützt diese massiven Mißhandlungen nicht, kann sie jedoch auch nicht unterbinden. Als der Vater eine zweijährige Haftstrafe antritt und die Mutter in dieser Zeit eine andere Beziehung eingeht, werden Frau L. und ihre Geschwister vom Jugendamt in einem Erziehungsheim untergebracht. Auf Betreiben des Vaters kehren die Kinder nach Beendigung seiner Haftstrafe in die Familie zurück. Frau L. besucht von dort aus die Sonderschule bis zu ihrem 10 Lebensjahr. Als die Mutter sich von ihrem Mann trennt, nimmt sie ihre Kinder mit und schaltet das Jugendamt ein. Frau L. und sechs ihrer Geschwister werden daraufhin in einem Erziehungsheim untergebracht. Sie lernt in diesem Rahmen einen vorhersehbaren Tagesablauf und feststehende Ordnungsstrukturen kennen, wird ausreichend gekleidet und ernährt, erhält Taschengeld. Ihr Vater hat keinen Kontakt zu ihr, und auch ihre Mutter bricht die Beziehung zu ihren Kindern ab. Sie besucht die heiminterne Sonderschule. Als Frau L. knapp 15 Jahre alt ist, wird ihr Heimaufenthalt durch die Mutter, die erneut geheiratet hat, beendet. Frau L. zieht in den mütterlichen Haushalt. Das Zusammenleben mit der Mutter und deren Mann gestaltet sich für Frau L. problematisch. Als sie mit 17 Jahren schwanger wird, eskalieren die Konflikte, sie muß ausziehen. Frau L. kann mit Hilfe des Sozialamtes ein möbliertes Zimmer im Haus ihrer späteren Schwiegermutter anmieten. Sie hat eine Fehlgeburt. Die Vermieterin und ihr Sohn unterstützen Frau L. dabei, eine Arbeitsstelle als angelernte Schneiderin zu finden. Ihren späteren Mann kennt sie seit ihrem 15. Lebensjahr. Durch den Einzug in sein Elternhaus wird die Beziehung legitimiert. 1990 heiratet Frau L.. Ihr eheliches Kind wird 1992 geboren. Die Mutter ihres Mannes unterstützt sie bei der Versorgung des Kindes. Nach einem Konflikt mit ihrem Mann verläßt Frau L. mit ihrem Kind die eheliche Wohnung und zieht zu ihrer Mutter. Als sich herausstellt, daß Frau L. mit der Versorgung des Kindes Probleme hat, schaltet ihre Mutter das Jugendamt ein. Das Kind kommt in eine Pflegefamilie. Frau L. bezieht eine kleine Wohnung im Wohnort ihrer Mutter. Diese Wohnung und auch ihre Arbeitsstelle als Küchenhilfe verliert Frau L. innerhalb einiger Monate durch einen Mann, der sie mißhandelt und Alkoholprobleme hat. Sie zieht in dem folgenden Jahr von einem Bekannten zum nächsten und verläßt die Männer, die alle Alkoholprobleme haben und sie mißhandeln, jeweils nach massiven Konflikten. Mit Hilfe des Ordnungsamtes kann sie schließlich mit einem Mann die jetzige Wohnung anmieten. Dieser Mann zieht jedoch nur 1 Monat mit in die Wohnung. Wenig später nimmt Frau L . einen andern Mann in ihre Wohnung auf. Dieser Mann hat Alkoholprobleme und mißhandelt Frau L. Er verläßt sie nach 1 ½ Jahren. Frau L. wohnt nur einige Tage allein und nimmt dann bei sich einen sogenannten `nichtseßhaften´ Mann auf, der der Vater ihres erwarteten Kindes ist.

Frau L. erhält Arbeitslosenhilfe und ergänzende Sozialhilfe. Sie hat eine geistige und soziale Behinderung und benötigt häufig Hilfe, die sie sich in ihrem Wohnquartier oder auch bei Beratungsstellen holt. Ihr jetziger Partner ist Klient der Beratungsstelle für Wohnungslose. Er hat ebenso wie die Mehrzahl ihrer Bekannten eine Alkoholproblematik und neigt zu Mißhandlungen. Frau L. hat keinerlei Kontakte zu den Mitgliedern (Eltern, Geschwister) ihrer Herkunftsfamilie.

Frau G. H. (Nr.7)

Zum Zeitpunkt des Interviews (Feb. 1996) ist Frau H. 46 Jahre alt. Sie ist verheiratet, lebt jedoch seit 14 Jahren von ihrem Mann getrennt und hat ein erwachsenes Kind. Frau H. bewohnt mit ihrem Freund, der ebenfalls Klient der

Beratungsstelle ist, eine Wohnung in einem kleinen Ort in der Nähe von Northeim.

Frau H. wird als ältestes von fünf Kindern in eine relativ gut situierten Familie
in der DDR geboren. Der Vater arbeitet als Lebensmittelingenieur, die Mutter
als Schneiderin. Die Kinder werden neben den staatlichen Einrichtungen viel
von der Großmutter betreut, da die Eltern eine intensive Zweierbeziehung pfle-
gen. Die Familie bewohnt eine geräumige Wohnung und genießt gesellschaftliche Anerkennung. Frau H. besucht die allgemeinbildende polytechnische
Oberschule bis zum Abschluß nach dem 10. Schuljahr. Im Anschluß lernt sie
zwei Jahre Industrieschneiderin und arbeitet in diesem Beruf bis zu ihrer Entlassung 1989.

Mit 22 Jahren heiratet Frau H.. Kurze Zeit später wird ihr Kind geboren. Sie
bezieht mit ihrem Mann und ihrem Kind eine eigene Wohnung in ihrer Heimatstadt. Die Familie lebt den gesellschaftlichen Anforderungen gemäß angepaßt.
Frau H. neigt ebenso wie ein Bruder von ihr seit ihrer Jugend zu gelegentli-
chem übermäßigen Alkoholgenuß. Dieser Alkoholmißbrauch wurde von ihrer
Familie toleriert und nun auch von ihrem Mann akzeptiert. Nach zehn Jahren
trennt sich Frau H. von ihrem Mann und wohnt fünf Jahre allein mit ihrem Kind
zusammen, dann geht sie eine neue Beziehung ein. Der Mann lebt zwei Jahre
bei ihr und ihrem Kind. Mit der Wiedervereinigung 1989 verliert Frau H. ihre
Arbeitsstelle und ihre Wohnung (Betriebswohnung). Ihr Kind ist gerade zu seinem Vater gezogen. Die Beziehung zu ihrem Freund zerbricht, und Frau H.
wird von der Ordnungsbehörde ihrer Heimatstadt in, für sie unzumutbaren,
Wohnraum eingewiesen. Das Angebot ihrer Eltern, wieder in deren Wohnung
zu ziehen, lehnt sie ab. Nach vier Wochen verläßt Frau H. den zugewiesenen
Wohnraum mit einem Teil ihres Arbeitslosengeldes und fährt nach Leipzig, um
sich dort zu betrinken. In der dortigen Bahnhofsgaststätte lernt sie eine Frau
kennen, die zum wiederholten Mal wohnungslos ist. Diese Frau berichtet Frau
H. von den Bedingungen des Lebens auf der Straße und bietet ihr an, sie mit-
zunehmen. Frau H. besorgt sich die nötige Ausrüstung (Schlafsack, Rucksack,
etc.) und begleitet die Frau in Richtung Süddeutschland. Sie übernachten in

Notunterkünften oder im Freien. Da Frau H. keinen festen Wohnsitz hat, erhält sie auch keine Lohnersatzleistungen und lebt von Sozialhilfe, die sie tageweise ausgezahlt bekommt. Nach einigen Monaten (Frühjahr 1990) sind sie am Rhein. Die Gefährtin von Frau H. lernt dort einen Weinbauern kennen und heiratet ihn. Sie bietet Frau H. an auf dem Hof mitzuleben. Dieses Angebot lehnt Frau H. ab und zieht einige Wochen allein umher. In dieser Zeit sucht sie verschiedene Frauennotunterkünfte auf. Schließlich trifft sie einige `nichtseßhafte´ Männer, schließt sich ihnen an und zieht mit ihnen umher. Während dieser Zeit bettelt sie häufig. Für dieser Leben auf der Straße benötigt Frau H. einen bestimmten Alkoholpegel. Im Spätsommer 1990 trifft Frau H. in Bingen ihren jetzigen Partner, der ebenfalls `nichtseßhaft´ ist. Sie entschließt sich, mit ihm zusammen zu blieben. Ihr Partner kennt sich in der bundesdeutschen Scene und den Hilfemöglichkeiten gut aus. Sie ziehen bis Anfang 1992 im Rhein-Main-Gebiet umher und erfahren dort, daß in Northeim wohnungslose Paare in Wohnungen vermittelt werden. Da der gesundheitliche Zustand von Frau H. labil ist (1993 hat sie einen Herzinfarkt), entschließen sie sich, nach Northeim zu gehen und werden dort von der Beratungsstelle in die Betreuung aufgenommen. Sie können nach relativ kurzer Zeit eine eigene Wohnung in einem Ort im Landkreis Northeim beziehen. Dort leben sie sehr unauffällig. Frau H. trinkt gar keinen Alkohol mehr, ihr Partner hat einen regulierten Alkoholkonsum. Nach etwa oinem Jahr taucht Frau H. in der Straßenscene unter und betrinkt sich maßlos in dieser Zeit. Nach zwei Wochen kehrt sie in ihre gemeinsame Wohnung zurück. Ihr Partner pflegt sie nach ihrer Rückkehr und hilft ihr über die Strapazen eines kalten Entzugs hinweg. In der folgenden Zeit wiederholt sich das Abtauchen von Frau H. in die Straßenscene in unterschiedlichen Abständen. Jedesmal, wenn der häusliche Bereich ihr zu eng wird und Konflikte auftreten, taucht sie in der Scene unter und betrinkt sich. 1995 war sie vier Monate unterwegs, ihr Partner hat sie gesucht, in die gemeinsame Wohnung zurückgeholt, gepflegt und versorgt, bis ihr körperlicher Zustand sich gebessert hatte. Seitdem sie wieder zurück ist, hat Frau H. keinen Alkohol getrunken. Sie ist zum Zeitpunkt des Interviews `trocken´.

Frau H. und ihr Partner leben von Sozialhilfe. Sie sind zwischenzeitlich umgezogen und halten nach wie vor einen relativ regelmäßigen Kontakt zur Beratungsstelle. Frau H. hat auch wieder Verbindung zu ihren Eltern aufgenommen,
die sie mit ihrem Wohnungsverlust 1989 unterbrach. In den letzten zwei Jahren
hat sie mit ihrem Partner zusammen ihre Eltern mehrmals besucht. Zu ihren
Geschwistern hat Frau H. keinen Kontakt.

Im Spätsommer 1997 traf ich Frau H. in einer Gastwirtschaft. Sie war wieder
seit einigen Tagen unterwegs und angetrunken. Sie erzählte mir bei dieser
Gelegenheit, daß sie als Pflegekind aufgewachsen sei. Ihre Herkunftseltern
seien ihr nicht bekannt. Die Pflegeeltern hätten sie wie ihre ehelichen Kinder
behandelt und gewollt, daß sie ein Studium absolviert, was sie jedoch nach
zwei Semestern (Psychologie) abbrach um dann Industrieschneiderin zu lernen. Das Verhältnis zwischen den Geschwistern (bis auf einen Bruder) und ihr
sei angespannt gewesen. Sie wurde von ihnen regelmäßig als Bastard tituliert.
Frau H. und der Bruder hätten die Außenseiterpositionen in der Familie
(schwarze Schafe) inne gehabt.

3.3. Familiale Bedingungen

Bei den untersuchten Frauen sind nicht *die* familialen Bedingungen festzustellen, die eine spätere Wohnungslosigkeit provozieren. Es werden jedoch belastende familiale Faktoren in den Biographien sichtbar.

Die besondere Bedeutung der familialen Erziehungsleistung für das spätere
Leben wird von Lenz/Böhnisch vorrangig im sozialen und emotionalen Bereich
gesehen: „Die besondere Bedeutung (der Familie) liegt im Stiften des Urver-
trauens, dem Gefühl von Wärme und Geborgenheit und in der Vermittlung sozialer Basiskompetenzen. Aber nicht nur die bewußten und erst recht nicht die
erörterbaren Erziehungshandlungen wirken auf das Kind ein. Das alltägliche
Miteinander in der Familie beeinflußt das Kind nachhaltig" (Lenz/Böhnisch
1997: 43). Die Familie als Primärinstanz hat nicht nur Einfluß auf wichtige biographische Festlegungen (z.B. Schulausbildung), sondern prägt vor allem die

spezifische Moralität und Emotionalität eines Menschen. Diese familialen Erziehungsleistungen sind in komplexe gesellschaftliche Bezüge eingebettet[22].

Die Familie wird dabei nicht als eine statische Einheit begriffen, „sondern als sich veränderndes dynamisches System verstanden, das sich notwendigen Veränderungen durch Wandlung bestehender Strukturen anzupassen versucht. Zweitens wird Familie als spezifischer Kontext innerhalb der allgemeinen Umwelt mit ihren Rahmenbedingungen als wesentliche Einflußquelle in Ergänzung zur genetischen Ausstattung des individuellen Kindes verstanden; drittens repräsentiert die Familie und die in ihr vorgefundenen Beziehungsformen für das Kind die wesentliche Basis für die Interiorisierung von grundlegenden Mustern zwischenmenschlicher Beziehungen" (Kreppner 1991:323).

Die Familie verfügt über eine zentrale Bedeutung bei dem Erwerb sozialer Handlungsfähigkeit. Familiale Sozialisation stellt sich in einem wechselseitigen Prozeß dar, in dem nicht nur Kinder von Erwachsenen, sondern auch Erwachsene von Kindern lernen. Eltern und Kinder beeinflussen sich wechselseitig. Biographische Merkmale (z.B. eine spätere Wohnungslosigkeit) können demzufolge nicht als ein linearer Prozeß interpretiert werden, sondern implizieren kausale Faktoren. Zinnecker weist darauf hin, daß sich die Perspektive auf Erziehungsumwelten stark subjektiviert hat und das „Kriterium für die sozialisato-

---

[22] Familie unterscheidet sich von anderen Lebensformen, laut Nave-Herz (1994:6f), durch folgende konstitutive Merkmale:
- die biologische und soziale Reproduktionsfunktion (biologisch-soziale Doppelnatur),
- ein spezifisches Kooperations- und wechselseitiges Solidaritätsverhältnis und
- die Differenzierung nach Geschlecht und Generationen innerhalb einer Kleingruppe.

Verschiedene theoretische Modelle versuchen die Komplexität des familialen Zusammenlebens erklärbar zu machen. Im Mittelpunkt der strukturfunktionalen Familientheorie nach Parsons (1979) steht die Frage nach den Funktionen, welche die Familie für den Bestand und die Entwicklung einer modernen Gesellschaft erbringt. Die jeweiligen Familienrollen werden als Sets von Verhaltenserwartungen, die die Gesellschaft an ihre Mitglieder stellt, interpretiert (Lenz/ Böhnisch 1997:54). Der interaktionistische/interpretative Ansatz betont dagegen die kommunikative Ebene des Familienalltags. Die Familie wird „als offener Verständnisraum, basierend auf einer Grundwelt des Gemeinsamen (Einfluß der Familiengründung, sozio-emotionale gegenseitige Unterstützung, Zugehörigkeit, Bestätigung und gemeinsame Lebensziele) gesehen"(Lenz/Böhnisch 1997:56). Bronfenbrenner (1989) hat mit der `Ökologie der menschlichen Entwicklung´ ein umfassendes, entwicklungspsychologisches Modell konzipiert, in dem die gesamte Umwelt eines sich entwickelnden Kindes berücksichtigt wird. Die Unterteilung der Umwelt eines Kindes in Mikro-, Meso-, Exo- und Makrosysteme versucht die Komplexität zu veranschaulichen, die die kindliche Entwicklung und somit auch die familiale Erziehungsleistung beeinflussen können.

rische Wirksamkeit von persönlichen Umwelten die Wahrnehmung der Betroffenen sei. Danach spielt das Selbstverständnis der Eltern darüber, was mit den Kindern in der Familie geschieht, eine zweitrangige Rolle. Als der entscheidende Prädikator gilt vielmehr, wie die Kinder diese Familienumwelt subjektiv wahrnehmen" (Zinnecker 1997:10). Die familiale Umwelt wird von den darin eingebundenen Mitgliedern individuell interpretiert. Die jeweilige subjektive Wahrnehmung der familialen Binnenstruktur hängt dabei von differierenden Sozialisationswirkungen ab, u.a. durch die Position in der Geschwisterreihe, durch Erkrankungen und Krisensituationen. Die Lebensschwierigkeiten einzelner Familienmitglieder lassen Rückschlüsse auf die familiale Umwelt zu, die neben einer gelungenen Bewältigung auch desintegrative und disfunktionale Elemente für die einzelnen Mitglieder enthalten kann.

3.3.1. Gestörte familiale Interaktionen

Bei den biographischen Angaben der Frauen ist eine Isolation in oder durch die Herkunftsfamilie augenfällig. Bei Frau B. H. (Nr.1), Frau C. S. (Nr.2) und bei Frau A. L. (Nr.6) kann von einer gesellschaftlichen Ausgrenzung aufgrund des Familienstatus (randständig, sozialer Brennpunkt) ausgegangen werden, die durch andere Faktoren (z.B. Behinderung) eine Verstärkung erfahren.

In der Familie von Frau K. S. (Nr.3) und ihrer Schwester Frau S. B. (Nr.4) findet eine Isolation vor dem Hintergrund interfamiliärer Bedingungen statt (die berufliche Position des Vaters, das Erziehungsmaxime der Unauffälligkeit). Die Familie von Frau D. L. (Nr.5) ist zwar in ihr näheres Umfeld integriert, gehört jedoch zu einer freikirchlichen Religionsgemeinschaft und grenzt sich dadurch von ihrem Wohnumfeld ab. Bei Frau G.H. (Nr.7) scheinen dagegen hauptsächlich interne Abgrenzungsstrukturen prägend gewesen zu sein.

Die biographischen Aussagen zur Herkunftsfamilie der untersuchten Frauen verweisen auf labile Familienstrukturen, die durch Ausgrenzung einzelner Mitglieder versuchen, an Stabilität zu gewinnen. Diese Familien verfügen über keinen tragfähigen verbindenden Kontext. Die ambivalenten Strukturen und

Grenzen sind für die Kinder verunsichernd und ermöglichen keine befriedigen-
de Identitätsentwicklung. Das familiale System wird zusammengehalten und
typisch strukturiert durch die emotionalen Beziehungen, die `abstrakte´ Pro-
grammstruktur, der Familie. „Die einzelnen Objekte gelten als Teile eines gan-
zen Systems; die Teile sind in irgendeiner gesetzmäßigen Form aufeinander
bezogen und können nicht isoliert voneinander betrachtet werden"
(Goldbrunner 1996:18).

Die Mitglieder einer Familie können von diesem personenübergreifenden sozialen System profitieren, müssen sich jedoch auch mit manifestem Zwang
durch das System auseinandersetzen. „Die Familienmitglieder rekurrieren einerseits auf diese systemischen Eigenschaften der Familie, andererseits ...
werden (sie) in ihren Interessen und Beziehungen eingeschränkt, können sich
in ihrer Individualität nicht entfalten. Dies .. (betrifft) vor allem traditionell die
Frauen, die stärker unter dem alltäglichen Zwang stehen, das System Familie
zu reproduzieren als die Männer" (Lenz/Böhnisch 1997:57).

Das Verhalten der einzelnen Familienmitglieder wird von einer Vielzahl von
Faktoren, sowohl aktueller als auch traditioneller Art, beeinflußt [23]. Diese Komplexität familialer Beziehungen kann im Rahmen dieser Arbeit nicht dargestellt
werden. Auf einige systemische Aspekte soll jedoch eingegangen werden[24]:

- Die Beziehungen zwischen den Mitgliedern einer Familie lassen bestimmte
  Regelhaftigkeiten erkennen. Die Regeln können dabei einen offenen
  (expliziten) oder verdeckten (impliziten) Charakter haben; sie können funktional oder disfunktional sein.

- Durch das regelabweichende Verhalten eines Familienmitgliedes wird ein
  Prozeß ausgelöst, der Effekte bei den übrigen Familienmitgliedern hervor-
  ruft, die ihrerseits auf die Regelabweichung zurückwirken.

- Ein wesentliches Merkmal lebender Systeme ist, daß sie sich gegenüber
  anderen Systemen mehr oder minder abgrenzen. Diese Offenheit bzw. Ge-

---

[23] Steinkamp (1991:268ff) macht nachdrücklich auf die Komplexität familialer Strukturen
aufmerksam, die in der sozialstrukturellen Sozialisationsforschung bisher nur partiell untersucht wurden.
[24] In der Praxis wird diese Sicht der Familie durch die systemische Therapiekonzepte an-
wendungsorientiert umgesetzt. „Das System der Familie baut danach in seiner Selbstrefe-
rentialität ein Systemgleichgewicht auf, in dem die psychosozialen Probleme der einzelnen aufgehoben und integriert sind. Die einzelnen Familienmitglieder sind demnach systemische „Symptomträger"(Lenz/Böhnisch 1997:58).

schlossenheit von Familiensystemen wird jedoch nicht nur von der Familie selbst, sondern ebenso von der Umwelt und durch soziale Normen mitbestimmt. So wird z.B. eine Familie, die den Normen ihres sozialen Umfeldes nicht genügt, von anderen *normalen* Familien eher gemieden. Diese, von außen produzierte, Abgrenzung kann wiederum zu einer verstärkten Geschlossenheit des Familiensystems führen.

• Ein tendenziell geschlossenes Familiensystem hat Auswirkungen auf die individuelle Initiierung von sozialen Kontakten zu anderen Personen. Nachfragen bezüglich langjähriger, verläßlicher Kontakte/Beziehungen zu Freundinnen oder auch anderen Personen außerhalb des Familiensystems wurden von allen untersuchten Frauen verneint. Die Abgrenzung des Familiensystems bewirkte, daß von den Frauen keine stabilisierenden Beziehungen außerhalb des familialen Kontext aufgebaut werden konnten. Den Frauen fehlten „außerfamiliale Unterstützungsquellen... die im Bereich von Rat und informatorischer Hilfeleistung, der kurzfristigen Unterstützung, vor allem aber der gemeinsamen emotionalen Bearbeitung von psychosozialen Problemen und psychischen Konflikten und Krisen" (Nestmann 1997:228), als Korrelat problematischer familialer Situationen eine wichtige Funktion haben.

• Innerhalb der Familie existieren Subsysteme. Diese Subsysteme bestehen „entweder aus einzelnen Personen (personale Subsysteme) oder aus Zusammenschlüssen von zwei oder mehr Personen (interpersonales Subsystem) .. .So lassen sich etwa Subsysteme nach Generationen (Eltern- oder Geschwistersubsystem) oder nach Geschlecht (z.B. Mutter-Tochtersubsystem ...) bilden" (Schneewind 1987:978). Die Herkunftsfamilien der untersuchten Frauen verweisen auf ambivalente Subsysteme, die je nach Konfliktkonstellationen gebildet wurden. Keine der Frauen hat Hilfen von ihren Geschwistern zur Abwendung des Wohnungsverlustes erhalten. Dieses Subsystem `Geschwister´, beinhaltete für die interviewten Frauen keine dauerhaften Beziehungen.

• „Die einzelnen Personen innerhalb einer Familie verfügen in der Regel über jeweils unterschiedliche bzw. sich nur partiell überlappende subjektive Sichtweisen der Familienrealität. Diese personenspezifischen subjektiven Familienwirklichkeiten sind einerseits aufgrund gemeinschaftlichen Lebensvollzugs entstanden. Andererseits verändern sie sich aber auch im Kontext der sich entwickelnden Familie als einer Gruppe sich gemeinsam entwickelnder Personen" (Schneewind 1987:980).

3.3.2. Die Problemfamilie

Unter dem Begriff der Problemfamilie werden von Goldbrunner Familien subsumiert, die in irgendeiner Form gesellschaftlich benachteiligt sind. Diese Benachteiligung wird durch die Kriterien der sozio-ökonomischen Mangellage, der gesellschaftlichen oder räumlichen Randständigkeit, Diskriminierung und Isolation bestimmt[25]. Problemfamilien haben, indem sie kritische Situationen durch unzureichende Ressourcen nicht bewältigen können, Probleme, die sie sozial auffällig erscheinen lassen. Es sind „jene Haushalte..., die ein unzureichendes Einkommen beziehen und von sozialer Deprivation, Randständigkeit, strukturellen Problemlagen und problematischen Verhaltensweisen betroffen sein können" (Goldbrunner 1996:42). Strukturelle Problemlagen, z.B. die Unvollständigkeit der Familie, Behinderung, Krankheit, Kinderreichtum und Alter verstärken ebenso wie problematische Verhaltensweisen, z.B. Alkohol- und Drogenabhängigkeit, Kriminalität, Gewalttätigkeit und Kindesvernachlässigung, die gesellschaftlichen Benachteiligungen.

Die subjektive Wahrnehmungsebene wird in den psychologischen Kriterien zur Beschreibung von Problemfamilien erläutert: „Das (stets neu zu verarbeitende) Erlebnis von sozialer Diskriminierung und Stigmatisierung, gesellschaftliche Orientierungsunsicherheit, die durch Isolierungserlebnisse eingeschränkte Kommunikationsfähigkeit, ein vielfach unterentwickeltes Planungsverhalten" korrespondieren in einer marginalen Existenz mit einem negativ geprägten „Lebens- und Selbstwertgefühl, (in) .. Apathie und Resignation ..., die nicht selten in Identitätsstörungen und psychischen Erkrankungen manifest (wird) ..; diese Art psychosozialer Behinderung kann von dem Betroffenen kaum als solche erkannt noch aus ihren Bedingungsfaktoren erklärt werden" (Goldbrunner 1996:42f).

Folgt man diesen psychologischen Kriterien in Verbindung mit den objektiven Bedingungen, so wäre eine Problemfamilie als ein durch äußere und innere

---

[25] Goldbrunner (1996) nutzt den Begriff der `Problemfamilie´ zur Darstellung von randständigen Familien im Zusammenhang mit familientherapeutischen Ansätzen für diese Gruppe. Problemfamilien werden jedoch nicht nur über ihre Problemkonstellationen definiert, sondern als Familien „die nicht nur eine Massierung von Problemen aufweisen, sondern darüber hinaus nicht in der Lage sind, angemessene Lösungsstrategien für diese Probleme zu entwickeln" (Goldbrunner 1996: 43). Der Terminus Problemfamilie wird hier übernommen, da das in früheren Arbeiten verwandte Kriterium der Schichtzugehörigkeit problematisch erscheint. Die dort erfolgte Zuordnung zu einer bestimmten Bevölkerungsgruppe gibt zwar Auskunft über gesellschaftliche Partizipationsmöglichkeiten (z.B. Bildung, Berufsstatus), das familiale Binnenklima wird jedoch wenig beachtet (Steinkamp 1991). Wie die Arbeiten über Familien in einer Obdachlosensiedlung von Kaufmann-Reis (1992), ebenso wie frühere Untersuchungen (z.B. Hess/Mechler 1973), aufzeigen, variiert das Erziehungsverhalten in randständigen Familien und kann nicht pauschal als defizitär bezeichnet werden.

Faktoren beeinträchtigtes Konstrukt zu verstehen, in dem keine ausreichenden individuellen Handlungsalternativen erworben werden können. Wie die neueren Untersuchungen über (familiale) Armutslagen aufzeigen, bestimmen jedoch diese Ressourcen mit über den Verlauf bzw. die Verfestigung von Problemlagen[26].

Eine ökonomische Deprivation führt zum Beispiel immer auch zu einer Verschärfung und Kumulation von Problemlagen, die sich wiederum auf alle relevanten Entwicklungsebenen auswirken. Die Belastungsfaktoren können sich bei Kindern nicht nur im sozialen Bereich, sondern auch auf die psychische und seelische Gesundheit auswirken, und zu einer Beeinträchtigung der Sozialbeziehungen innerhalb und auch außerhalb der Familie beitragen[27]. Ökonomische Restriktionen ziehen auch Einschränkungen in der schulischen/ beruflichen Bildung der Kinder nach sich. Vor allem Eltern der niedrigen Bildungsschicht verzichten aufgrund ihrer monetären Mangellage auf eine qualifizierte Ausbildung ihrer Kinder und wünschen von ihnen einen raschen Erwerbseintritt (Walper 1997:275).

Die Auswirkungen ökonomischer Deprivation der Eltern auf die Entwicklung der Kinder deutet auf komplexe Variablen hin, die von subjektiven, familiären, situativen und kontextuellen Bedingungen abhängig sind, und durch die Reaktionen der Betroffenen mitbestimmt werden. In einer wenig harmonischen Ehebeziehung/Familienbeziehung wirkt sich eine ökonomische Mangellage verstärkend auf Konfliktsituationen aus. Bei einer harmonischen Familie mit tragfähigen wechselseitigen Beziehungen können kooperative und produktive Problemlösungsstrategien entwickelt werden, um Schwierigkeiten zu regulieren. Positive familiale Strukturen, z.B. tragfähige, verläßliche Beziehungen, transparente Konfliktbewältigungsstrategien und -muster sowie emotionales

---

[26] Buhr (1995:223), die eine Typologie von Sozialhilfeempfängern aufgrund subjektiver und biographischer Aspekte vornimmt, stellt fest, daß subjektive Wahrnehmungen die objektiven Situationen maßgeblich mitbestimmen.

[27] Dieser Zusammenhang zwischen ökonomischer Deprivation durch Arbeitslosigkeit und der Zunahme von psychischen Belastungen und familiären Konflikten sowie der Einschränkungen in den familialen Außenbeziehungen wurde bereits 1984 von Breuer/Schoor-Theissen/Silbereisen thematisiert.

Eingebundensein wirken sich auf die individuellen Ressourcen aller Familien-mitglieder aus.

Die negativen Wirkungen eines wenig harmonischem Familienklimas analy-siert Zinnecker. Auf dem Hintergrund verschiedener Familientypen (Konflikt-Eltern, Partner-Eltern, Kontroll-Eltern, Lockere-Eltern) untersuchte er die El-tern-Umwelten für Kinder[28]. Kinder, die in Konfliktfamilien (Konflikt-Eltern) auf-wachsen, identifizieren sich weniger mit ihren Eltern, der Zusammenhalt zwi-schen Eltern und Kindern ist gering und gewisse Konflikte/ Spannungen in der Eltern-Kind-Beziehung gehen mit Spannungen in der ehelichen Partnerschaft und einer generellen Anspannungen des Familiengefüges einher. Hier besteht aufgrund innerer (Instabilität der Elterngruppe) und äußerer Faktoren (eingeschränkte finanzielle Ressourcen) eine überdurchschnittliche Gefähr-dung der Funktionsfähigkeit der Familiengruppe (Zinnecker 1997:14ff). Die fa-milialen Unsicherheiten (familialen Umweltrisiken) zeigen sich bei den Kindern auch auf der Ebene problematischer internalisierender wie externalisierender Konfliktlösungen.

Der Statuserwerb durch Bildung fällt diesen Kindern schwerer: Sie schätzen ihre Selbstwirksamkeit gering ein, neigen zu einer skeptischen Sicht ihrer schulischen Problemlösungskompetenz und haben eine relativ negative Ein-stellung zu schulischem Lernen[29]. `Konflikt-Eltern´ bieten anscheinend ihren Kindern keine befriedigenden emotionalen Beziehungen an. „Die Kinder erle-ben ihre Eltern als weniger emphatisch und schätzen deren Kompetenz, sie zu beraten, vergleichsweise gering ein. Die Eltern sind nicht sehr aufmerksam, was schulisches Lernen angeht; gemeinsame Aktivitäten von Eltern und Kin-

---

[28] Ziel der Untersuchung von Zinnecker (1997), der den Ressourcenansatz zugrunde legte, war, die Eltern als eine zentrale soziale Umwelt der Kinder sichtbar werden zu lassen. Die Daten basieren auf einer mündlichen Befragung von 701 Kindern im Alter zwischen 10 und 13 Jahren, parallel dazu erfolgte eine schriftliche Befragung der Eltern. Daß aus die-sen Angaben entwickelte Cluster verschiedener familialer Bedingungen wurde mit Stich-worten etikettiert, die den Gehalt des jeweiligen Clusters verkürzt wiedergeben. Eltern und elterliches Handeln werden bei der Untersuchung entsprechend der Einschätzung der Kinder thematisiert.

[29] Grundmann/Huinink/Krappmann (1994:85) sehen eine Beeinträchtigung der schulischen Entwicklung der Kinder in einer Kumulation mehrerer Belastungsfaktoren (z.B. konflikt-hafte innerfamiliale Kommunikation und ökonomische Probleme). Diese Belastungen können durch Geschwister und andere soziale Netzwerke kompensiert werden.

dern sind wenig ausgeprägt. Der Vater wird etwas inkonsistent im Umgang mit dem Kind erlebt;..." (Zinnecker1997:16). Die elterlichen Konflikte und die familialen Problemlösungsstrategien sind für die Kinder wenig transparent.

3.4. Sozialisationsbeeinträchtigungen

Die Frauen haben eine `beeinträchtigte´ Sozialisation, die im Zusammenhang mit zusätzlichen Lebensproblemen zu dem Wohnungsverlust führte.

Der Prozeß der individuellen Entwicklung ist im Kontext von Sozialgeschichte und Lebensgeschichte, von gesellschaftlichen Strukturen und individuellem Handeln zu begreifen (Bilden 1991:300). Der Erwerb geschlechtsspezifischer Kompetenzen unterliegt gruppenspezifischen Auslegungen und Umgangsweisen. Nicht allein die Geschlechtszugehörigkeit wirkt definierend, sondern höchst unterschiedliche Sozialisationsmilieus und -praktiken (Trauernicht 1989:42 ff).

Als Konsequenzen einer `beeinträchtigten´ Sozialisation können Bewältigungsschwierigkeiten auftreten, die insbesondere bei zusätzlichen Problemen und Krisen im Lebensverlauf sichtbar werden. Das Vorkommen von zusätzlichen Lebensproblemen ist dabei spezifisch für bestimmte gesellschaftliche Gruppen (z.B. für die Unterschicht), teilweise generationstypisch (z.B. Vertreibung) und auch zufallsbedingt (Albrecht u.a. 1990:48ff).

Eine `beeinträchtige Sozialisation´ ist aufgrund des Erziehungsverhaltens der Eltern und der Lebensbedingungen in Unterschichten wahrscheinlicher als in anderen sozialen Milieus. Die Betroffenen können angesichts der ökonomischen und sozialen Lebensbedingungen die Sozialisationsbeeinträchtigungen schlechter kompensieren, als dies in anderen sozialen Schichten möglich ist. Albrecht u.a. nennen folgende, in der Unterschicht tendenziell häufiger auftretende, Belastungen: Frühkindlich erlittene familiale Störungen und Konflikte, problematisches Erziehungsverhaltens der Bezugspersonen, das Erleiden von Sündenbockrollen in der Familie, die Wahrnehmung und Übernahme abweichender Rollenmodelle. Auf der individuellen Ebene resultieren aus solch einer `einschränkenden Persönlichkeitsentwicklung´:

1. „Eine *eingeschränkte Selbstidentität*, die sich auszeichnet durch mangelndes Selbstvertrauen, Gefühle persönlicher Ohnmacht, durch Bindungsängste, durch das zunehmende Unvermögen, sich selbst als *Person* zu sehen, *die über verschiedene Situationen* hinweg mit sich identisch ist, die eine *durchgängige* Biographie hat und nicht in Biographiestücke zerfällt.

2. Die eingeschränkte Sozialisation führt zweitens zu einer eingeschränkten *Ich-* oder *Handlungskontrolle*. Das bedeutet: geringe Kontrolle rationalen Entscheidungsverhaltens; unzureichende Vorwegnahme von Folgen eigenen Handelns; geringe Befähigung zum Aufschub von Befriedigungen sowie Neigung zu Impulsivität und Übernahme von kurzfristigen, allzu kurzfristigen Zukunftsperspektiven.

3. Die eingeschränkte Sozialisation führt *drittens* zu geringen *kognitiven Kompetenzen*, die sich wiederum später in mangelndem schulischen und beruflichen Erfolg verhängnisvoll auswirkt.

4. Die eingeschränkte Sozialisation führt viertens zu spezifischen Einstellungs-, Wert- und Deutungsmustern (wie z.B. Pessimismus; Abhängigkeit von äußerer Kontrolle, Entfremdung etc.) ...Individuen, die diese *psychischen* und sozialen Merkmale erworben bzw. entwickelt haben, sehen sich vor folgende `Lebensprobleme´ und Belastungen gestellt:

A)Sie treffen auf (..) spezifische Lebensprobleme (relative Armut, wirtschaftliche Unsicherheit usw.), die sie wegen ihrer eingeschränkten erlernten Handlungsalternativen nur unzureichend bewältigen können.

B)Sie erhalten von ihrer sozialen Umgebung nur unzureichende Kompensationsmöglichkeiten zugebilligt;...

C)Sie erleben im Bereich von Familie, Arbeit und Bekanntschaft häufiger und intensiver Konflikte als andere Personen.

D)Sie interpretieren Situationen in stärkerem Maße als *Konflikt*situationen, die von anderen als normal und erträglich angesehen werden, da ihr begrenztes Handlungsrepertoire und ihre begrenzte kognitive Kompetenz ihnen viele der *normalen* Handlungsalternativen nicht zur Verfügung stellen.

Individuen, deren Handlungsalternativen in der beschriebenen Weise eingeschränkt sind, werden solche Lösungsmechanismen wählen, die mit relativ hoher Wahrscheinlichkeit später Reaktionen durch informelle und formelle Instanzen sozialer Kontrolle (also auch Stigmatisierung) auslösen. Zu diesen Reaktionen gehören u.a.:

• Flucht in als immer noch erträglich erlebte Bereiche (wie z.B. im Bereich der Arbeit und Familie)

- Alkoholismus, Drogenmißbrauch, Delinquenz, psychische Auffälligkeit, Aggressivität

- Fluchtverhalten, also die Aufgabe aller Bindungen, da nur so eine Vermeidung von Konflikten möglich zu sein scheint.

Diese mehr oder weniger `devianten Reaktionen´ schließen sich nicht gegenseitig aus, sondern sie treten teilweise in Verbindung miteinander auf, z.T. aber wohl in einer zeitlichen Reihenfolge im Sinne einer Karriere" (Albrecht u.a.1990:48ff)[30].

3.4.1. Aspekte der geschlechtsspezifischen Sozialisation

Zentrale Risikofaktoren in familialen Konflikten, die das `Ausreißen´ junger Frauen als Konfliktbewältigung provozieren, sind „instabile Familien und elterliche Vorstellung einer strikt geschlechtsspezifischen Rollenkonformität, die Töchter weniger Verhaltensspielraum lassen ..." (Riege 1993:112). Riege geht davon aus, daß die familiale Erziehung auf Geschlechtsrollenstereotypen eine stärkere Fixierung auf Partnerschaften nach sich zieht. „Die Trennung von einem Lebenspartner, vor allen wenn diese nicht gewollt und akzeptiert war, die Betroffene sich als die `Verlassene´ sieht, bedeutet für manche der .. Frauen einen zentralen biographischen Bruch, ... (der) einen sozialen Abstieg und einen Wohnungsverlust .. (bedeuten kann)" (Riege 1993:112f). Da sich die Problematik einer geschlechtsspezifischen familialen Sozialisation bei den untersuchten Frauen insbesondere im Jugend- alter bemerkbar machte, werden Forschungsergebnisse über diesen Lebensabschnitt herangezogen.

Die Handlungskompetenzen und -muster, die im Jugendalter zur Problembewältigung herangezogen werden, basieren auf den bis dahin gemachten Erfahrungen: „Jugendliche entwickeln im Verlauf der Jugendphase feste *Muster der Problembewältigung*, die in der Persönlichkeitsstruktur verankert sind und in gewissem Sinn die „Geschichte" der bisherigen Auseinandersetzung mit der

---

[30] Hervorhebungen im Original.

sozialen Lebenslage sowie die Bewältigung der spezifischen Anforderungen und Aufgaben abbilden" (Hurrelmann 1997:195)[31].

In der familialen Sozialisation von Mädchen wird eine generelle Benachteiligung gegenüber den Jungen festgestellt. „Mädchen werden aus einer besonderen Sorge um ihre körperliche und sexuelle Unversehrtheit heraus weit stärker in der Nähe der Wohnung und unter Aufsicht der Erwachsenen gehalten als Jungen; diese Kontrolle verstärkt sich noch mit Beginn der Pubertät" (Birtsch 1991:18). Diese stärkere Beaufsichtigung behindert die Entwicklung einer eigenen zugestandenen Kontrolle, die wiederum zum Erlernen von Handlungskompetenz notwendig ist. Aufgrund der stärkeren Fremdkontrolle ist die Entwicklung von Handlungskompetenz „also dem Gesamt an Fähigkeiten, sich durch Aktivität die Welt zu erschließen und anzueignen und sich nach eigenen Vorstellungen darin zu bewegen" (Birtsch 1991:20), für Mädchen schwieriger als für Jungen.

Eine ambivalente Entwicklungsaufgabe für Mädchen stellt der Balanceakt dar, das geforderte Gleichgewicht zwischen ´Sinnlichkeit und Sittlichkeit´ zu halten. Sie haben mit dem Widerspruch fertig zu werden, „daß sie Macht ausüben können durch ihre weibliche Attraktivität, erotisch reizvoll aber erst durch ihre Unterwerfungsbereitschaft sind" (Ziehlke 1992:33). Die sexuelle Attraktivität als Wertorientierungsmuster des weiblichen Leitbildes wird durch die Medien, aber auch durch Maßstäbe und Normen der Peers, verstärkt. Da die soziale Anerkennung mit den spezifischen weiblichen Anforderungen einhergeht, können sich die Mädchen diesen Ansprüchen kaum entziehen. Der sexuellen Liberalisierung mit erweiterten Handlungs- und Erfahrungsspielräumen stehen internalisierte moralische Prinzipien gegenüber, die besonders im Jugendalter die Möglichkeiten der Mädchen begrenzen, sich aktiv Umwelt zu erschließen.

Zu einer Flucht aus den familialen Beziehungsproblemen kann es kommen, wenn der pubertäre Grundkonflikt durch weitere Belastungen im sozialen Bezugssystem kulminiert und zwischen den Beteiligten keine befriedigenden Ar-

---

[31] Hervorhebungen im Original

rangements möglich sind. Inwiefern diese Flucht in einer ˋabweichenden Karriereˊ eskaliert, hängt von den Beziehungen zur Gleichaltrigengruppe und dem familialen Bezugsrahmen ab, „dominieren ambivalente und zerstörerische Einflüsse, sind im Kontext negativer Zuschreibungen und Sanktionen Formen von Devianz möglich" (Ziehlke 1992:34).

Trauernicht sieht ebenfalls ein zentrales mädchenspezifisches Konfliktpotential in der Balance zwischen ˋSittlichkeit und Sinnlichkeitˊ. In ihrer Untersuchung stellt sie fest, „daß viele Mädchen mit ihren Eltern um Ausgangszeiten oder allgemeine ˋFreiheitenˊ streiten und dabei als ˋNutteˊ oder ˋFlittchenˊ stigmatisiert werden. Diese negativen Zuschreibungen in Verbindung mit ausstoßenden Tendenzen, und erlebten abwertenden sexuellen Erfahrungen mit Objektcharakter werden von den Mädchen partiell in ihr Selbstbild übernommen" (Trauernicht 1889:1 64f). Dieser Grundkonflikt wird in bestimmten familiären Konstellationen verstärkt und kann dann zu Eskalationen führen[32]. Ein Familienklima, das durch ambivalente oder ausstoßende Beziehungen gekennzeichnet ist und zu einer strengen oder widersprüchlichen Verhaltenskontrolle tendiert, erscheint für viele Mädchen untragbar und führt zur Familienflucht. Diese Problemlösung wird dabei aktiv durch die persönliche Sinnsetzung der Mädchen mitbestimmt (Trauernicht 1989:166)[33].

Insbesondere „Mädchen, die in unterprivilegierten Schichten aufwachsen, sind insofern von Diskriminierung .. betroffen, als sie sowohl einer rigiden Orientierung auf traditionelle Geschlechtsrollenstereotype ausgesetzt sind als auch

---

[32] Trauernicht (1989:130ff) nimmt an, das insbesondere schichtspezifische Aspekte (mangelhafte ökonomische und soziale Ressourcen), subkulturelle Einflüsse (peer-group), spezifische Familienkonstellationen (z.B. Einelternfamilie), eine bikulturelle Sozialisation und sexuelle Gewalt als Verschärfungsmechanismen einer mädchenspezifischen Sozialisation fungieren und zu familialen Ausstoßungsprozessen oder zu einer Fluch aus der Familie führen können.

[33] In den neueren Untersuchungen über Straßenkindern wird darauf hingewiesen, daß die Mehrzahl dieser Kinder nicht aus deprivierten Milieus stammen, sondern aus sozial-ökonomisch stabilen Familien (Britten 1996:14f). Ein Teil der Kinder ist demnach nicht dem klassischen ˋJugendhilfeklientelˊ zuzurechnen, sondern kommt direkt aus der Familie, die sie zumeist nach massiven Konflikten verlassen haben. Als Gründe dieser Familienflucht wird von ihnen neben Gewalt und Vernachlässigung auch das Fehlen von verläßlichen Bezugspersonen angegeben (Permien/Zink 1996:40)

objektiv geringere Chancen haben, sich durch Bildung, Ausbildung und Beruf eine eigene Existenzsicherung und damit einen größeren Handlungsspielraum zu verschaffen" (Trauernicht 1989:131). Die Lebenslage der Mädchen wird durch die patriarchale Macht des Vaters, die Minderbewertung gegenüber Brüdern, die Funktionalisierung als Haushaltshilfe und durch den Zwang, jüngere Geschwister zu beaufsichtigen, beeinflußt. Zudem wird „den extrem sexualunterdrückenden Normen in der Unterschicht .. die Zwangsläufigkeit und ebenfalls elterliche Normen gegenüber (stehen), mangels Alternativen die Erhöhung des `Marktwertes´ über die sexuelle Attraktivität und die Unterwerfungsbereitschaft unter männliche Herrschaft herzustellen" (Trauernicht 1989:132).

Kieper geht davon aus, daß die gesellschaftlichen Geschlechtsrollennormen für Mädchen in der Adoleszenz ein prinzipielles Problem darstellen. Die elterliche Vorstellungen von dem, wie ein Mädchen zu sein hat, zusammen mit gesellschaftlichen Erwartungen und der eigenen Orientierung, ermöglichen unterschiedliche Bewältigungsformen dieser Entwicklungsphase. Ob die daraus entstehenden Handlungen der Mädchen sich in `Verwahrlosungstendenzen´ oder `Krankheiten´ bemerkbar machen und von dem sozialen Umfeld so definiert werden, führt die Autorin auf zwei Phänomene zurück: „die soziale-Schichtzugehörigkeit und die bestimmenden Strukturmerkmale des Ehesubsystems" (Kieper 1980:151)[34]. Das Entstehen abweichender Karrieren wird bei zwei Familientypen diagnostiziert: Die `stabil erscheinenden Arbeiterfamilien´ hat Strukturmerkmale, die durch eine rigide Definition der weiblichen Geschlechtsrolle, konflikthafte Beziehungen im familialen System und Inanspruchnahme öffentlicher Instanzen (Jugendamt) zur Regulierung von Normabweichungen charakterisiert werden können. In `instabilen Familien´ erfahren die Mädchen vorwiegend das Gefühl der Ablehnung und Isolierung, das sie durch Beziehungen zu anderen Personen (vor allem Männern) zu kom-

---

[34] Die familialen Bedingungen, in denen das abweichende Handeln des Mädchens als Krankheit bezeichnet wird, sieht Kieper (1980:152) als Phänomen der Mittelschicht. Folgende Strukturmerkmale tragen zu einer solchen Deutung bei:„ - Doppelbödigkeit bei der Bestimmung der Geschlechtsrolle, - Zubilligung der Chance, sich als krank zu definieren bei Nichterfüllung, - Verschleierung der Konflikte im sozialen Nahbereich und im Ehesubsystem"(Kieper 1980:152).

pensieren suchen. Diese Mädchen können „gesellschaftlich gültige Geschlechtsrollennormen nur unzureichend in adäquate Handlungsmuster über-
setzen, da die emotionale Verknüpfung zu elterlichen Lernbildern kaum vorhanden ist. ... Bei Kindern aus solchen `dissozialen Familien´ achten die so-
zialen Kontrollinstanzen auf die Einhaltung sozialer Normen. Bei adoleszenten
Mädchen ... vor allem auf die Erfüllung geschlechtsspezifischer Normen..."
(Kieper 1980:152f).

3.4.2. Der traditionelle Lebensentwurf

Die untersuchten Frauen haben einen traditionellen Lebensentwurf.

Die weiblichen Lebensentwürfe sind nach wie vor auf die Familie zentriert
(Böckmann-Schewe 1996:24ff). Diese `Zuweisung´ der Frauen zur Ehe- und
Familienarbeit ist ein Aspekt der spezifischen Sozialisation[35]. In der Erziehung
und Rolleninternalisierung der Geschlechter lassen sich durchgängig gesellschaftlich tradierte Werte und Normen feststellen[36]. Neben denen an Weiblichkeit gekoppelten Normierungen spielt die real existierende ungleiche Verteilung von Chancen und Abhängigkeiten eine Rolle. „Ein ganzes Netz von Erwartungen und Bestimmungen regelt den Alltag der Frauen, ihr `Dasein´ für die
Familie, ihre selbstverständliche Hausarbeit, ihre typischen Berufstätigkeiten,

---

[35] In der empirischen Jugendforschung seit Beginn der achtziger Jahre wurde der Lebenswelt von Mädchen und der Analyse ihrer subjektiven Lebensentwürfe besondere Aufmerksamkeit gewidmet, u.a. Seidenspinner/ Burger (1982), Jugendwerk der Deutschen
Shell (1981). In den Studien wurden 15- bis 19jährige Mädchen (und Jungen) befragt. Der
überwiegende Teil der befragten Mädchen gaben eine gute Schul- und Berufsausbildung
und die anschließende Erwerbstätigkeit als selbstverständliche Bestandteile ihres Lebensentwurfs an. Gleich- zeitig formulierten Mädchen und junge Frauen aber auch den
Wunsch nach einer eigenen Familie. Als Lösungsmodell zur Vereinbarung von Familie
und Beruf wurde von den Befragten das `Drei- Phasen- Modell´ favorisiert.
[36] Die Untersuchung von Erler u.a. (1988) bei der junge Leute zwischen 18 und 33 Jahren
befragt wurden, verdeutlicht, daß die traditionellen geschlechtsspezifischen Zuweisungen
von Familienarbeit und Berufstätigkeit (außerhalb der Familie) im Bewußtsein der jungen
Leute verankert ist und in ihren Einstellungen zum Ausdruck kommt. Die meisten jungen
Frauen und Männer waren der Meinung, daß Kinder in den ersten Lebensjahren von der,
dann nicht berufstätigen, Mutter versorgt werden sollten. „Die Versorgungsehe, in der der
Mann die finanzielle Hauptverantwortung trägt, ist das eindeutig vorherrschende Modell
für Partnerschaften bzw. Ehen mit Kindern, auch bei berufstätigen Müttern"
(Erler/Jaeckel/Pettinger /Sass 1988:44).

soweit es ihre `Familienhaftigkeit´ erlaubt. Der Inanspruchnahme gleicher Rechte, die für Männer selbstverständlich sind, steht diese Rollenzuweisung in der Regel entgegen... Die Frauensituation sperrt sich gegen die Durchsetzung von Gleichberechtigung" (Gerhard 1988:19).

Die gesellschaftlich hoch bewertete Berufstätigkeit wird noch immer als eine vorübergehende, befristete und deshalb vergleichsweise unwichtige Episode im Frauenleben wahrgenommen. Die Berufsfindung von Mädchen basiert nach wie vor auf der traditionellen geschlechtsspezifischen Arbeitsteilung. Diese Arbeitsteilung, so Hagemann-White (1992:64), lebt aber auch von der Bereitschaft der Mädchen, sie für sich anzunehmen und schon im Jugendalter zu antizipieren. Die Zuständigkeit für Haus und Familie hat sich im weiblichen Lebenszusammenhang etabliert und zwar unabhängig von einer zusätzlichen Berufstätigkeit (Weinert 1993: 169)[37].

3.4.3. Die Akzeptanz von Gewalt

Von den untersuchten Frauen werden Gewalttätigkeiten akzeptiert. Sie erkennen Gewalt als männliche Dominanz an, setzen sich dieser Gewalt aber nicht bedingungslos aus. Sie haben ein Selbstbild, das Gewalt gegen ihre Person partiell beinhaltet. Bei der Überschreitung der subjektiv definierten Gewalt-Grenze wehren sich die Frauen, entweder indem sie sich der Situation entziehen oder indem sie (wie Frau D.L. Nr.6) ihrerseits Gewalt anwenden. Gewalterfahrungen und das Tolerieren von Gewalt haben die Frauen teilweise bereits in ihrer Herkunftsfamilie als problematisches Erziehungsverhalten erfahren.

Gewalt in Familien[38] hängt damit zusammen, „daß die gemeinsame Matrix der Familie nicht mehr auffindbar ist und die Familienmitglieder sich nicht aufein-

---

[37] Die postulierte Wahlfreiheit zwischen Familienarbeit und Beruf „bedeutet für viele Frauen ... die Wahl zwischen unerreichbaren Alternativen: Die Wahl Erwerbstätigkeit wird Frauen durch den Mangel an Maßnahmen zur Unterstützung von Beruf und Familie verbaut, die reinen Familientätigkeit ist oft nur um den Preis der Gefahr lebenslanger Armut zu realisieren" (Pfaff 1992:441).

[38] Hier wird von keinem spezifischen Gewaltbegriff ausgegangen, da, wie Rothe (1994:192) bemerkt, eine einheitliche Definition von Gewalt in der Familie fehlt.

ander beziehen können. Die Reziprozität der Erwartungen ist nicht länger gewährleistet, die Selbstdeutungen sind nicht mit den Erfahrungen kompatibel"
(Rothe 1994:189).

Familiale Gewalt ist ein Ausdruck von Beziehungsstörungen. Sie ist aber auch
immer ein Mittel zur Durchsetzung von Macht. Insbesondere angespannte
Partnerbeziehungen können zu einer Störung der Interaktionen mit den Kindern
führen und zu möglicherweise unkontrollierten und unberechenbaren Erziehungsstilen, die aus dem Gefühl der Eltern (meist die Mutter) resultieren, die
Kontrolle über das eigene Kind verloren zu haben. „Gerät die Familiensituation
durch Schwierigkeiten in der Ehebeziehung und Verhaltensproblemen des Kindes in Anspannung, dann kann das von den Eltern heute immer noch als normal eingestufte körperliche Züchtigungsverhalten die Schwelle der `Normalität´
schnell überschreiten. Eltern verlieren die Maßstäbe für angemessenes Verhalten ihrem Kind gegenüber. Das Auftreten von Gewalt gegen Kinder ist meist
ein Indikator für eine stark beeinträchtigte Lebensqualität aller Familienmitglieder" (Hurrelmann 1997:135). Der Autor geht davon aus, daß unsichere, autoritäre und selbstbezogene Persönlichkeitstypen versuchen, ihren Machtanspruch
mit Gewalthandlungen und auch sexueller Ausbeutung zu festigen. Dieses, in
der Gesellschaft immer noch vorherrschende männliche Machtbestreben wird
von den Männern auf das soziale System Familie projiziert, und von den Ehefrauen und Partnerinnen erduldet, erlitten, ertragen und zusätzlich stabilisiert.
Familiale Gewalthandlungen tragen gesellschaftliche Strukturen in sich, die
mit den traditionellen Bildern von Männlichkeit (Dominanz und Versorgungsansprüche) und Weiblichkeit (Zurücknahme, Unterordnung, Selbstlosigkeit) eng
verknüpft sind (Funk 1997:255).

Weitere Ursachen für Gewaltanwendungen sind u.a.:

- „Langanhaltende Spannungen und Konflikte zwischen den Eltern, besonders
  im Vorfeld von Trennung und Scheidung und bei instabilen und wechselnden
  Partnerbeziehungen der Eltern;
- wirtschaftliche Krisensituation mit hoher Beeinträchtigung des Selbstwertgefühls der Eltern, ...;

- soziale Isolation der Familie in Verwandtschaft und Nachbarschaft, desolate Wohnbedingungen; ...

- Mißhandlungserfahrungen der Eltern in ihrer eigenen Kindheit, die Persönlichkeitsstörungen hinterlassen haben; ...

- früh in Erscheinung tretende Behinderung oder Auffälligkeit eines Kindes" (Hurrelmann 1997:136f).

Gewalt in Familien ist nicht mit sozialer Randständigkeit[39] oder psychopathologischen Belastungen der Eltern zu erklären, vielmehr tragen multifaktorielle Bedingungen (gesellschaftliche, familienstrukturelle und beziehungsdynamische Faktoren) dazu bei, daß es in den Interaktionen zwischen Eltern und Kindern zu Gewalthandlungen kommen kann (Engfer 1986:41).

Eine Vererbung von Gewalt als Folge der individuellen Erfahrungen in der Herkunftsfamilie ist nicht zwingend. Günstige persönliche Eigenschaften (gute Fähigkeiten der Selbstwertstabilisierung) und Umweltbedingungen (verläßliche Bezugspersonen außerhalb der Familie) können zu einer normalen Entwicklung beitragen (Hurrelmann 1997:138).

3.5. Das System der Problemlösung

Bei allen Frauen waren Konflikte in den sozialen Beziehungen zu der Herkunftsfamilie und/oder zu ihren jeweiligen Partnern der Grund für eine vorübergehende oder andauernde Wohnungslosigkeit. Der erstmalige Verlust der Unterkunft wurde von den Frauen durch relativ gezielte Handlungsstrategien (Rückzug in die elterliche Wohnung, Anmietung einer eigenen Wohnung in der Heimatkommune, eine neue Beziehung, stationäre Unterbringung) überwunden. Diese Wohnalternativen erschöpfen sich jedoch nach dem wiederholten Verlust der Unterkunft. Mit der Abnahme der Handlungsperspektiven erfolgte eine stärkere Orientierung an Personen, die ebenfalls nur eingeschränkte Zu-

---

[39] Während in früheren Untersuchungen davon ausgegangen wurde daß familiale Gewalt mit der Randständigkeit einer Familie korreliert, belegen neuere Studien daß Gewalthandlungen in Familien in allen sozialen Milieus, wenn auch in unterschiedlicher Ausformung, vorkommen (Rothe 1994:200).

kunftsaussicht haben. Je weniger Perspektiven die Frauen sahen, ein `normales Leben´ zu führen (z.B. durch die Fremdunterbringung ihrer Kinder, gescheiterte Beziehungen, Alkoholprobleme), desto zügiger erfolgte die Lösung der sozialen Bindungen. Mit dem Wegzug und einer `nichtseßhaften´ Existenzform haben sie sich letztendlich den Konflikten und der Perspektivlosigkeit vor Ort entzogen.

Die dann einsetzenden `devianten Reaktionen´ stellen Lösungsversuche dar, die im Sinne einer Karriere als Verstärker fungieren. „Daraus resultiert zunächst das positive Gefühl der `Problembewältigung´, obwohl durch die Wahl devianter Verhaltensweisen *sekundäre* Probleme geschaffen werden" (Albrecht u.a. 1990:50f)[40]. Die Verstärkung von devianten Lösungsversuchen tritt vor allem durch sekundäre Verstärker ein, „also durch positiv erlebte Ereignisse, die sich ganz unmittelbar durch die Form der Auseinandersetzung mit der Umwelt ergeben. Hier wären zu nennen: Als belohnend erlebte Kontakte mit anderen Personen, die sich in der gleichen Situation befinden und die sich aufgrund längerer Erfahrung mit solchen Situationen und ihrer größeren Fertigkeit, mit solchen Situationen fertig zu werden, als Rollenmodelle anbieten. ...Personen, die in dieser Phase zusätzliche Belastungen erfahren, sei es durch .. Massenarbeitslosigkeit, körperliche Behinderungen, Erkrankungen, sei es durch familiale Konflikte, oder Personen, die durch negative Sanktionen von seiten der informellen oder formellen Instanzen sozialer Kontrolle stigmatisiert worden sind und die sich dieser Problemsituation und all ihren Belastungen durch Flucht entzogen haben, geraten mit erhöhter Wahrscheinlichkeit in eine zugespitzte materielle und soziale Mängellage, wenn ihnen keine ökonomischen, sozialen und psychischen Hilfen angeboten werden bzw. wenn sie nicht mehr über eigene Kompensationsmöglichkeiten verfügen. Ausmaß und Qualität dieser Kompensationsmöglichkeiten sind selbst wieder im hohem Maße abhängig von der psychosozialen Lage der Individuen, den spezifischen Sozialisationserfahrungen und den durch die gesellschaftliche Reaktion auf früheres abweichendes Verhalten immer stärker reduzierten Lebenschancen. Unter-

---

[40] Hervorhebungen im Original

schichtspersonen und vor allem aufgrund erster abweichender Verhaltensweisen stigmatisierte Unterschichtspersonen besitzen also sehr begrenzte Kompensationsmöglichkeiten" (Albrecht u.a. 1990:50f).

3.6. Die Karriere des sozialen Abstiegs

Die biographischen Angaben der Frauen verweisen auf Abstiegskarrieren in
die Wohnungslosigkeit, die nicht nach einem vorhersehbaren, festgelegten
Muster verlaufen. Konsolidierung, Stabilisierung und auch Wege aus einem
Leben ohne eigene Unterkunft sind möglich. Die Frauen können nicht auf ein
unabänderliches abweichendes Verhalten oder Erleiden festgelegt werden. Sie
orientieren sich auch an der Normalität und bewältigen mehr oder weniger erfolgreich Lebenskrisen und soziale Probleme.

Ein Modell, daß die Karriere von Frauen in die Wohnungslosigkeit zu erklären
versucht, muß gesellschaftliche Bedingungen aufzeigen, die den sozialen Abstieg beeinflussen können, dies aber im Einzelfall nicht tun müssen. Albrecht
u.a. gehen davon aus, daß `Nichtseßhaftenkarrieren´ nicht vorgegeben sind,
weil situative Merkmale und Zusammenhänge den Verlauf beeinflussen. Zwar
wird der Verlauf der sozialen Abstiegskarriere durch strukturelle Merkmale ge-
rahmt, damit ist jedoch der individuelle soziale Abstieg noch nicht hinreichend
erklärt.

Nichtseßhaftigkeit ist die, nicht notwendige Folge einer `beeinträchtigten So-
zialisation´. Die Personen bewältigen Probleme und Krisen so, daß sie mit hoher Wahrscheinlichkeit Instanzen der sozialen Kontrolle auf sich aufmerksam
machen. Diese Kontrollinstanzen stigmatisieren Personen mit kongruierenden
Merkmalen jedoch nicht in gleicher Weise.

Deviante Bewältigungsversuche im Laufe der Karriere werden durch sekundäre Verstärker gefestigt, wobei neue sekundäre Probleme entstehen. An diesem Punkt können „ aus einer relativ homogenen, am Rand der Devianz stehenden und lebenden Unterschichtsgruppe Personen durch mehr oder weniger
zufallsbedingte .. Erfahrungen und Erlebnisse auf unterschiedliche Devinazka-

tegorien hin konditioniert werden, ohne das die weitere Karriere schon zwangsläufig in eine bestimmte Richtung verlaufen müßte" (Albrecht u.a. 1990:50).

Bei zusätzlichen Belastungen geraten diese Personen in eine materielle und soziale Mangellage. Der weitere Verlauf der Nichtseßhaftenkarriere hängt von den individuellen Handlungsmöglichkeiten und/oder staatlichen Hilfen ab. Vor allem konkrete Erfahrungen mit den Einrichtungen der Wohnungslosenhilfe bestimmen, ob sich ein negativer Verlauf entwickelt.

3.7. Es gibt nicht *die* wohnungslose Frau

Die biographischen Angaben der Frauen verdeutlichen, daß sich spezifische Ereignisse belastend auf den weiteren Lebensverlauf auswirkten. „Es `reichen´ weder die nach wie vor überwiegende Herkunft aus den unteren sozialen Schichten und damit zusammenhängend nur wenig qualifizierte Schul- und Berufsausbildungen, noch untypische Familienkonstellationen bzw. wechselnde Sozialisationsbezüge aus, um den Weg in die Wohnungslosigkeit zwingend werden zu lassen; sie bilden aber eine `soziale Ausstattung´, die diesen Weg wahrscheinlicher macht als bei anderen Schichten und bei anderen familiären Konstellationen" (Riege 1993:108).

Die biographischen Daten der Frauen verweisen auf folgende gemeinsame Merkmale:

1. Die Frauen haben einen traditionellen, familienzentrierten Lebensentwurf.

2. Der Wohnungsverlust der Frauen ist durch einen langsamen sozialen Abstieg gekennzeichnet, der in der Regel durch die jeweiligen männlichen Bezugspersonen mitbedingt wird.

3. Adoleszenzprobleme und daraus resultierende stigmatisierende Prozesse treiben Ausgrenzungsmechanismen voran, die als prägende Faktoren weibliche Wohnungslosigkeit bedingen können.

4. Die Frauen bleiben auch nach dem Verlust der Wohnung an ihrem Heimatort. Der Wegzug und eine nichtseßhafte Existenzform als Alternative eröffnet sich den Frauen durch die Bekanntschaft zu männlichen `Nichtseßhaften´.

5. Alkoholprobleme tauchen bei den Frauen in der Regel als Reaktion auf ihre Umgebung -die Straßenscene- auf und können sich dann verfestigen.

6. Soziale und individuelle Behinderungen verstärken Ausgrenzungsprozesse.

7. Gewalterfahrungen als wiederkehrendes Moment bestimmt die jeweiligen Partnerschaften und werden von den Frauen in der Regel über längere Zeiträume akzeptiert.

8. Der Kontakt zu der Herkunftsfamilie wird erst dann von den Frauen angestrebt/intensiviert, wenn eine positive Rückmeldung erwartet wird; also erst nach einer Normalisierung (Erfüllung der traditionellen Rolle) ihrer Lebensführung.

Elterliche ökonomische Ressourcen sind in sofern von Bedeutung, daß dadurch, wie bei Frau S. B. (Nr.4) eine drohende Wohnungslosigkeit vermieden werden kann, oder (wie bei Frau D.L. Nr.5) eine vorübergehende Rückkehr in den elterlichen Haushalt ermöglicht wird (dieses trifft im begrenzten Fall auch auf Frau B. H. Nr.1 zu).

3.8. Zusammenfassung

Die Entstehung von Wohnungslosigkeit basiert sowohl auf gesellschaftlichen als auch subjektiven Faktoren. Die individuellen Gestaltungsmöglichkeiten werden durch weiterhin bestehende spezifische Ungleichheitslagen eingeschränkt; eine ihrer systemimmanenten Folgen ist die Wohnungslosigkeit bei Frauen (und Männern).

Beide Ebenen, sowohl die soziale als auch die subjektive, beinhalten Komponenten die zu einem Verlust der Unterkunft beitragen können. Ein direkter Zusammenhang zwischen sozialen Ungleichheitslagen und traditionellen Rollenmustern und daraus resultierend weiblicher Wohnungslosigkeit ist daraus nicht abzuleiten. Eine ökonomische Unterversorgung verringert soziale Ressourcen, führt jedoch nicht zwangsläufig zu einem Leben ohne eigene Unterkunft. Eine Abwärtsmobilität wird vielmehr von individuellen Deutungsmustern und den darauf aufbauenden Handlungen mitbestimmt.

Die spezifische Deutung einer Situation und das darauf folgende Handeln basiert auf subjektiven Erfahrungen und läßt sich nicht generalisieren[41]. Defizitäre Sozialisationsbedingungen werden von den Frauen unterschiedlich bewertet und ziehen den Wohnungsverlust nicht automatisch nach sich. Feststellbar ist jedoch, daß insbesondere Bindungsabbrüche als biographisch prägende Situationen bei einem Teil der Frauen dominieren. Diese Bindungsabbrüche fanden entweder in der Kindheit als Folge von familialen Bedingungen oder in der Adoleszenzphase aufgrund von Stigmatisierungsprozessen statt.

Mit der Auflösung von sozialen Bindungen beginnt in der Regel für die Frauen der Abstieg in die Wohnungslosigkeit. Die, in den Kurzbiographien dargestellten, subjektiven Äußerungen der interviewten Frauen deuten auf diskontinuierliche oder problematische Bindungen zu nahestehenden Personen hin, die in lebenskritischen Situationen keinen sozialen und emotionalen Rückhalt bieten.

Instabile (labile) Strukturen in der Herkunftsfamilie tragen ebenso wie unerwünschte Trennungen vom Lebenspartner zur Auflösung von sozialen Beziehungen bei. Familiale Stigmatisierungsprozesse (Außenseiterposition in der Familie) und Identitätskrisen (das Versagen als Tochter, Frau und Mutter) vergrößern die Tendenzen zur sozialen Isolation. Hierbei handelt es sich um einen differenzierten Prozeß: Einerseits werden die Frauen von ihrer sozialen Umwelt sanktioniert, wenn sie bestimmte gesellschaftlich relevante Rollenerwartungen nicht erfüllen, zum anderen `schämen´ sich die Frauen ihres `Versagens´ und tragen aktiv zur Isolation bei, indem sie Kontakte abbrechen.

Der Abbruch der sozialen Bindungen betraf bei den Frauen ganz oder teilweise auch den Verlust der eigenständigen finanziellen Absicherung. Diese fehlenden materiellen Ressourcen werden den Frauen erst dann bewußt, wenn die persönlichen Beziehungen nicht mehr funktionieren und sie finanziell auf sich gestellt sind (Geiger 1992:20). In dieser Phase haben sie die Alternative zwischen neuen Bindungen oder sozialstaatlicher Unterstützung. Beide Möglich-

---

[41] „Die Situation, in der gehandelt wird, ist in der Vorstellung des Handelnden, seiner Antizipation der Handlungsabläufe, immer in irgendeiner Weise strukturiert.... In jedem Fall .. wird das Handeln einem Vorentwurf folgen, in dem die Komponenten des Handelns abgeschätzt sind, gleichviel ob dieser Vorentwurf nun im reflektierenden Bewußtsein des Individuums oder in den institutionalisierten Regeln seines Handelns gegeben ist" (Mollenhauer 1972:17).

keiten implizieren Abhängigkeiten, entweder von dem Beziehungspartner oder von der Sozialverwaltung.

Der Weg in die Wohnungslosigkeit und das Leben ohne eigene Unterkunft ist ein differenziert zu betrachtender Prozeß, der durch ein handelndes, sinnorientiertes Subjekt mitgestaltet wird. Dies wird oft nicht beachtet. Die Reduzierung auf einfache Kausalbeziehungen berücksichtigt nicht sich gegenseitig potenzierende Wechselverhältnisse, die durch das Subjekt beeinflußt werden. Die Frauen sind nicht *nur Opfer* der Umstände. Der Status als nur Opfer negiert immer die individuellen Handlungskompetenzen. Jedes deterministisch konzipierte Verlaufsmodell läßt die subjektiven Bewältigungsmöglichkeiten der Frauen außer acht und erklärt ihre Lebenssituation in der Wohnungslosigkeit als unabänderlich.

Die Frauen verfügen über begrenzte Kompensationsmöglichkeiten. Sie sind daher gezwungen, auch jene Alternativen zur Fristung des Lebens zu nutzen, die mehr oder weniger per Zufall entdeckt oder vermittelt werden und ihrer Problemlage in keiner Weise entsprechen (Albrecht u.a. 1990:51). Eine dieser Alternativen scheint für einen Teil der wohnungslosen Frauen das Dasein im öffentlichen Raum darzustellen.

4.   Das Leben von Frauen ohne gesicherte Unterkunft

Das Hilfesystem für wohnungslose Menschen hat erst im Verlauf der neunziger Jahre Frauen, die permanent oder episodisch auf der Straße leben, als Klientel entdeckt. Es gibt daher nur wenige Studien über die Existenzbedingungen von wohnungslosen Frauen im öffentlichen Raum der Bundesrepublik Deutschland (Geiger/ Steinert 1991; Bodenmüller 1995). Die Mehrzahl der Publikationen über weibliche Wohnungslosigkeit basieren auf Erhebungen im Hilfesystem. Die daraus gewonnenen Informationen über die Lebensbedingungen auf der Straße bedürfen der Erweiterung durch Erkenntnisse der teilnehmenden Feldforschung. Daher werden nachfolgend auch Studien über männliche Wohnungslose beachtet[42].

4.1. Armut und soziale Isolation

Wohnungslose Frauen und Männer werden als Erwerbspersonen ohne feste Arbeit und ohne festes Einkommen definiert. Sie sind aber in der Regel nicht beim Arbeitsamt registriert und somit nicht im juristischen Sinne arbeitslos. Der Erhalt von Lohnersatzleistungen (Arbeitslosengeld, Arbeitslosenhilfe) setzt die melderechtliche Anmeldung eines festen Wohnsitzes voraus. Dieses gilt auch für den Bezug von regelmäßigen Sozialhilfeleistungen. Das Fehlen einer Meldeadresse bzw. der Eintrag im Personalausweis `ohne festen Wohnsitz´ schließt kontinuierliche sozialstaatliche (Ersatz-) Leistungen aus.

Die wohnungslosen Personen haben Anspruch auf Hilfe des Sozialamtes. Die Gewährung der Sozialhilfe erfolgt jedoch in der Regel in Form einer täglichen Auszahlung (Tagessatz), die in einigen Kommunen zudem auf einige Tage im Monat oder Jahr begrenzt wird. Die Höhe des Tagessatzes liegt bei ca. DM 17,20. Einige Kommunen verweigern die Auszahlung von Bargeld und gewähren Warengutscheine. Die Bewilligung der sozialstaatlich verbrieften materiellen Hilfen (Sozialhilfe) ist auf dem Hintergrund der jeweiligen kommunalen und personalen Praxis mehr oder weniger rechtmäßig. Weber stellte in seiner Untersuchung der `Stadtstreicher´ in Stuttgart fest, daß nur 34 % der anspruchs-

---

[42] Felduntersuchungen über männliche Wohnungslose und deren Leben im öffentlichen Raum wurden in den letzten Jahren u.a. von Jochum (1996) und Gahleitner (1996) veröffentlicht.
Einen ähnlichen methodischen Ansatz gibt es bei der Erforschung der Lebenssituation von Frauen auf der Straße nur in der Arbeit von Geiger/Steinert (1991), deren Ergebnisse auf 48 Interviews mit wohnungslosen Frauen, 88 Interviews mit Mitarbeiterinnen und Mitarbeitern von Hilfeeinrichtungen sowie 11 Interviews mit Dienststellen der Polizei bzw. privaten Wachdiensten und Beobachtungen in der Straßenscene beruhen.
Bodenmüllers (1995) Ausführungen begründen sich auf 4 Interviews mit wohnungslosen Frauen und Mädchen, die der Autorin durch ihre Tätigkeit als Streetworkerin bekannt waren.
Aus den USA liegt eine Untersuchung von Golden (1992) vor, die insbesondere die gesellschaftlichen Deutungsmuster von wohnungslosen Frauen vorstellt. Die Autorin hat in einer New Yorker Frauenzuflucht gearbeitet. Golden nutzt in dieser Arbeit u.a. biographische Texte von zwei wohnungslosen Frauen, die Anfang des Jahrhunderts auf der Straße lebten und die Erfahrungen aus ihrer Tätigkeit, um die Kontinuität von diskriminierenden Deutungsmustern aufzuzeigen.

berechtigten Frauen und Männer Hilfen vom Sozialamt erhielten; in anderen deutschen Großstädten variierte der Anteil der Sozialhilfeempfänger unter den Stadtstreichern zwischen 8% (Frankfurt) und 33% (Dortmund) (Weber 1984:107f). Er führt die Ursachen für die hohe Nichtinanspruchnahme von Leistungen der Sozialhilfe auf erhebliche Unterschiede in der Bewilligungspraxis der materiellen Versorgung zurück. „Dieser Sachverhalt wiegt um so schwerer, als die Träger der Sozialhilfe durch das BSHG verpflichtet sind, Anspruchsberechtigte über die ihnen zustehenden Rechte zu informieren und auf die Möglichkeiten sozialer Hilfen hinzuweisen. ... Bei der gegenwärtigen Praxis der Sozialhilfegewährung ist .. davon auszugehen, daß noch immer der leichter zu seinem Recht kommt, der besser gebildet ist, gewandter auftreten kann und seine Bedürfnisse deutlich darstellen kann" (Weber 1994:108) [43].

Die Menschen sind von wesentlichen Austauschprozessen und der Verteilung von Ressourcen abgeschnitten. Sie werden von der politischen Willensbildung ausgeschlossen und haben in der Regel keinen Zugang zu den kulturellen und politischen Bildungsmöglichkeiten. Mit zunehmender Dauer der Wohnungslosigkeit ist zudem eine Unterversorgung mit medizinischen, therapeutischen und rehabilitativen Dienstleistungen feststellbar. Im Grundsatzprogramm der BAG-NH wird die mangelnde medizinische Versorgung von den Menschen, die ohne eigene Unterkunft leben, hervorgehoben: „Die sozialmedizinischen Zusammenhänge von Krankheit und sozialer Lage, die psychischen und somatischen Auswirkungen von gesellschaftlicher Isolation, der Abbau der Lebensperspektiven und perspektivisches Verhalten bei fehlenden sozialen und materiellen Ressourcen, diese Zusammenhänge und Auswirkungen, die mit der Wohnungslosigkeit konstituiert werden, finden in der Praxis der Gesundheitsversorgung und Sozialhilfe zu wenig Beachtung und Berücksichtigung" (BAG-

---

[43] Die Daten der Untersuchung von Romaus (1995), die insbesondere die Inanspruchnahme von Sozialhilfe durch wohnungslose Menschen in München beachten, geben Hinweise darauf, daß jüngere obdachlose Männer eher bereit und in der Lage sind, ihre Rechte auf Sozialhilfe wahrzunehmen (Romaus 1995:11).

NH 1986:7) [44].

Das Leben auf der Straße zieht „ordnungsbehördliche Erfassung und Kontrolle, ständige Kontakte mit der Polizei, Verstöße gegen einschlägige Paragraphen der Straßenverkehrsordnung sowie Hausfriedensbruch neben gesundheitlichen Folgen ... nach sich" (Weber 1984:68). Die bestimmenden Kriterien eines Lebens auf der Straße sind jedoch Randständigkeit und soziale Isolation. Gesellschaftliche Stigma und Diskriminierung wirken sich verstärkend auf die Lebenssituation der Wohnungslosen aus. Sie führen dazu, daß die Wahrnehmung negativer Typisierungen bei den Betroffenen zu Reaktionsmustern führt, die die soziale Distanz zur Bevölkerung zusätzlich erhöht (Vaskovics/ Weins 1983:108).

4.2. Die Lebenssituation im öffentlichen Raum

Mehrere spezifische Merkmale sind den Prozessen immanent, die eine Verfestigung der Wohnungslosigkeit vorantreiben. Grohall/Wolff (1990:14f) konstruieren für den Weg vom Verlust der Wohnung bis zur Verelendung einen Phasenverlauf:

1. Der *passiven* Phase, die durch den Verlust der Wohnung, Dauerarbeitslosigkeit und extreme Armut (Erhalt von Tagessätzen, Verweisung an stationäre Einrichtungen) bei einer gleichzeitigen sozialen Isolation und Auflösung normaler Beziehungen bestimmt wird, folgt eine aktive Phase.

2. *Diese aktive* Phase ist durch das Eintreten ins Hilfesystem (Beratungsstellen, Notunterkünfte, Tagestreffs) und den Aufbau eines Überlebenssystems (z.B. private Hilfestellen und Schlafmöglichkeiten suchen, Betteln) gekennzeichnet. Da das ´erfolgreiche´ Überleben auf der Straße von Milieukenntnissen abhängig ist, erfolgt in dieser Phase auch die Übernahme von milieuspezifischen Wertvorstellungen und Verhaltensweisen. Der Beziehungsaufbau im Milieu bedingt die Einengung der Kontakte auf andere Betroffene und Helfer und führt zur Annahme einer neuen Identität (als Stadtstreicher/ Stadtstreicherin, Nichtseßhafter/ Nichtseßhafte, etc.).

3. In einer sich *verfestigenden* Phase erfolgt dann eine zunehmende Ablehnung und Stigmatisierung durch die Öffentlichkeit und das Hilfesystem. Die äußere Erscheinung und die Gesundheit werden vernachlässigt. Es kommt

---

[44] Die Bundesarbeitsgemeinschaft für Nichtseßhafte (BAG - NH) wurde Ende der achtziger Jahre in Bundesarbeitsgemeinschaft für Wohnungslosenhilfe (BAG - WH) umbenannt.

zu einer Verstärkung der Sekundärphänomene (z.B. chronischer Alkohol-konsum) und somit zu einer stetigen Verschlechterung der Chancen auf eine Normalisierung der Lebensbedingungen.

In dieser Darstellung wird die Komplexität der problemrelevanten Faktoren, die das Leben auf der Straße prägen, partiell erfaßt. Die chronologischen Phasen des sozialen Abstiegs verweisen auf umfassende Prozesse, die durch das In-dividuum, das Straßenmilieu und das Hilfesystem mitgestaltet und bedingt werden.

Jochum hat ein Entwicklungsschema von typischen Lebensverläufen bei woh-nungslosen Menschen (Stadtstreichern) in eine zeitliche Reihenfolge übertra-gen. Er unterscheidet, nach dem Verlust der Grundlagen einer normalen bür-gerlichen Existenz, zwischen den Typen `Arbeiter´ und `Lebenskünstler´. Die Arbeiter orientieren sich in ihrer Lebensführung an bürgerlichen Wertvorstel-lungen und streben die Rückkehr zu einem gesellschaftlich anerkannten Da-sein an. Die Lebenskünstler richten ihre Lebensführung auf eine `antibürgerliche´ Identität als positiven Wert aus, die durch Kontakte zu Gleichgesinnten und die Akzeptanz in der Bevölkerung stabilisiert wird. Beide Typen grenzen sich gegenüber `echten´ Stadtstreichern ab (Jochum 1996:191ff).

Nach einer Phase der Hinnahme des individuellen Scheiterns kristallisieren sich die Typen der `Einzelgänger´ und der `Stadtstreicher´ heraus. Während sich die Lebensführung der Einzelgänger auf das individuelle Überleben, ohne Kontakte zu anderen Betroffenen und der Normalbevölkerung, reduziert, findet bei den Stadtstreichern eine Selbstdefinition mit diesem Status statt. Auf Dauer kommt es zu einem resignativen Dahinleben in der Gruppe mit anderen Be-troffenen und dem Rückzug in Nischen einer rudimentären eigenen Lebens-welt. Die letzte Stufe der typischen Entwicklung in der Lebensführung von Stadtstreichern ist der/die `Hilflose´: Ein Mensch, der durch Alkoholmißbrauch, körperliche oder psychische Erkrankungen nicht mehr zu einer eigenen Le-bensführung in der Lage ist und nur durch die Hilfe öffentlicher Einrichtungen überlebt (Jochum 1996:202).

Konkreter als die Verlaufsmodelle von Grohall/Wolff und Jochum ist der Erklärungsversuch von Albrecht u.a.. Die Autoren beachten in ihrem Ansatz zur
`Nichtseßhaftenkarriere` die komplexen Bedingungen, die ein dauerhaftes Leben ohne Wohnung manifestieren können. Dabei gehen sie davon aus, daß
eine `Nichtseßhaftenkarriere` vor allem von den subjektiven Erfahrungen, die
eine hilfesuchende Person in den Institutionen der Wohnungslosenhilfe gemacht hat, abhängt. „Sieht das `Therapieprogramm` nur kurzfristige stationäre
Aufnahme vor, die nur für Tage gewährt wird, und kann die Institution keine
alternative, als belohnend erlebbare Lösung anbieten, z.b. Wohnungs- und Arbeitsvermittlung und Eingliederungshilfe, sondern muß sich mehr oder weniger
auf Verwahrung ... im Hause beschränken, so werden die Chancen, erfolgreiche Kontakte mit der Umwelt außerhalb der Einrichtungen anzuknüpfen, abgebaut,... (Albrecht u.a. 1990:51).

Neben der direkten Konditionierung der nichtseßhaften Lebensweise durch die
Hilfeinstitutionen bedingen sekundäre Verstärker, das die erlebten Kontakte
mit anderen Betroffenen als belohnend empfunden werden. Durch diese Interaktionen werden neue Überlebenstechniken erlernt und der Beziehungsrahmen
wird um Personen mit anderen Problemen, mit anderen Formen von Devianz,
erweitert. Erste Bindungen an das Milieu setzen ein und verursachen u.a. folgende Konsequenzen:

„Die Wahrscheinlichkeit des Verbleibens in der Nichtseßhaftigkeit wird erhöht,
wenn:

A) Die Hilfeeinrichtungen die Bedürftigkeit des Betroffenen nicht aufhebt, sondern nur neue Abhängigkeit schafft.

B) Wenn die Hilfeangebote der Einrichtungen das inadäquate Handlungsrepertoire der Individuen bekräftigt, wenn durch Verstärkung der Fremdbestimmung, ..., die Ich-Identität immer weiter geschwächt wird und die Reste
aktiver Durchsetzungsmuster durch die Institution wenn nicht gar unterdrückt, so doch zumindest nicht aktiviert oder fruchtbar genutzt werden.

C) Der Verbleib in den Einrichtungen wird ferner gefördert, wenn die Einrichtung wegen ihrer sehr heterogenen Klientenschaft zum einen gezielte Hilfen
nicht anbieten kann, dafür jedoch ein weites Muster von abweichenden Verhaltensweisen bei den Klienten anbietet, an dem ...das Klientel durch Modelllernen ihre deviante Identität ausrichten.. kann...." (Albrecht u.a. 1990:52)

Durch einen längeren Verbleibt in dem Hilfesystem für Wohnungslose treten nach und nach `Identitätsänderungen´ ein. In Kontakten mit der Umwelt werden Erfahrungen mit dem Stigma als `Nichtseßhafter´ gemacht, die letztendlich zur Übernahme des Stigmas führen. „Man lebt nicht mehr *nichtseßhaft*, sondern *ist Nichtseßhafter*" (Albrecht u.a. 1990:52)[45].

4.3. Das Straßenmilieu[46]

Das Straßenmilieu ist ein sozialer Kontext in dem sich Menschen, die manifest oder latent wohnungslos sind, mit einer gewissen Regelmäßigkeit treffen. Die Ausprägung von Regeln und auch gemeinsamen Wertorientierungen kommt in ihrer Sprache, ihrem Habitus, in Gewohnheiten und auch in Symbolen zum Ausdruck (Geiger 1991:73)[47].

Weber erweitert die Funktion des Straßenmilieus um Aspekte der sozialen Vernetzung. Die soziale Unterstützung, die das Straßenmilieu den zugehören-den Menschen bieten kann, gliedert er in vier inhaltliche Ebenen:

- eine emotionale Ebene (z.B. mit jemanden sprechen können; wissen, daß man geschätzt wird).
- eine evaluative Ebene (psychologische Form von Hilfe, z.B. jemandem eine Methode zum Problemlösen erklären),
- eine informationale Ebene (das Wissen, daß man Hilfe bekommen kann), und eine instrumentelle Ebene (helfendes Verhalten durch andere) (Weber 1984:122) [48].

---

[45] Hervorhebungen im Original
[46] Milieus werden von Vester u.a. (1993) als Interaktionszusammenhänge verstanden, die sich in einer Dialektik von Kohäsion und Abgrenzung konstituieren. Danach bilden sich Identitäten erst durch die Erfahrung von Abgrenzung und Ausgrenzung heraus und wer-den in Gestalt von Deutungsmustern und Ideologien zu Milieuabgrenzungen und Milieu-bündnissen. Die Autoren verweisen in diesem Zusammenhang auf Weber (1964), der davon ausgeht, daß „erst die Entstehung bewußter Gegensätze gegen Dritte ... eine gleichartige Situation, Gemeinschaftsgefühl und Vergesellschaftungen ... stiften (kann)" (Vester u.a.1993:76f). In dem sozialen Milieu als alltagsweltlichen Lebenszusammenhang vermitteln sich, laut Vester u.a. (1993:124), objektive gesellschaftliche Strukturen und in-dividuelle Dispositionen.
[47] Die Ausprägung eigenständiger subkultureller Strukturen im Straßenmilieu ist gering. Bis zum Nationalsozialismus und der massiven Verfolgung bzw. Vernichtung der wohnungs-losen Menschen existierte ein eigenes Kommunikationssystem in Sprache (Rotwelsch) und Schrift (Zinken).
[48] Weber (1984) bezieht sich auf eine Übersicht von House (1981) in der die verschiedenen Definitionsansätze von sozialer Unterstützung zusammengefaßt werden.

Die Gruppen im Straßenmilieu stellen für ihre Mitglieder soziale Netze dar, in denen sie soziale Unterstützung, aber auch praktische und emotionale Hilfe, erhalten. Die emotionale Qualität der Beziehungen und Interaktionen gewinnt für den Einzelnen an Bedeutung, wenn die Situation der Wohnungslosigkeit andauert, und die Kontakte zu der seßhaften Bevölkerung abnehmen (Jochum 1996:124ff).

Die wichtigste Aufgabe der Gruppen im Straßenmilieu liegt jedoch „in dem Bedürfnis ihrer Mitglieder nach einer Gruppenidentität und der damit zusammenhängenden Angst des Einzelnen vor Identitätsverlust und Identitätsdiffusion. Mit Hilfe sich gegenseitig verstärkender Identifikation und durch gemeinsame Fixierung und Gleichschaltung in bezug auf bestimmte äußere Verhaltensmuster, innere Einstellungen und Wertschätzungen, gelingt es hier, eine Stabilität des Identitäts- und Selbstwertgefühls zu erreichen sowie eine Selbstdefinition herzustellen" (Weber 1984:130). Diese identitätsstiftende Funktion der Gruppen im Milieu hilft die Lebenssituation im öffentlichen Raum zu ertragen, sie kann jedoch auch Maßnahmen der Reintegration in die Gesellschaft behindern. Da eine Unterbringung im Hilfesystem in der Regel die Trennung von der Bezugsgruppe im Milieu und somit den Abbruch der oft einzigen sozialen Beziehungen zur Folge hat, werden Hilfen häufig nicht angenommen oder nach kurzer Zeit abgebrochen. Selbst nach einer Normalisierung des Lebens (Familie, Arbeit, Wohnung) unterhalten viele der ehemaligen wohnungslosen Menschen weiterhin Kontakte zu den Gruppen im Milieu[49].

Das Milieu hält mit seinen eigenen internen Strukturen, Beziehungen und normativen Werten solche sozialen Ressourcen und Schutzfunktionen bereit, die das Leben auf der Straße „ohne jeden Schutzbereich für die Befriedigung auch nur der elementarsten Bedürfnisse, in permanenter Öffentlichkeit, ohne gleich

---

[49] Die Frauen und Männer, die ich während meiner Tätigkeit in der Ambulanten Hilfe kennenlernte und die Hilfen für eine seßhafte Existenz erhielten, haben auch nach Beendigung ihrer Wohnungslosigkeit die Kontakte zum Milieu beibehalten. Diese sozialen Beziehungen führten dann zu Komplikationen, wenn z.B. im Winter, wohnungslose Personen über längere Zeit in der angemieteten Wohnung aufgenommen wurden.

berechtigte Kontakte zu Menschen und ohne regelmäßiges, ausreichendes Einkommen" (Rohrmann 1987:73) erträglich machen.

Frauen, die allein auf der Straße leben, stellen eher eine Ausnahme dar. Diese Frauen, die häufig mit einem Hund unterwegs sind, haben in der Regel viele Bekannte im Milieu, deren Schutz und Hilfe sie notfalls in Anspruch nehmen können. Die meisten von ihnen schließen sich allein oder mit Partner den Gruppen in der Scene an. Der Kontext einer Gemeinschaft bietet einen gewissen Schutz gegen Übergriffe Dritter und wird von den darin integrierten Frauen als diskriminationsärmere Zone erlebt.

Die Teilhabe an den sozialen Ressourcen des Straßenmilieus bedeutet für Frauen auch, daß sie handlungsfähig sein müssen, wenn sie nicht einen allzu hohen Preis (z.B. sexuelle Ausbeutung) bezahlen wollen. Das Straßenmilieu als Lebenswelt ist vor allem für die Frauen bedrohlich, die sich ihm aussetzen, ohne zugleich in dieses soziale Umfeld integriert zu sein. Denjenigen, die in das Milieu eingebunden sind, bieten die sozialen Beziehungen eine Identifikationsmöglichkeit und einen gewissen Rückhalt. Die tätliche Gewalt als Form der Durchsetzung wird in diesem Rahmen auch ihnen zugebilligt. So berichteten Frau B. H. (Nr.1) und Frau K.S. (Nr.3), daß sie einen gewissen Status in der Scene nicht nur aufgrund ihrer Kenntnisse der Gruppenregeln und -normen Innehatten, sondern auch durch ihr massives Auftreten.

Zum Milieu gehören nicht nur die Frauen, die auf der Straße leben, sondern auch ehemalige Wohnungslose, die mittlerweile in eigenem Wohnraum oder auch in Unterkünften des Hilfssystems eine Bleibe gefunden haben. Die interviewten Frauen unterhielten nach dem Bezug einer Wohnung mehr oder weniger kontinuierliche Kontakte zur Straßenscene. Frau G. H. (Nr.7) nutzt diese Verbindung zum Milieu jedesmal, wenn sie ihre Trinkphase hat. In dieser Umgebung wird ihr Trinken nicht sanktioniert, und sie hat Anteil an den sozialen Beziehungen und praktischen Unterstützungsleistungen.

Das Leben im Straßenmilieu scheint für einen Teil der Frauen relativ verläßliche Strukturen und auch die Gewährung eines emotionalen Rückhalts, selbst bei problematischem Verhalten, zu beinhalten. Bodenmüller fand heraus, daß die Position der von ihr untersuchten Mädchen und Frauen keineswegs durch einen `Anhängselstatus´ gekennzeichnet war[50]. Vielmehr versuchten sie im Milieu „eine Position einzunehmen, die ihnen Teilhabe erlaubt, Akzeptanz einbringt und gleichzeitig Rückzug und Abgrenzung ermöglicht" (Bodenmüller 1995:105). Da insbesondere wohnungslose Frauen in hohem Maße moralischer Diskriminierung und gesellschaftlicher Ächtung ausgesetzt sind, hat das Leben im Kontext einer Gruppe auch abschirmende Funktionen[51].

Die Frauen im Milieu haben je nach Persönlichkeit und sozialer Kompetenz unterschiedliche Handlungsstrategien, um mit den Lebensbedingungen auf der Straße zurechtzukommen. Ein Teil der Frauen haben eine exponierte Stellung inne und können sich abgrenzen. Dagegen gestaltet sich für diejenigen Frauen, die sich nicht durch ein klares massives Auftreten eine Position in der Gruppenhierarchie schaffen können, das Leben im Milieu problematisch. Sie sind stärker auf einseitige Schutz- und Zweckbündnisse angewiesen (Geiger 1992:25ff).

4.3.1. Die Funktion des Straßenmilieus als soziales Netzwerk

Die Betrachtung sozialer Netzwerke ermöglicht nicht nur die Analyse der Integration oder Isolation einer Person und das Ausmaß und die Form der persönlichen Verflechtung in einem System sozialer Bindungen, sondern auch die

---

[50] Einige Autorinnen gehen davon aus, daß Frauen dem Straßenmilieu völlig ausgeliefert sind. Rosenke (1996:320) definiert wohnungslose Frauen ohne den häuslichen Schutz als „Freiwild". Diese wohnungslosen Frauen, so die Autorin, die in abhängigen Unterkunftsbeziehungen, in Asylen und auf der Straße leben, gelten als „herrenlose" verfügbare Frauen. Eine ähnliche bzw. dieselbe Sichtweise findet sich in den Veröffentlichung von Schlottmann (1992) und Enders-Dragässer (1994).

[51] Die Stigmatisierungsbereitschaft der Bevölkerung setzt, laut Vaskovics/Weins (1979:21), nicht die persönlichen Erfahrungen und Beobachtungen von wohnungslosen Menschen voraus. Vielmehr erfolgt eine Typisierung dieser Personen ohne direkte Erfahrungen in konkreten Interaktionssituationen gemacht zu haben. Den wohnungslosen Menschen werden dabei negative Eigenschaften zugeschrieben, „wie z.B. ungepflegt, laut, unordentlich, schlampig, faul, gleichgültig, asozial, kriminell usw." (Angele 1988:64).

Funktionalität von Prozessen im Lebenslauf, „wie die des Rückhalts in den Beziehungen, die der sozialen Unterstützung und der Hilfe in Krisen.... aber auch
.. die sozialen Regulation in Netzwerken und die dort auftretenden Anforderungen und Konflikte für die Beteiligten" (Nestmann 1997:213f), wird sichtbar.

Die sozialen Netze, die dem Straßenmilieu immanent sind, bestehen laut Weber, „aus Einzelpersonen, Gruppen sowie aus einer bestimmten Anzahl von
Bezugspersonen, die als nichtprofessionelle Helfer, Vermittler und Gesprächs-
partner in das soziale Netz eingebaut sind und eine wichtige Quelle materieller
und sozialer Existenzsicherung verkörpern" (Weber 1984:122).

Die Vernetzung des Milieus, der einzelnen Gruppen und Cliquen, ist nicht straff
organisiert, sondern eher locker geknüpft. Weber stellt fest, daß es im Straßenmilieu sowohl große, locker geknüpfte Beziehungsnetze gibt, die in der ersten Linie informativen und praktischen Charakter haben, als auch engmaschi-
ge soziale Netze, in denen die emotionale Unterstützung im Vordergrund steht.
Die jeweilige physische und psychische Nähe zwischen den einzelnen Netz-
mitgliedern stellt ein potentielles Gradmesser für die soziale Integration und
somit für die soziale Unterstützung auf emotionaler, evaluativer, informationa-
ler und instrumenteller Ebene dar (Weber 1984:125) [52].

4.3.2. Spezifische Gruppierungen

Die einzelnen Gruppen des Straßenmilieus weisen Gemeinsamkeiten, aber
auch Unterschiede auf. Merkmale, die von Gruppe zu Gruppe variieren, sind
u.a. Kleidung, Mitgliederzahl und Gruppenklima. In einem Teil der Gemein-

---

[52] Rund 40% der Menschen zog in der Untersuchung von Weber die Mitgliedschaft in einer Gruppe dem Alleinsein vor. Etwa 60% der befragten Wohnungslosen hatten zu anderen Betroffenen einen losen oder sporadischen Kontakt. Von diesen bezeichneten sich
ca. 32% selbst als Einzelgänger. Einige dieser alleinlebenden Wohnungslosen haben früher in Gruppen gelebt und diese nach tätlichen Auseinandersetzungen etc. verlassen.
Wiederum andere haben aufgrund psychischer oder physischer Erkrankungen/ Behinderungen ein Abgrenzungsbedürfnis gegenüber anderen Menschen. Unter den Einzelgän-
gern gibt es Menschen, die sich mit diesem Alleinsein arrangiert haben und für sich gut
zurechtkommen. Andere brechen aufgrund von psychischen Erkrankungen jegliche soziale Kontakte ab (Weber 1984:125).

schaften im Milieu wird auf unauffällige, saubere Kleidung Wert gelegt, in anderen Gruppen ist es wiederum egal, ob die äußere Erscheinung gepflegt ist.

Die Mitgliederzahlen der einzelnen Gruppen variierten in der Untersuchung von Weber zwischen 3 und 10 Personen. Die überwiegende Zahl der Gruppen im Straßenmilieu strebt relativ stabile räumliche und soziale Bindungen an (Weber 1984:126).

Das Beziehungsklima in den Gruppen ist sehr unterschiedlich. In einigen Gruppen wird wenig gesprochen und die Umgangssprache ist aggressiv, andere Gruppen wiederum sind gesellig, diskutieren und achten auf ein freundliches Miteinander. Die Kommunikation nimmt bei den meisten Wohnungslosen eine wichtige Rolle bei der Alltagsgestaltung ein (Jochum 1996:147). Der verbale Austausch mit Personen, die ähnliche oder gleiche Erfahrungen in ihrem bisherigen Leben gemacht haben, schafft ein Gefühl der Vertrautheit und Reziprozität. „Da es für die ähnlichen Lebensprobleme in der jeweiligen Gruppe anerkannte Bedeutungsmuster und für deren Lösung besondere in dieser Gruppe bewährte Problemlösungsstrategien gibt, können die Gruppenmitglieder untereinander besser kommunizieren als mit Außenstehenden" (Weber 1984:133). Diese Aktivität, die Zeitvertreib und Informationsquelle darstellt, wird von den Gruppen je nach individuellen Bedürfnissen und intellektuellen Ansprüchen unterschiedlich bewertet. Frau G. H. (Nr.7) berichtete z.B., daß sie sich betrinken müsse, um die Gespräche mit anderen Wohnungslosen ertragen zu können.

Ein Teil der Gemeinschaften im Milieu versperrt Dritten den Zutritt, andere Gruppierungen sind offener. Wohnungslosengruppen, die einen gewissen Grad an Offenheit haben, halten sich vorwiegend im Citybereich auf und gewähren ihren Möglichkeiten entsprechend auch Hilfe und sozialen Anschluß für Personen (Frauen, Männer, sogenannten Straßenkinder), die neu in diesem Milieu sind. Der überwiegende Teil der Frauen, die sich diesen Gruppen anschließen, werden von milieuerfahrenen Frauen und auch Männern unterstützt und auf die Bedingungen dieses Lebens vorbereitet. Sowohl Frau G. H. (Nr.7), Frau B. H.

(Nr.1) als auch Frau K. S. (Nr.3) erzählten, daß ihnen Freundinnen bzw. Freunde, d.h. Personen mit denen sie keine sexuellen Beziehungen hatten, bei dem Einleben im Milieu behilflich waren. Diese Freundschaften haben neben den Bekanntschaften und festen Beziehungen in der Scene für einen Teil der Frauen scheinbar eine dauerhafte Bedeutung. Die drei genannten Frauen bemühten sich, die Kontakte zu den Freundinnen bzw. den Freunden auch nach dem Verlassen des Milieus aufrechtzuerhalten.

Sowohl zwischen den Gruppierungen im Straßenmilieu, als auch in der jeweiligen Gemeinschaft existieren Statuszuweisungen[53]. In der sozialen Hierarchie stehen diejenigen Gruppen und Einzelpersonen am untersten Ende, die in Notquartieren und Obdachlosenunterkünften übernachten. Dauerhafte Führungspersonen sind nach Webers Beobachtungen die Ausnahme. Es gibt jedoch Gruppenmitglieder mit einer gehobenen sozialen Stellung. Feste Statuszuweisungen und Aufgabenverteilungen entwickeln sich, wenn die Zusammensetzung der Gruppe über einen längeren Zeitraum stabil ist. In solchen Fällen rangieren die Personen am unteren Ende der gruppeninternen Hierarchie, die an den lebensnotwendigen Tätigkeiten (z.B. arbeiten oder betteln) entweder auf Grund ihrer körperlichen Konstitution oder weil sie aus anderen Gründen ungeeignet sind, nicht teilnehmen. Geiger veranschaulicht diese Hierarchie in einer kurzen Sequenz: „Anton wird wie jeden Morgen zum Bier holen geschickt. Er ist von seiner Art her kaum zum Betteln zu gebrauchen... Er gibt sich aber immer beflissen und servil. Deshalb darf er bleiben. Er muß aber immer irgendwelche subalternen Dienste verrichten. „Ich hab ja meine `Neger'", sagt Jonny, der zusammen mit seiner Lebensgefährtin Nora das Aktionszentrum der Clique bildet" (Geiger 1991:82).

Als Informationsquelle ist die Kommunikation mit anderen wohnungslosen Menschen unerläßlich. Tips über Leistungen des Hilfesystems und karitative Einrichtungen, Warnungen vor gefährlichen Übernachtungsplätzen und andere

---

[53] Weber (1984:126) spricht in diesem Zusammenhang von einer sozialen „Hackordnung" mit entsprechenden Statuszuweisungen zwischen den Gruppen im Straßenmilieu, die durch bestimmte Merkmale, wie z.B. Trinksitten, Übernachtungsplätzen u.a. manifestiert wird.

wichtige Hinweise werden im Milieu weitergegeben. Dieses Informationsnetz hat sowohl kommunal als auch überregional Bedeutung. Die örtlich wichtigen Hinweise erhalten die wohnungslosen Frauen und Männer zumeist an einschlägigen Plätzen (z.B. Bahnhöfe, Fußgängerzonen), an denen sich immer einige Milieukundige aufhalten. Die überregionale Funktion dieses informellen Netzes wurde von den interviewten Frauen berichtet. Im Milieu war bekannt, daß die Ambulante Hilfe in Northeim wohnungslose Paare nach Möglichkeit in eigene Wohnungen vermittelt[54].

Neben den kommunikativen Elementen hat die Gestaltung eines gemeinsamen Tagesablaufs für die Gruppen eine wichtige Funktion. Sowohl Weber als auch Jochum fanden im Straßenmilieu Gemeinschaften, die alle Tätigkeiten gemeinsam, d.h. mit allen oder einigen Mitgliedern ihrer Gruppe, verrichteten. „In einer festen Gruppe sind die Gruppenmitglieder rund um die Uhr zusammen. Auch Einkäufe und Behördengänge werden in solchen Fällen immer zu zweit oder zu dritt erledigt" (Weber 1984: 126). Eine feste Gemeinschaft im Milieu organisiert zusammen das tägliche Überleben und bietet Schutz, emotionalen Rückhalt und materielle Hilfe. Für den notwendigen Lebensunterhalt sorgen alle nach ihren Fähigkeiten. Gerade in heterosexuellen Gruppen ist festzustellen, daß die Frauen den traditionell weiblichen Bereich ausfüllen. Sie achten darauf, daß Ordnung und Sauberkeit am Übernachtungsplatz herrschen, daß Konflikte nicht eskalieren, und die Versorgung mit den unentbehrlichen Gütern (Nahrungsmittel, etc.) sicher gestellt ist (Geiger 1991: 73ff).

4.3.3. Alkoholkonsum als soziale Aktivität

Der Konsum von Alkohol hat eine wichtige Funktion in den Gruppen des Straßenmilieus. Er erfüllt dort, wie Jochum in seiner Untersuchung feststellt, die Aufgabe eines „Zugehörigkeitssymbols" (Jochum 1996:150). Das gemeinschaftliche Trinken ist eine wichtige soziale Aktivität (Weber 1984:132).

---

[54] Diese Vermittlungs- und Betreuungspraxis von heterosexuellen Paaren war Anfang der neunziger Jahre im Hilfesystem selten und ist auch 1997 nicht die Norm.

Das jeweilige Trinkverhalten ist an einschlägige Treffpunkte gebunden, an denen bestimmte Gruppen zusammenkommen (Petry 1989:467)[55]. Laut den Feldforschungen erscheint bedeutungsvoll, daß sich symbolische Trinksitten als divergente soziale Merkmale der einzelnen Gemeinschaften im Milieu herausbilden. Die Art des Alkoholkonsums hat Einfluß auf den sozialen Status der Gruppe in der Straßenscene und ist zugleich extravertierte Außendarstellung. So ist z.b. das Trinken von billigen 2 Liter-Weinflaschen (Bombentrinken) ein Indikator für eine niedrige Position in der Hierarchie der Straße (Weber 1984:126).

Von einem gesteigerten Alkoholkonsum während ihres Lebens auf der Straße berichten auch jene interviewten Frauen, die in ihrem jetzigen `normalen´ Leben keine gravierenden Suchtprobleme haben. Das Leben ohne Wohnung führt demnach nicht zwangsläufig in die Suchtgefährdung[56]. Exakte Daten über das Trinkverhalten der Frauen ohne eigene Unterkunft liegen nicht vor. Lediglich bei Geiger/Steinert und Bodenmüller werden die Ursachen des Alkoholkonsums kurz beschrieben. Zwei, der von Bodenmüller interviewten Frauen gaben an, daß Alkohol bzw. Drogen eine wichtige Rolle spielt, um den Alltag zu bewältigen und Probleme zu vergessen (Bodenmüller 1995:111). Bei Geiger/Steinert wird auf den Alkoholkonsum von Nora im Kontext der Straßenclique eingegangen (Geiger 1991:88ff). Daß Alkohol von den Frauen auch genutzt wird, um die öffentliche Negierung zu ertragen, zeigte sich in den Interviews. Frau B. H. (Nr.1), Frau K. S. (Nr.3) und Frau G. H. (Nr.7) berichteten in diesem Zusammenhang, daß der Alkohol hilfreich ist, um Gefühle wie Scham, Versagen und Unfähigkeit zu betäuben.

---

[55] Jochum (1996:150ff) berichtet, daß allein lebende Wohnungslose kaum Alkohol konsumieren. Daneben gibt es Gruppen in denen das Erreichen des notwendigen Alkoholspiegels das Hauptziel des Zusammenseins mit anderen darstellt. Wiederum andere Gruppen von wohnungslosen Menschen trinken zwar von morgens an Alkohol, sie sind jedoch noch in der Lage, Trinkpausen einzulegen, die z.B. den Aufenthalt in Einrichtungen des Hilfesystems ermöglichen (in der Regel herrscht in den Einrichtungen ein Alkoholverbot).
[56] Die gängigen Suchtmittel von wohnungslosen Menschen sind analog der Bevölkerung, Nikotin und Alkohol. Illegale Suchtmittel (Heroin etc.) werden bei den erwachsenen Frauen und Männern wenig konsumiert, diese Drogen spielen jedoch in der Scene der Straßenkindern eine nicht unerhebliche Rolle.

Da die wohnungslosen Frauen in der Regel im öffentlichen Raum trinken, werden sie von der Bevölkerung bei diesem Alkoholkonsum wahrgenommen. Laut Albrecht erklärt diese „Sichtbarkeit' des Trinkverhaltens und auch des Alkoholmißbrauchs, ..., daß die Bevölkerung .. (Wohnungslosigkeit) primär und nahezu ausschließlich mit Alkoholismus und ekel- bzw. angsterzeugenden Erlebnissen verknüpft und dabei andere... Dimensionen des Problems, nämlich Obdachlosigkeit und Armut weitgehend übersieht" (Albrecht 1981:67). Alkoholisierte Frauen werden verachtet. Berger fand in seiner vergleichenden Untersuchung von alkoholkranken Frauen und Männern heraus, daß die Allgemeinheit bei Frauen wesentlich seltener ein Alkoholfehlverhalten duldet als bei Männern (Berger 1982:69ff). Er führt dieses u.a. auf die gesellschaftlichen Trinknormen zurück, die auch hohen oder exzessiven Alkoholkonsum von Männern noch tolerieren. „Wenn exzessiver Alkoholkonsum auffällt, sind es bei Frauen und Männern etwa gleichhäufig dieselben Verhaltensweisen, die zu Schwierigkeiten führen; aber ob er überhaupt zu Schwierigkeiten führt, das hängt zu einem Gutteil davon ab, wer da zuviel trinkt" (Berger 1982:77)[57]. Während betrunkene Männer im öffentlichen Raum eher geduldet werden, gelten betrunkene Frauen als haltlos, ekelhaft, in jeder Beziehung verwerflich. Übermäßiger Alkoholkonsum von Frauen im allgemeinen und insbesondere auf offener Straße wird als Verstoß gegen traditionelle Weiblichkeitsbilder gewertet (Bode 1990:39).

Das Trinken von Alkohol in geringen (regulierten) Mengen hat für das Leben auf der Straße funktionale Bedeutung. Dieses Angetrunkensein macht unempfindlicher gegen verachtungsvolle Blicke und Beschimpfungen (Weber 1984:132f). Bestimmte Tätigkeiten (z.B. Betteln) sind nur mit einem bestimmten Quantum von Alkohol zu ertragen. Daneben hilft der Alkohol auch gegen Langeweile, Schmerzen und Kälte[58]. Der mäßige Genuß von Alkohol ermög-

---

[57] Berger (1982) untersuchte *seßhafte* Frauen und Männer. Er stellte fest, daß Frauen ihren Alkoholkonsum gegenüber der Öffentlichkeit verheimlichen. Sie trinken häufiger zu Hause als in Lokalen etc. und sind generell um mehr Heimlichkeit bemüht. Dieses Bemühen um Unauffälligkeit ist auch auf dem Hintergrund von normativen Vorstellungen zu sehen. Eine großzügige Alkoholregelung gilt in erster Linie für erwachsene Männer, für erwachsene Frauen besteht dagegen eine restriktive Normvorstellung.

[58] Petry (1989:468) sieht im Alkoholkonsum eine wesentliche physische Bewältigungsstrategie von Stadtstreichern. Der Alkohol wird zur subjektiven Wärmeregulierung eingesetzt, ist Grundnahrungsmittel und dient als Medikament bei der Betäubung von Schmerzen.

licht die Kommunikation und das Anknüpfen von Kontakten mit fremden Personen. In dem Zustand des Angetrunkenseins findet auch häufig ein aktives
Stigma-Management statt (Weber 1984:132). Diese kompensierenden
Aspekte des Alkohols wandeln sich bei einem Teil der Wohnungslosen in eine
dominante körperliche Abhängigkeit[59]. Dann wird der Alkohol zu dem bestimmenden Faktor des Tagesablaufs. Zwei Bedingungen scheinen bei der Verfestigung einer körperlichen Alkoholabhängigkeit eine Rolle zu spielen: Erstens
die Relevanz der Alkoholprobleme (süchtiges Verhalten) vor dem Wohnungsverlust, zweitens die kompensatorischen Normierungen der jeweiligen Stra-
ßenclique. Albrecht fand bei den vom ihm untersuchten Männern heraus, daß
eine Sucht bzw. eine sich entwickelnde Sucht von Bedeutung für eine Wohnungslosigkeit gewesen sein kann (Albrecht 1981:73). Er macht aber auch
darauf aufmerksam, daß Wohnungslosigkeit und Alkoholismus Folgeerschei-
nungen einer anderen gemeinsamen Ursache sein können[60].

Gahleitner interpretiert den Alkoholismus von wohnungslosen Personen auch
als Kompensationsversuch für die narzißtischen Kränkungen, denen diese
Menschen im öffentlichen Raum ausgesetzt sind. Der Alkohol ist bei der Ver-
drängung von schmerzlichen Erinnerungen behilflich und erhält in dieser Funktion eine dominante Stellung. In der betäubenden Wirkung wird „die einzige
Möglichkeit gesehen, die psychische Integrität in einem erträglichen Rahmen
aufrecht zu erhalten" (Gahleitner 1996:149).

---

[59] Laut Bode (1990:22) bringt jede Gesellschaft, „die aus ihrer Struktur heraus Ungleichhei-
ten festschreibt, ... auch Suchtverhalten als eine Form der Abhängigkeit .. (hervor).
Suchtverhalten hat immer etwas mit Realitätsflucht zu tun. „Süchtig machende Stoffe und
süchtiges Verhalten stehen nicht am Anfang, sind nicht etwas Zufälliges, in das man hin-
einrutscht, sondern werden ab einem bestimmten Punkt im Lebensdrama Hilfsmittel, um
sich bestimmte Lebensgefühle zu verschaffen" (Bode 1990:23).
[60] Locher (1990) hat in seiner Untersuchung von wohnungslosen Männern festgestellt, daß
keine signifikanten Zusammenhänge zwischen Alkoholismus und Dauer der Wohnungslosigkeit bestehen. „ Es kann zumindest mit dem groben Zeitraster (in Jahren) keine Zunahme des Alkoholkonsums mit der Dauer der Wohnungslosigkeit festgestellt werden"
(Locher 1990:88).

4.4.   Das Überlebenssystem

4.4.1.   Übernachtungsangebote

Der Alltag für Frauen, die auf der Straße leben, „ist die Sorge um Schutz und einen Platz für die Nacht, um ein bißchen Ruhe in den Heimen und den schmuddeligen Mehrbettzimmern der Billigpensionen oder bei Bekannten, die ihnen Unterschlupf gewähren. Das ist die Sorge um Essen und Gelegenheiten zur hygienischen Versorgung; das ist die Beschaffung von Alkohol und Tabletten, das Bemühen, wenigstens nicht zu zeigen, wie sehr man `heruntergekommen´ ist" (Geiger 1992:25).

Wie aus den biographischen Daten der untersuchten Frauen ersichtlich, scheint das Leben auf der Straße *eine* Station im Kreislauf des Lebens ohne oder auch mit Unterkunft zu sein. Nur eine begrenzte Anzahl von Frauen lebt ständig im öffentlichen Raum. Für den überwiegenden Teil stellt der Aufenthalt auf der Straße *eine* Station bei der `Rotation´ (Koch 1993) zwischen verschiedenen Unterkunftssektoren dar. Koch weist darauf hin, daß die meisten Wohnungslosen zwischen Schlafstellen, Billigpensionen und anderen Einrichtungen der Wohnungslosenhilfe pendeln. „Die Straße ist also eher ein Ort, auf den ausgewichen werden muß, wenn die Bedingungen an anderer Stelle unerträglich werden" (Koch 1993: 97).

Da die Vermittlung in angemessenen Wohnraum durch die spezifischen ambulanten, teilstationären und stationären Einrichtungen der Wohnungslosenhilfe nur bedingt geleistet werden kann, verbleiben die Klientinnen meist längere Zeit im Hilfesystem. Wie Geiger aufzeigt, führt die akute Notlage der Frauen, aber auch der Einweisungsdruck von anderen Stellen (Polizei, administrative Verwaltung), die die Wohnungslosen loswerden wollen, oft zu einer fehlplazierten Unterbringung der Hilfesuchenden. „Was im individuellen Hilfefall als unumgänglicher Ausweg erscheint, führt letzten Endes zu einer Verfestigung des sozialpolitisch unerwünschten Systems kollektiver Wohnformen, wie dem Asyl, der Obdachlosensiedlung, dem Wohnheim ..., der Billigpension oder gar dem Container" (Geiger 1992:22). Die vermittelnden Einrichtungen des Hilfesystems fungieren dabei als `Schaltstellen der Ausgrenzung´ (Specht 1990:227ff).

Die Hamburger Untersuchung von Horn, in der insbesondere die Gründe eines Lebens im öffentlichen Raum thematisiert werden, bestätigt, daß der überwiegende Teil der wohnungslosen Frauen (und Männer) in Etappen auf der Straße lebt[61]. Dieser Untersuchung zufolge verfügte knapp die Hälfte (48,8%) der Menschen im Zeitraum der Befragung (Winter 1990/1991) über kein Obdach. Viele dieser Wohnungslosen hatten eine `wahre Odyssee´ hinter sich: Von überfüllten Mehrbettzimmern in Pensionen (4 bis 8-Bett-Zimmer) zurück auf die Straße, von dort in Massenunterkünfte (Notunterkünfte), die weder ein Minimum an Schutz der Imtimsphäre wahren, noch eine selbstbestimmte Lebensführung ermöglichen. Die enge Belegung dieser Unterkünfte mit wohnungslosen Personen und die damit einhergehende Massierung verschiedenster sozialer Schwierigkeiten und Auffälligkeiten ist für den Einzelnen in der Regel unerträglich (Horn 1992: 61ff)[62]. Diese Unterbringungsform bietet für das Gros der Frauen (und Männer) keine Alternative zum Leben auf der Straße und wird deshalb nur vorübergehend genutzt (Weber 1984: 84)[63].

Die gemeinsame Unterbringung von heterosexuellen Paaren ist die Ausnahme[64]. Es wird ihnen „zwar für die Nacht ein Dach über den Kopf offeriert, das Recht auf eine Privatsphäre, in der sich gemeinsame Sexualität leben ließe,

---

[61] Der Untersuchung lagen die Aussagen von 400 wohnungslosen Personen (352 Männer, 48 Frauen) zugrunde, die auf der Straße, in Tagesaufenthaltsstätten und behördlichen Einrichtungen anhand eines Fragebogens interviewt wurden. Horn (1992:23) schätzt, daß 2000 bis 3000 Personen im Untersuchungszeitraum (Winter 1990/1991) in Hamburg auf der Straße lebten.

[62] Specht (1990) verweist in diesem Zusammenhang auf Abspaltungsprozesse, die zu der Rotation in den zwangskollektiven Wohnformen beitragen. Eine vertreibende Rotation ist typisch für die „mobile Armut der sogenannten Nichtseßhaften, die von Ort zu Ort, Asyl zu Asyl etc. geschickt werden"(Specht 1990:237).

[63] Viele der Notunterkünfte werden nur für die Übernachtung zur Verfügung gestellt. Die Bewohnerinnen und Bewohner müssen morgens die Unterkunft verlassen und werden zumeist erst gegen Abend wieder aufgenommen. Gerade im Winter, wenn die Unterkunft stärker frequentiert sind, kann es Unterkunftssuchenden passieren, daß sie keinen Übernachtungsplatz erhalten. Die in mehreren Großstädten eingerichteten Winternotplätze stellen dann die letzte Übernachtungsalternative für wohnungslose Frauen (und Männer) dar. In die Notunterkünfte dürfen in der Regel keine Haustiere mitgenommen werden, die wohnungslosen Personen die einen Hund haben, sind damit von dieser Übernachtungsmöglichkeit weitestgehend ausgeschlossen.

[64] Verläßliche Daten über die Praxis der Paarunterbringungen liegen nicht vor. Sowohl bei Horn (1992) als auch in der BSU-Studie (1993) wird jedoch darauf hingewiesen, daß keine spezifischen Übernachtungsangebote nur für heterosexuelle Paare existieren.

97

wird ihnen aber verweigert" (Gerstenberger 1994:36). Bodenmüller stellt in ihrer Untersuchung fest, daß der jeweilige Beziehungspartner für die von ihr interviewten Frauen eine zentrale Bedeutung einnahm. Die Wünsche der Frauen
nach Übernachtungsmöglichkeiten zusammen mit ihrem Partner sind in Anbe-
tracht der Tatsache, daß das Ausleben von Sexualität und Zärtlichkeit im öffentlichen Raum der Straße kaum möglich ist, verständlich. Dieser Bezie-
hungsaspekt wird weitgehend tabuisiert. Die Einrichtungen richten in der Mehrzahl ihre Konzepte danach aus, „daß wer Hilfe will, auf Sexualität verzichten
muß" (Bodenmüller 1995:118).

Hinzu kommt, daß in der Straßenscene insbesondere die Nutzung der Notunterkünfte mit ihrem rigiden Reglement (Hausordnung, Alkoholverbot) auch eine
Statusfrage darstellt. Wer von den wohnungslosen Frauen und Männern langfristig diese Unterbringungsform in Anspruch nimmt, ist ganz unten und hat sich
selbst aufgegeben (Jochum 1996:100). Das Übernachten auf der Straße
(Platte machen) verweist demnach auf Mängel des Hilfesystems, aber auch
auf gruppenspezifische Normierungen und Definitionen[65].

Horn stellt in ihrer Aufschlüsselung der Wohnformen einen hohen Anteil von
Frauen fest, die im Winter 1990/1991 in Hamburg auf der Straße übernachte-
ten.

38 % der Frauen lebten auf der Straße (machten „Platte")
19 % der Frauen waren in Winternotunterkünften untergebracht
19 % der Frauen hielten sich bei Freunden/Bekannten auf
20 % der Frauen hatten einen Pensions- oder Hotelplatz
2 % der Frauen lebten in staatlichen Unterkünften
2 % der Frauen wohnten zur Untermiete (Horn 1992: 61).

Die Erhebung der Unterkunftssituation wohnungsloser Frauen in der BSU-
Studie ermittelt dagegen eine niedrigere Anzahl von Frauen, die draußen

---

[65] Die `Platte´ als Übernachtungsplatz umfaßt u.a. folgende Örtlichkeiten: Brücken, Einkauf-
spassagen, Tiefgaragen, Parks, Waggons oder Lagerbaracken der Eisenbahn, Auto-
schrottplätze, Bahnhöfe, U-Bahn-Stationen, Waschsalons und Toiletten. Nachdem in den
letzten Wintern im Durchschnitt 40 wohnungslose Menschen erfroren sind, werden in einigen Großstädten die Aufenthaltsverbote in U-Bahn-Stationen/Bahnhöfen während des
Winters gelockert.

schlafen (22,2%). In dieser Untersuchung wird festgestellt, daß die Zeitspanne vom Eintritt der Wohnungslosigkeit bis zum Leben auf der Straße sehr kurz ist und sich mit zunehmender Dauer der Wohnungslosigkeit die Anzahl der Menschen, die ohne jede Unterkunft leben, erhöht (BSU 1993:75)[66].

Das Übernachten im öffentlichen Raum zieht polizeiliche Kontrollen nach sich. Daher bemühen sich die Frauen (und Männer) um Schlafplätze, die einen ausreichenden Schutz vor den ordnungsstaatlichen Überprüfungen und der Witterung bieten. Unterschiedlichste Arrangements werden getroffen, um in Tiefgaragen, unter Brücken oder auch in Abbruchhäusern einen Platz zu finden, der ein Minimum an Privatheit beinhaltet. Die Schlafplätze sind, im Gegensatz zu den öffentlichen Treffpunkten, über das ganze Stadtgebiet verteilt. Viele dieser `Biwaks´ können nur unter der Voraussetzung genutzt werden, daß Dritte die Erlaubnis dazu geben. Als Gegenleistung verpflichten sich die Frauen (und Männer), sich an die damit verbundenen Auflagen zu halten (Die Zeit, 12.01.96:12). Wer von ihnen keine gesicherte Übernachtungsstelle hat, und zudem nicht den Rückhalt einer Gruppe für sich in Anspruch nehmen kann, läuft Gefahr, Opfer gewalttätiger Übergriffe zu werden[67].

Die in den Wintermonaten in einigen Großstädten geöffneten Winternotunterkünfte (z.B. Bunker) bieten den dort übernachtenden Wohnungslosen Schutz vor der Witterung und den Kontrollen der Polizei. Durch die Zusammenballung von Personen mit unterschiedlichsten sozialen und individuellen Problemen besteht jedoch hier das Risiko von tätlichen Auseinandersetzungen. Da in diesen Schutzräumen in der Regel ein gesicherter Platz für die persönliche Habe (Schließfach) fehlt, befürchten viele der dort Übernachtenden Diebstähle durch

---

[66] Die Mehrzahl der untersuchten Frauen (58,9%) in dieser Untersuchung aus Baden-Württemberg hatten ihre Wohnung in den letzten eineinhalb Jahren verloren (BSU 1993:73).

[67] Die gewalttätigen Angriffe auf wohnungslose Menschen, die in öffentlichen Räumen übernachten, haben zugenommen. 1997 wurden ca. 100 Übergriffen auf wohnungslose Menschen in den kommunalen Medien veröffentlicht. Da bundesweite Angaben fehlen, können die publizierten Fälle von Gewalt gegen Wohnungslose lediglich als Anhaltspunkt gelten. Es scheint keine Seltenheit zu sein, daß männliche Jugendliche und Erwachsene *erst mal etwas Randale machen wollen* und hilflose Wohnungslose beiderlei Geschlechts verprügeln oder auch töten. Sexuelle Übergriffe von *normalen* Bürger werden von wohnungslosen Frauen aus unterschiedlichsten Motiven häufig nicht zur Anzeige gebracht (Pressespiegel der BAG 1995;1996;1997).

andere Wohnungslose (Jochum 1996:103)[68]. Separate Räume für Frauen bzw. Paare werden in diesen Unterkünften nicht zur Verfügung gestellt.

Bei der Vermittlung von Pensions- und Hotelplätzen werden Frauen sowie in einigen Kommunen auch Paare bevorzugt. Da jedoch, wie Horn ausführt, diese Pensionen und Hotels zum überwiegenden Teil einen minderen Standard aufweisen und häufig überbelegt sind, stellen diese Unterbringungsformen für die meisten wohnungslosen Frauen und Paare keine adäquate Lösung auf Dauer dar (Horn 1992:61).

Gerade Frauen aber auch Jugendliche (Straßenkinder[69]) versuchen das Leben auf der Straße bzw. das Übernachten in Notunterkünften durch private Lösungen zu umgehen und eine mehr oder weniger begrenzte Wohn- oder Übernachtungsmöglichkeit bei Freunden und Bekannten in Anspruch zu nehmen[70]. Diese Unterkünfte, die häufig durch Männer und Frauen, die partielle Kontakte zur Straßenscene haben, zur Verfügung gestellt werden, sind unsicher und implizieren Abhängigkeitsstrukturen. Einerseits wird den Frauen Unterstützung und Zuwendung angeboten, andererseits wird von ihnen oftmals eine sexuelle Verfügbarkeit erwartet (Bodenmüller 1995:90). Für einen Teil der weiblichen Wohnungslosen beinhalten diese Arrangements jedoch eine halbwegs kalkulierbare Lebenssituation. Dieses Verhalten, das im Hilfesystem als Auswirkung einer defizitären Sozialisation interpretiert wird, stellt eine Überlebensstrategie dar, die von den Frauen dann gewählt wird, wenn Alternativen fehlen. Das Eingehen von solchen `Zwangsgemeinschaften´ (Fachausschuß Frauen in der

---

[68] Die Gewalt unter wohnungslosen Menschen wird in den Medien ebenso häufig erwähnt, wie die Gefährdungen durch `Normalbürger´ (Pressespiegel der BAG Wohnungslosenhilfe 1995; 1996; 1997). Sicherlich spielt die Enge in den Unterkünften eine Rolle für die Zunahme von tätlichen Auseinandersetzungen zwischen den Wohnungslosen. Daneben scheint sich der Moralkodex der `Berber´ in Zeiten anwachsender Wohnungslosigkeit aufzuweichen. Diese moralischen Normierungen, die z.B. das Bestehlen anderer Wohnungsloser als regelwidrig einstufen, sind für viele *neue* Wohnungslosen nicht mehr bindend.
[69] Pfennig (1996:15) stellt fest, daß die Kinder und Jugendlichen, die an deutschen Bahnhöfen leben, zwischen der Straße und den Wohnungen ihrer Freier, Bahnwaggons, U-Bahnschächten oder besetzten Häusern pendeln. Andere Alternative wie Aufnahmeheime und Krisenhäuser werden von vielen Straßenkindern nicht in Anspruch genommen, da das Reglement in diesen Einrichtungen ihren Verhaltensproblemen nicht gerecht wird.
[70] Die dauerhafte Aufnahme von wohnungslosen Menschen führt nicht selten zu Komplikationen im Wohnumfeld und einer latenten Wohnungsgefährdung.

BAG-WH 1993) kann als funktionale Reaktion auf die Bedingungen des Lebens ohne eigene Unterkunft und die Mängel im Hilfesystem interpretiert werden.

4.4.2. Die Sicherung des Überlebens

Das notdürftige Bestreiten des Lebensunterhalts wird von den meisten wohnungslosen Menschen durch die Kombination verschiedener Einkommensquellen gesichert. Neben den sozialstaatlichen Transferleistungen (Arbeitslosengeld, Arbeitslosenhilfe, Rente, Sozialhilfe) zählen Gelegenheitsarbeiten und Betteln zu den traditionellen und vorrangigen monetären Versorgungsmöglichkeiten.

Die Annahme von Gelegenheitsarbeiten hängt von der Arbeitsmarktsituation (zweiter Arbeitsmarkt[71]) und der individuellen gesundheitlichen Konstitution ab. Arbeitsplätze, die den wohnungslosen Menschen offenstehen, sind Hilfsarbeiter- und Aushilfstätigkeiten, die auf Tage oder Wochen begrenzt sind und in der Regel keine Versicherungspflicht beinhalten.

Eine andere Möglichkeit, den Lebensunterhalt ganz oder teilweise zu bestreiten, stellt das Betteln (Schnorren) dar[72]. Diese Form der Geldbeschaffung ist jedoch nicht allgemein üblich und für viele wohnungslose Menschen inakzeptabel. „`Nicht-Betteln´ ist ein Kriterium, wodurch ein Rest von Selbstachtung erhalten werden kann" (Jochum 1996:108). Das Betteln, das dem Lebensunterhalt dient, gilt als Arbeit. In der Straßenscene wird zwischen passivem und aktivem Betteln (Schnorren) unterschieden. Die Mehrzahl der Menschen schnorrt passiv mit einem Schild, auf dem die Bedürftnislage geschildert wird. Diese Art des Bettelns wird als `eine Sitzung machen´ bezeichnet. Dabei wird

---

[71] Unter dem `zweiten Arbeitsmarkt´ werden Arbeitsgelegenheiten subsumiert, die nicht von Dauer sind und in der Regel keine Versicherungspflicht beinhalten. Diese Tagelöhnertätigkeiten werden in den Großstädten durch spezifische Stellen der Arbeitsämter vermittelt. Wohnungslose Personen, die diese Vermittlungsstellen (Börsen) aufsuchen, grenzen sich in der Regel gegenüber anderen Gruppen im Straßenmilieu durch ihren Status als Gelegenheitsarbeiter ab.

[72] Ein Teil der wohnungslosen Menschen bestreitet den gesamten notwendigen Lebensunterhalt durch Betteleinkünfte, um so von Leistungen der Sozialadministration unabhängig zusein.

eine direkte Interaktion mit den Passanten vermieden[73]. Selbstsicherheit erfordern dagegen aktive Formen des Bettelns: „Die häufigste ist, direkt auf einen Passanten zuzugehen, ihn anzusprechen und um einen Betrag zu bitten. ... Einzelne .. Wohnungslose sind wahre Experten und Künstler. Das Betteln wird hier zum Grenzfall zwischen Bittstellen und Kleinkunst. Gedichte werden aufgesagt, Scheindiskussionen über den Sinn und Unsinn eines bürgerlichen Lebens ausgefochten, Geschichten erzählt und politisiert" (Weber 1984:98).

Daneben gibt es auch aggressive Arten zu betteln, die von der Handlungsunfähigkeit der vorher `ausgeguckten´ Opfer profitieren. Geiger beschreibt in diesem Zusammenhang die Funktionsverteilung eines Paares. Der weibliche Part (Nora) bereitet das Feld, in dem ihr Partner den Unterhalt für beide erbettelt. Je mehr Geld er heranschafft, desto unabhängiger ist auch sie von sozialstaatlichen Leistungen (Geiger 1991:88ff). Nora und ihre Partner benötigen ein bestimmtes Quantum Alkohol, um überhaupt betteln zu können. Der Alkohol als wichtiger Stimulus hilft, die Blicke und Ablehnung der Passanten erträglich zu machen. Für die Mehrheit der wohnungslosen Frauen und Männer stellt Betteln eine Tätigkeit dar, zu der sie sich immer wieder aufs Neue überwinden müssen; der Konsum von Alkohol dient dabei dem Abbau der psychischen Hemmschwelle, die andere daran hindert zu betteln (Jochum 1996:108).

Die Ernährung der wohnungslosen Menschen ist vor allem von ihren finanziellen Möglichkeiten abhängig. Diejenigen, die nur wenige monetäre Mittel zur Verfügung haben, sind auf Suppenküchen angewiesen. Die Ausgabe von warmen Mahlzeiten durch diese karitativen Einrichtungen in den Ballungsgebieten hat die Ernährungsmöglichkeiten von wohnungslosen und armen Menschen zwar erweitert, ausreichend ist dieses Essen jedoch nicht. In diesen Institutionen erhalten Bedürftigen eine kostenlose warme Mahlzeit. Durch die Suppenküche der Franziskaner in Berlin werden z.B. täglich 400 bis 500 Personen

---

[73] Frau G. H. erzählte, daß sie beim Betteln (Sitzung machen) immer nur die Beine der Leute gesehen hat, und daß es ihr sehr unangenehm war mit Passanten ein Gespräch zu führen.

verköstigt (Drommer 1993:38ff)[74]. Vermehrt bieten auch niedrigschwellige Einrichtungen des professionellen Hilfesystems Speisen (Frühstück/Mittagstisch)
für einen geringen Betrag an. Diesen unterschiedlichen Angeboten ist jedoch
gemein, daß sie nur von einem Teil der wohnungslosen Menschen angenommen bzw. erreicht (lange Anfahrwege) werden können.

Menschen, die auf der Straße leben, haben keine, dem durchschnittlichen Le-
bensstandard entsprechenden, Gelegenheiten einer Körperhygiene und einer
Bekleidungspflege (Weber 1984:79). In den letzten Jahren ist deshalb insbesondere in den Ballungsgebieten das Spektrum an sozialen Einrichtungen, in
denen Duschen und Waschmöglichkeiten genutzt werden können, erweitert
worden. Diese Hilfeangebote decken aber zumeist nicht die gesamte Bedarf-
spalette ab, d.h. einige Institutionen bieten zwar Duschgelegenheiten an, stellen aber keine Kleidung zur Verfügung. Da das Gros der auf der Straße lebenden Menschen nur über wenige Bekleidungsstücke verfügt, ist es oft notwendig, erst eine Kleiderkammer aufzusuchen, um genügend Kleidung zum Wech-
seln zu haben.

Erschwert wird die Pflege der äußeren Erscheinung auch durch organisatori-
sche Faktoren im Hilfesystem: In der Regel stimmen die verschiedenen Hilfeangebote ihre Öffnungszeiten nicht aufeinander ab und sind dezentral im
Stadtgebiet verteilt. Es bedarf daher vom Einzelnen umfangreicher Wege und
Anstrengungen um „einen Mindeststandard an Sauberkeit zu halten und sich
ein ordentliches Äußeres zu bewahren" (Jochum 1996:105). Es müssen sowohl
Kenntnisse von den Angeboten, die körperlichen und finanziellen Fähigkeiten

---

[74] Die diversen Armenspeisungen in den bundesdeutschen Ballungsgebieten (Tafeln) werden ebenso wie die Berliner Suppenküche in der Regel ehrenamtlich organisiert und von
Firmen und der Bevölkerung finanziert. Diese Hilfeangebote scheinen von den wohnungslosen Menschen besser angenommen zu werden als professionelle Leistungen.
Mathies (1997) von der Bundesinitiative wohnungsloser Menschen e.V. sieht die Inanspruchnahme von privatwohltätigen Einrichtungen durch Wohnungslose vor allem in
subjektiven Gründen: „Kontakte und Beziehungen werden von Wohnungslosen i.d.R. zu
ehrenmatlichen Mitarbeitern bevorzugt, da diese oft mehr Zeit aufwenden können, auch
mehr Verständnis haben.... Das Hilfeangebot einer ehrenamtlichen Helferperson erzeugt
meist nicht den Druck, den die Sozialarbeit in den Augen der Betroffenen ausübt"
(Mathies 1997:98).

zum Aufsuchen der verschiedenen Örtlichkeiten und auch ein Platz zum Verstauen der persönlichen Habe vorhanden sein. Die Anzahl der Bekleidungsstücke[75], die eine auf der Straße lebende Person hat, hängt mit davon ab, wo sie aufbewahrt werden können. Gibt es keinen gesicherten Platz und sind die finanziellen Möglichkeiten zur Nutzung eines Schließfaches nicht vorhanden, muß die Kleidung ständig mit herumgetragen werden[76].

Da Frauen, die sichtbar auf der Straße leben, eher die öffentliche Moral als die öffentliche Ordnung stören, bemühen sie sich, den Anschein einer bürgerlichen Existenz aufrechtzuerhalten. Die Mehrzahl der Frauen versuchen ein unauffälliges Äußeres zu bewahren, um zusätzlichen Diskriminierungen und Stigmatisierungen zu entgehen[77]. Die soziale Verelendung der Frauen wird, so hat Golden festgestellt, individualisiert und an ihrem Äußeren festgemacht. „The dirtiness of bag woman (shopping-bag-ladies) became part of their mystique, probably because, like sleeping without shelter, dirt is a primary concept distingiushing the nonhuman from the human" (Golden 1992:44).

4.5. Subjektive Faktoren der zunehmenden Selbstaufgabe und Verelendung

Laut Geiger möchte der überwiegende Teil der wohnungslosen Menschen in ein bürgerliches Leben, mit einem eigenen Zuhause, geregelten Verhältnissen, sozialen Kontakten, Arbeit und Einkommen zurückkehren (Geiger 1992:26). Je weiter die gegenwärtige Lebenssituation von diesem Ideal abweicht, desto geringer werden die Hoffnungen auf eine seßhafte Existenz.

Mit zunehmender Dauer eines Lebens auf der Straße werden soziale Beziehungen zu Personen außerhalb des Milieus immer unwahrscheinlicher; die

---

[75] Das wichtigste `Bekleidungsstück´ für wohnungslose Personen, die draußen schlafen, ist ein Schlafsack.

[76] Die Nutzung von Schließfächern zum Aufbewahren der persönlichen Habe gestaltet sich in einigen Großstädten schwierig, da sich dort wohnungslose Menschen nicht in den Bahnhofshallen aufhalten dürfen (Gerstenberger 1994:36).

[77] Die untersuchten Frauen wiesen nachdrücklich darauf hin, daß sie sich auch während ihres Lebens ohne Unterkunft um eine ordentliche äußere Erscheinung bemüht haben. Diese Bemühungen um ein gepflegtes Äußeres stellt auch Dreifert (1992: 14ff) in ihrem Bericht über junge Frauen auf der Straße fest.

Perspektiven auf die Führung eines gesellschaftlich anerkannten Daseins minimieren sich, und die gesundheitliche Verfassung verschlechtert sich rapide. Nach dem Karrieremodell von Albrecht u.a. treten in dieser resignativen
Phase Identitätsänderungen auf, die aus der Übernahme des gesellschaftlichen Stigma resultieren: Die Person definiert sich nicht mehr als mittel- und
wohnungslos, sondern als `Nichtseßhafte/Nichtseßhafter ´ (Albrecht u.a. 1990:
52).

Der soziale Abstieg ist dabei nicht losgelöst von individuellen Kompetenzen zu
betrachten. So stellten Jochum und Weber bei den von Ihnen untersuchten
Wohnungslosen fest, daß das subjektive Selbstbild des Einzelnen ursächlich
mit der Bewältigung der Lebenssituation auf der Straße zusammenhängt. Die
grobe Ordnung der individuellen Handlungen basiert auf dem Vergleich des
tatsächlichen Handelns zum selbstkonzipierten Ideal. „Nicht, daß ich selbst etwas nicht erreicht habe, hat den Mißerfolg zur Folge, sondern daß ich etwas
nicht schaffe (Real-Selbst), was ich gerne schaffen würde (Ideal-Selbst)"
(Weber 1984:149). Während eine positive Eigendefinition die Orientierung an
Zukunftsperspektiven beinhaltet, führt ein negatives Selbstbild zur Resignation
und einem perspektivlosen Sich-im-Kreise-drehen. Die Personen mit einem
positiven Selbstbild empfinden ihre gegenwärtige Lebenssituation und ihren
sozialen Status als einen vorübergehenden Zustand, den sie allein oder mit
Hilfe von anderen verändern können. Den Menschen die eine negative personale Identität aufgebaut haben, gelingt es nicht mehr die abwertenden Identi-
tätszuschreibungen zurückzuweisen. Sie definieren ihre personale und soziale
Identität über das Fremdbild der seßhaften Bevölkerung und der sozialen Kontrollinstanzen und geben sich selbst die Schuld an ihrer Lebenssituation. Jede
Interaktion beinhaltet für diese Personen neuerliche Beweise ihres Versagens.
„Zudem löst das Gefühl, für andere nicht wichtig zu sein und nicht gebraucht zu
werden, fast immer Schamreaktionen und die Tendenz zum individuellen
Rückzug aus" (Weber 1984:151). Dieses individuelle Verhalten führt in der Re-
gel zu einer resignativen Haltung und zur inneren Immigration.

Gahleitner geht von einer zirkulären Abwärtsmobilität aus, die durch Erschöpfung, Gleichgültigkeit, Verlust der Zukunftsperspektive, Demoralisierung, Zersetzung des Selbstwertgefühls und steigenden Widerständen gegen Anforderungen und Veränderungen gekennzeichnet ist. Der Verlauf des Lebens auf der Straße scheint für diese Menschen „ab einem gewissen Punkt die Gestalt ´negativer Verlaufsformen´ anzunehmen, über die sie keine Kontrolle mehr haben" (Gahleitner 1996:151). Sie deuten sich in diesem Stadium als Spielball ungünstiger Umstände und als Objekte der Instanzen sozialer Kontrolle. Die zunehmend eingeschränkten Handlungsfähigkeiten (z.B. durch Erkrankungen, Suchtverhalten) führen dann zu der Eigendefinition, Opfer der gesellschaftlichen Verhältnisse und Opfer der eigenen Unfähigkeit zu sein.

Entgegen der Sichtweise des individuellen Versagens (Weber) und der Eigendefinition als Opfer (Gahleitner) hat Golden einen subjektiven Prozeß festgestellt, in dessen Folge von den Betroffenen ein Dasein auf der Straße bevorzugt wird. „The very effectiveness of her technological adaptation (so to speak) to street life, by making her so self-sufficient, enhanced a psychological process which people became so comfortable in that life that they began to prefer it. The longer a woman remained outside, the more radical this change became" (Golden 1990:50).

Die Öffentlichkeit nimmt diese resignierten wohnungslosen Frauen (und Männer) als Personen wahr, die desinteressiert an ihrer äußeren Erscheinung sind und in ihrer Umgebung zunehmend verelenden. Holzach/Rautert beschreiben dieses Stadium der Selbstaufgabe:

„ In Düsseldorf ... treffen wir auf Marie. Sie ist 53, sieht aus wie 75 und sitzt seit 3 Wochen auf einer Parkbank... Nachts zieht sie den Mantel über den Kopf, tagsüber trinkt sie. Aufstehen kann sie nicht mehr. Ein Dutzend Berber versorgen sie mit dem Nötigsten. Die interne Fürsorge klappt, bis der Kreislauf der Frau zusammenbricht. Das dauert mal drei, mal sechs Wochen".

Nach einer stationären Unterbringung im Krankenhaus zur Kreislaufstabilisierung und Entgiftung wird diese Frau jedesmal wieder auf die Straße entlassen. Es erfolgt weder die Aufnahme in das spezifische Hilfesystem noch andere rehabilitative Maßnahmen. Der Zyklus beginnt von neuem, bis zum nächsten Zusammenbruch (Holzach/Rautert 1985:49).

Diese verfestigende Phase der Wohnungslosigkeit ist durch weitreichende Hilflosigkeit und Verelendung geprägt. Die Bevölkerung und die Hilfeanbieter reagiert auf Menschen, die sich wie Marie - hilflos und betrunken in der Öffentlichkeit aufhalten - ablehnend.

4.6. Objektive Aspekte der Gesundheitsversorgung

Ein Leben ohne Unterkunft und gesicherte Existenzgrundlage verschärft vorhandene Krankheiten, Behinderungen und Suchtmittelabhängigkeiten und macht zusätzlich krank. Neben dem normalen Krankheitsspektrum treten spezifische Erkrankungen auf, die im direkten Zusammenhang mit der ruinösen Lebenssituation entstehen. „Durch mangelnde Körperhygiene, Mangelernährung, erhöhten Alkoholkonsum, fehlenden Schutz vor Hitze, Kälte und Feuchtigkeit, aber auch durch vielfältige Hürden, die einer Inanspruchnahme medizinischer Hilfeleistungen im Wege stehen, entstehen Krankheiten, verzögern sich Heilungen oder entwickeln sich chronische Krankheitsverläufe" (Behnsen 1995:208f). Typische `Elendserkrankungen´ wie z.b. Hauterkrankungen, Zahnverfall, Ernährungserkrankungen, Tuberkulose, Pilz- und Ungezieferbefall sind weit überdurchschnittlich bei wohnungslosen Menschen vertreten.

Soziale Ausgrenzung und die psychischen Belastungen (Streß), das tägliche Überleben zu sichern, führen auf Dauer ebenso zu körperlichen und seelischen Reaktionen, wie übermäßiger Alkoholkonsum und fehlende Regenerationsräume. Die Verschlechterung des Gesundheitsstatus bei einem längeren Aufenthalt auf der Straße ist auch darauf zurückzuführen, daß viele wohnungslose Menschen, da sie sich einen Krankenschein erst von dem für sie zuständigen Sozialamt holen müssen, selbst bei chronischen Erkrankungen keinen Arzt konsultieren. Doch selbst bei Vorlage eines Krankenscheins ist es nicht sicher, ob ein Arzt die Behandlung der wohnungslosen Frau/des wohnungslosen Mannes übernimmt. Das Gesundheitswesen neigt gerade bei randständigen Menschen dazu, den Zusammenhang zwischen sozialer Lebensrealität und spezifi-

schen Erkrankungen zu negieren; der gesundheitliche Zustand wird individualisiert.

In einer der wenigen Untersuchungen[78] über wohnungslosen Menschen, die die
Gesundheits- bzw. Krankheitssituation im Kontext des sozialen Umfelds eruiert
haben, wird festgestellt, daß bereits nach kurzer Dauer (bis 12 Monate) die
Betroffenen ein relativ schlechten Gesundheitszustand vorherrscht, der nach
einer Phase der Stagnation, bei längerer Wohnungslosigkeit (fünf und mehr
Jahre) anfänglich schleichend und letztendlich zu einer Multimorbidität führt[79].

Bei 90% der untersuchten Wohnungslosen war eine ärztliche Behandlung nach
einem Jahr ohne eigene Unterkunft dringend erforderlich, aber nur etwa die
Hälfte der Personen kannte eine medizinische Anlaufstelle, die im Krankheits-
fall aufgesucht werden konnte. Die Nichtinanspruchnahme ärztlicher Hilfe wurde von ihnen mit Angst vor Abweisungen, der umständlichen Krankenschein-
beschaffung, negativen Erfahrungen mit medizinischen Diensten und mit der
Erklärung keine Erkrankung zu haben, begründet. Erst wenn der gesundheitliche Zustand einen stationären Krankenhausaufenthalt erforderlich macht, werden in der Regel medizinische Hilfen aufgesucht und angenommen[80].

Bei wohnungslosen Frauen werden häufig psychische Probleme und Verhal-
tensauffälligkeiten bis hin zu psychiatrischen Krankheitsbildern diagnostiziert.
Bremer/Romaus gruppieren darunter 44% der von ihnen untersuchten Frauen
ein (Bremer/Romaus 1990:96). Diese Einschätzung ist nach heutigem Er-
kenntnisstand zu undifferenziert. Die aktuellen Schätzungen gehen davon aus,

---

[78] Die Untersuchung wurde durch das Institut für Arbeits- und Sozialmedizin der Universi-
tätsklinik Mainz 1989 durchgeführt und von Trabert (1995:30ff) publiziert. Die Ergebnisse
basieren auf den Daten von 40 wohnungslosen Männer. Auf einzelne pathologische Befunde wird nicht eingegangen.
[79] Als Indikatoren der gesundheitlichen Verschlechterung, die in unmittelbaren Zusammenhang mit der wohnungslosen Existenz stehen, werden Herz-Kreislauf-Erkrankungen, Erkrankungen des Bewegungsapparats und Verletzungen genannt.
[80] Eine Möglichkeit, die Erkrankungen zu negieren, stellt der Konsum von Alkohol dar. Damit
werden bis zu einem gewissen Grad Schmerzen erträglich. Mehrere Klienten mußten
während meiner Tätigkeit in der Ambulanten Hilfe z.B. mit akuten Entzündungen im Kie-
fer- und Kopfbereich (Zahnverfall und Verletzungen) in Spezialkliniken eingewiesen werden. Bei einer Klientin wurde durch eine Hauterkrankung (Krätze) und massiven Unge-
zieferbefall (Läuse) eine isolierte Unterbringung im Krankenhaus notwendig.

daß 20% bis 40 % der wohnungslosen Personen psychisch krank sind[81]. Bis dato liegen jedoch nur wenige wissenschaftlich abgesicherte Untersuchungen über den psychischen Zustand von wohnungslosen Menschen vor. Die nachfolgend dargestellten Ergebnisse können lediglich als Anhaltswerte der psychischen und suchtmittelabhängigen Erkrankungen bei den Frauen und Männern gewertet werden. Es fehlen in der Regel sowohl Daten über die Schwere der psychischen Erkrankungen, als auch Angaben über die Behandlungserfolge (integrative Maßnahmen).

Die kommunalen Erhebungen, die versuchen den Anteil der unterkunftslosen Personen mit psychischen Erkrankungen zu bestimmen, schwanken in ihren Resultaten z.T. erheblich: Sie variieren zwischen nahezu 100% und 5% Betroffenheit[82]. U. Nouverté weist darauf hin, daß diese kommunalen Schätzungen sich überwiegend auf die Urteile der MitarbeiterInnen stützen. Er macht die Beliebigkeit bzw. Nichtkontrollierbarkeit dieser Fremdeinschätzung für die große Bandbreite der geschätzten psychischen Erkrankungsanteile bei wohnungslosen Menschen verantwortlich. Exaktere Angaben liegen von einer Untersuchung des *Instituts für Kommunale Psychiatrie* vor (Nouverté 1996:39ff)[83]. Die Erhebung der Daten erfolgte in 15 ambulanten und stationären Einrichtungen (inkl. Übernachtungsunterkünften) der Wohnungslosenhilfe. Die Studie ermittelte bei 23,1% der Personen psychische Erkrankungen, d.h. von den rund 900 untersuchten Wohnungslosen waren etwa 200 Menschen psychisch krank.

Nouverté (1996:36f) stellt beträchtliche Differenzen zwischen den Versorgungswünschen der NutzerInnen und MitarbeiterInnen in psychiatrischen Ein-

---

[81] Diese prozentualen Angaben sind einer Pressemitteilung über den dritten Kongreß der Berliner Ärztekammer zum Thema `Armut und Gesundheit´ im Dezember 1997 entnommen (Orde in taz vom 8.12.97, S.2).
[82] Die Erhebung, die eine annähernd 100% Betroffenheit von psychischen Erkrankungen bei wohnungslosen Menschen feststellt, wird in einer Nervenarztstudie zitiert (U. Nouverté 1996:43), dagegen stellt Trabert (1995:31) bei 5% der von ihm Untersuchten diese Erkrankungsform fest.
[83] Das Institut für Kommunale Psychiatrie entwickelte für die Erhebung ein methodisches Instrumentarium, welches unabhängig von den subjektiven Bewertungen der Mitarbeiterinnen/Mitarbeiter in den Einrichtungen arbeitete. Es handelte sich dabei um einen Beobachtungs- und Einschätzungsbogen, der 28 Items umfaßte und mit weiteren Daten über Wohnungslose verglichen wurde. Die Ergebnisse basieren auf 900 Beobachtungsbögen.

richtungen fest. Die Hauptbedürfnisse der NutzerInnen waren auf materielle Absicherung und persönliche Selbstbestimmung gerichtet, während dies von den MitarbeiterInnen als eher nebensächlich betrachtet wurde. Deren Hauptintentionen der Rehabilitation und Therapie wiederum spielte bei den NutzerInnen eine sehr untergeordnete Rolle. Diese Differenz zwischen Angebot und Bedürfnislage kann auch zur Abdrängung psychisch Kranker in das Hilfesystem für Wohnungslose führen; insbesondere dann, wenn eine psychisch kranke Person, die zudem wohnungslos ist, sich den Rehabilitations- und Therapieanforderungen verweigert. In einem solchen Fall erfolgt häufig mit der Argumentation, daß die spezifische Hilfe nicht angenommen wird, der Abbruch des Hilfeprozesses und die Verweisung auf Angebote, die für das zweite Merkmal, die Wohnungslosigkeit, zuständig sind[84].

Eine Dokumentation, die in der `Psychiatrischen Klinik Gilead´ durchgeführt wurde, gibt Auskunft über die Wohnsituation vor und nach dem stationären Aufenthalt (Wessel/Zechert 1996:53ff)[85]. In der Abteilung Abhängigkeitserkrankungen waren 38,4% der Personen bei Aufnahme ohne eigene Unterkunft. In der Allgemeinen Psychiatrie belief sich der Anteil dieser Personen auf 31,4%. Die psychisch kranken, wohnungslosen Frauen werden nach einer Reha-Maßnahme in der Regel an stationäre Einrichtungen (Heime) verwiesen (Wessel /Zechert 1996:57).

Der Aufenthalt in der Psychiatrie wird dem Anschein nach gerade für Frauen zu einer Station in der Rotation des Daseins ohne eigene Unterkunft. Dabei scheint es keine Rolle zu spielen ob bei diesen Frauen psychische Erkrankungen oder `Verhaltensauffälligkeiten´ vorliegen; zumindest wird dieses in den vorgestellten Untersuchungen nicht geklärt. Dies verweist auf eine allgemeine Intransparenz der psychiatrischen Deutungsmuster. Hesse-Lorenz/Moog sehen

---

[84] Die Hilfeangebote sind in der Regel nach klar definierten Personenkreisen (z.B. Hilfen für Wohnungslose, Wohngruppen für psychisch Behinderte etc.) ausgerichtet: Hilfen und Leistungen für Behinderte werden gem. § 39ff. BSHG gewährt, für wohnungslose Personen basieren die Hilfen auf dem § 72 BSHG.

[85] Die Dokumentation wurde vom 1.7.93-30.6.94 durchgeführt und umfaßt die Wohndaten von 3174 Personen, die nach privatem und nicht-privatem Wohnsitz vor der Aufnahme und nach der Entlassung unterschieden wurden. 29,8% aller in diesem Zeitraum aufgenommenen Patienten verfügten über keinen eigenen privaten Wohnsitz.

psychische Erkrankungen bereits darin, daß wohnungslose Frauen an ihren traditionellen Lebensentwürfen scheitern. Als problematische Verhaltensweisen, die auf psychische Krankheitsbilder hinweisen, benennen die Autorinnen ferner unangemessenes heftiges Reagieren in Konfliktsituationen oder ein auffälliges starkes Bedürfnis nach Aufmerksamkeit, Zuwendung, Orientierung sowie eine stark herabgesetzte Frustrationstoleranz (Hesse-Lorenz/Moog 1996:199).

Es scheint, als würden bei Frauen psychische Abweichungen auch an Verhaltensweisen festgemacht, die zwar im Milieu der Straße notwendige Überlebensstrategien darstellen, aber von dem etablierten Hilfesystem als unweibliche bzw. kranke Eigenschaften wahrgenommen werden. Dies macht auf die fehlende Vertrautheit der Studien mit der Lebenspraxis wohnungsloser Frauen aufmerksam. Depressive Zustände z.B. sind als normale Reaktion zu erwarten, wenn Erfahrungen gemacht werden, die die eigene Identität in Frage stellen. „Depressivität (ist) als normale Reaktion auf tiefgreifende Erfahrungen des Verlusts zu erwarten, die das Selbstbild infrage stellen, bedrohen; diese Verlusterfahrungen werden um so schwerer verarbeitet, je sozial isolierter Menschen leben. Depressivität wohnungsloser Menschen ist daher mit großer Wahrscheinlichkeit Folge und Symptom ihrer sozialen Lage" (Ferber 1989:15).

4.7. Zusammenfassung

Das Leben auf der Straße impliziert extreme Armut, Marginalisierung und soziale Isolation. Ein Dasein ohne Unterkunft ist einerseits losgelöst von der `normalen Welt´, andererseits eingebunden in ein Milieu, das den öffentlichen Raum sowie die Einrichtungen des Hilfesystems umfaßt. Dieses Milieu der sozial deklassierten Menschen wird durch auffällige Verhaltensweisen und Personenmerkmale geprägt, die die öffentliche Wahrnehmung bestimmen und zu Vorurteilen und Ablehnung führen. „Die Polizei geht mit Ordnungsmaßnahmen gegen `Nichtseßhafte´ vor und macht sie damit zu Ordnungsstörern; ... . Selbstverständliche Anrechte werden ihnen vorenthalten, weil Behörden meinen, sie müßten die „Nichtseßhaften" zum Umgang mit Geld erst erziehen, bevor sie es nach Recht und Gesetz erhalten; ... Die Öffentlichkeit macht einen weiten Bogen um Stadtstreicher und Penner, weil sie vielleicht betrunken und verwahrlost sind. Einrichtungen und Heime behandeln sie wie Unmündige, weil ihnen die Ordnung und Ruhe in der Einrichtung wichtiger ist als der Freiheitsraum der Bewohner" (Grohall/Wolff 1990:13).

Diese gesellschaftliche Sichtweise wird teilweise unreflektiert von den sozialen Einrichtungen übernommen. Wenn zu dem abweichenden Verhalten eine ungepflegte äußere Erscheinung sowie physische und psychische Erkrankungen hinzukommen, werden adäquate Angebote durch das spezifische Hilfesystem immer unwahrscheinlicher.

Die soziale Teilhabe am Leben in der Gesellschaft reduziert sich mit anhaltender Wohnungslosigkeit. Die ausgegrenzten Menschen sind immer weniger in der Lage ihre Bedürfnisse und Interessen in der Gesellschaft zu befriedigen und durchzusetzen. Sie sind randständig, „heimatlos, verachtet, stigmatisiert, verfolgt und leben mitunter in einer streßbehafteten Illegalität; ..." (Lutz 1995:7). In einer sich verfestigenden Phase der Wohnungslosigkeit kommt es zu der Übernahme der negativen Zuschreibungen in das Selbstbild und zu einer zunehmenden Verelendung.

Zusätzlich zu der gesellschaftlichen Randständigkeit und sozialen Isolation gestaltet sich das Leben ohne Unterkunft für Frauen erheblich schwieriger als für Männer. Die sichtbar wohnungslosen Frauen sind einem hohen Maß an Fremdbestimmung, sozialer Kontrolle und weitreichender gesellschaftlicher Verachtung ausgesetzt. Die Abweichung von tradierten Rollenerwartungen wird bei ihnen stärker sanktioniert als bei den männlichen Wohnungslosen.

5.   Das System der Hilfen

Das alte preußische Recht ging von dem Grundsatz aus, daß die darin als Armenpflege bezeichnete Fürsorge dem Bedürftigen lediglich aus Gründen der öffentlichen Ordnung, nicht aber um seiner Selbstwillen, zu gewähren sei. Der Bedürftige wurde hier als Objekt behördlichen Handelns verstanden.

Diese Tradition wurde durch ein Urteil des Bundesverwaltungsgerichts am 24.06.54 beendet. In der Begründung heißt es u.a.: „Die unantastbare, von der staatlichen Gewalt zu schützende *Würde des Menschen* (Art. 1 GG) verbietet es, ihn lediglich als Gegenstand stattlichen Handelns zu betrachten, soweit es sich um die Sicherung des `notwendigen Lebensbedarfs´, also seines Daseins überhaupt, handelt. Das folgt auch dem Grundrecht der freien Persönlichkeit (Art. 2 Abs. 1 GG)" (BSHG 1988:23ff). Diese Verfassungsgebote sind u.a. für den Bereich der gesamten Sozialhilfeleistungen (§ 1 Abs. 2 BSHG und § 1 Abs. SGB-AT) leitend.

5.1.   Rechtliche Grundlagen

Die heutigen sozialrechtlichen Rahmenbedingungen der Hilfegewährung für Wohnungslose oder von Obdachlosigkeit bedrohte Menschen, sind im Bundessozialhilfegesetz unter § 72 BSHG `Hilfe zur Überwindung besonderer sozialer Schwierigkeiten´ definiert. Es handelt sich dabei um Pflichtleistungen, die Personen zu gewähren sind, „bei denen besondere soziale Schwierigkeiten einer Teilnahme am Leben in der Gemeinschaft entgegenstehen, und die diese sozialen Schwierigkeiten nicht aus eigener Kraft überwinden können" (§ 1 Abs. 1 DVO zu § 72 BSHG).

Laut der Verordnung zur Durchführung der § 72 BSHG vom 09.06.1976 wird zwischen folgenden Personengruppen differenziert:

§ 2 DVO: Personen ohne ausreichende Unterkunft sind Personen, die in Obdachlosen- oder sonstigen Behelfsunterkünften oder in vergleichbaren Unterkünften leben.

Obdachlosigkeit gilt rechtlich als Zustand, durch den die öffentliche Sicherheit oder Ordnung gefährdet wird: „Die öffentliche Sicherheit, weil ohne Obdach elementare Rechtsgüter des Betroffenen (körperliche Unversehrtheit, Gesundheit, Eigentum) gefährdet sein können, die öffentliche Ordnung, weil der Betroffene durch seine Obdachlosigkeit die ungeschriebenen Regeln für das Verhalten des Einzelnen in der Öffentlichkeit, deren Beachtung nach den jeweils herrschenden Anschauungen als unerläßliche Voraussetzung eines geordneten staatsbürgerlichen Gemeinschaftslebens betrachtet wird, verletzt" (Nds. Sozialministerium 1988:4).

Die Maßnahmen zur Beseitigung dieser Lebenssituation werden als Gefahrenabwehr verstanden. „Damit fällt die Beseitigung der Obdachlosigkeit zunächst in den Zuständigkeitsbereich der Polizei und der Ordnungsamtes" (Könen 1990:153). Die Ordnungsbehörde vollzieht die Gefahrenabwehr in der Regel durch Einweisung in kommunale Notunterkünfte. Diese ordnungsrechtliche Unterbringung muß keine sozialrechtlichen Maßstäbe erfüllen. Wie Koch anmerkt, muß der Eingewiesene sogar existentielle, soziale, berufliche und gesundheitliche Gefährdungen hinnehmen (Koch1993:33). Die Verhinderung und Beseitigung von Obdachlosigkeit steht im politischen Ermessen der zuständigen Kommune (Deutscher Städtetag 1987:64) [86].

Wenn Personen einige Zeit ohne Unterkunft am Ort ihres Wohnungsverlustes leben, werden sie als Stadtstreicher bezeichnet. Diese Personen gelten ebenso wie Obdachlose, die die Kommune verlassen, per Gesetz als Nichtseßhafte.

§ 4 DVO: Nichtseßhafte sind Personen, die ohne gesicherte wirtschaftliche Lebensgrundlage umherziehen oder die sich zur Vorbereitung auf die Teilnahme am Leben in der Gemeinschaft oder zur dauernden persönlichen Betreuung in einer Einrichtung für Nichtseßhafte aufhalten.

Die implizierten Merkmale der Mobilität und das Fehlen örtlicher Bindungen als Definition von `Nichtseßhaftigkeit´ übersieht die fließenden Übergänge von ob-

---

[86] Koch (1993:26f) weist darauf hin, daß das Grundgesetz der Bundesrepublik Deutschland im Unterschied zu einigen anderen europäischen Staaten (Niederlande, Portugal, Spanien) keinen subjektiven Rechtsanspruch des Einzelnen auf eine Wohnung enthält. Es gibt keine Verpflichtung des Staates (Staatszielbestimmung) mit geeigneten Maßnahmen dafür zu sorgen, daß die Bürgerinnen und Bürger in angemessenen Wohnverhältnissen leben können. Nur in einigen Bundesländern (Bremen, Bayern, Berlin) besteht für die Bürger ein Recht auf angemessenen Wohnraum.

dachlosen Personen, die von der Sozialadministration durch Verweigerung von Hilfen in die Nichtseßhaftigkeit gedrängt werden.

Die rechtliche Differenzierung zwischen obdachlos und nichtseßhaft impliziert auch unterschiedliche Zuständigkeiten der Sozialadministration. Während für die Versorgung obdachloser Personen die Kommune Leistungen erbringen muß, werden die Kosten für nichtseßhafte Menschen durch das jeweilige Bundesland erstattet.

Weitere Personengruppen, bei denen laut § 72 BSHG besondere Lebensverhältnisse bestehen können, sind:

§ 3 DVO: Landfahrer sind Personen, die im Sippen- oder Familienverband oder sonstigen Gruppen nach besonderen, vor allem ethnisch bedingten, gemeinsamen Wertvorstellungen leben und mit einer beweglichen Unterkunft zumindest zeitweise umherziehen.

§ 5 DVO: Aus Freiheitsentzug Entlassene sind Personen, die aus einer richterlich angeordneten Freiheitsentziehung in ungesicherte Lebensbedingungen entlassen werden oder entlassen worden sind.

§ 6 DVO: Verhaltensgestörte junge Menschen sind Minderjährige und junge Volljährige mit erheblichen Verhaltensstörungen, denen nach dem Kinder- und Jugendhilfegesetz keine Hilfen gewährt werden können.

Der § 72 BSHG ist nachrangig und stellt die letzte sozialrechtliche Absicherung dar.

5.1.1. Grundsätze

Für jeden Bedürftigen besteht laut BSHG ein Anspruch auf Leistungen zum Unterhalt. Diese Hilfe soll dem Empfänger die Führung eines Lebens ermöglichen, so § 1 BSGH, das der Würde des Menschen entspricht[87]. Den Wünschen des Hilfeempfängers (bei der Gestaltung der Hilfen) sollte entsprochen werden, soweit sie angemessen sind und keine unverhältnismäßigen Mehrkosten erfordern. Die Hilfe soll letztendlich den Hilfeempfänger soweit wie mög-

---

[87] Der hohe Anspruch der Sozialhilfe, der dem Hilfeempfänger die Sicherung eines menschenwürdigen Lebens ermöglichen soll, wird in der Regel praktisch nicht umgesetzt.

lich befähigen, unabhängig von ihr zu leben[88]. Dabei ist die Hilfe an den Besonderheiten des Einzelfalles zu orientieren. Hier erlangt die Person des Hilfeempfängers besondere Bedeutung. Nicht nur die persönlichen und wirtschaftlichen Verhältnisse sind zu berücksichtigen, sondern auch die individuellen Kenntnisse und Fähigkeiten. „So wie die Hilfegestaltung nach der Person des Hilfeempfängers den gesellschaftlichen Bezug des Individualisierungsprinzips zu vernachlässigen droht, so kann andererseits auch der individuelle Bezug verloren gehen, wenn für bestimmte Personen häufiger zutreffende individuelle Umstände unzulässig verallgemeinert werden. Eine solche `abstrakte, gruppenspezifische Betrachtung` wird dem Anspruch des § 3 Abs. 1 nicht gerecht, eine auf diese Weise generalisierende Hilfe ist unzulässig" (BSHG 1994:78).

Nur im Fall einer vorrangigen Hilfeverpflichtung (z.B. durch Angehörige, Transferleistungen des Arbeitsamtes) sind Leistungen gem. BSHG ausgeschlossen. Das bedeutet jedoch nicht, daß für die Überbrückung einer aktuellen Notlage die Gewährung von Hilfe verweigert werden kann. In persönlichen Notsituationen muß der notwendige Lebensunterhalt sofort gesichert werden. Dabei ist im Sinne der Unerheblichkeit der Ursache der Notlage, auch Hilfe bei einer selbstverschuldeten Mangellage zu gewähren. Individuelle Schuldzuweisungen für die Inanspruchnahme von Sozialhilfeleistungen erfolgen nicht ausdrücklich im BSHG. Diese Sicht des Hilfeempfängers ist Resultat der Auslegungspraxis innerhalb der Sozialadministration.

Bei Wohnungslosigkeit müssen die Hilfen für ein menschenwürdiges Leben, in der Regel Unterkunft und monetäre Versorgung, durch die Sozialhilfe gewährt werden. Diese Hilfe wird durch ein traditionelles Problemverständnis, das an diskriminierende individuelle Erklärungsmuster anknüpft, häufig eingeschränkt

---

[88] Das Bundessozialhilfegesetz, das 1962 in Kraft trat, geht von dem Grundgedanken der individuellen Hilfe in Notlagen aus. Wie Wenzel (1992:29) ausführt, stand „nicht die Hilfe zum Lebensunterhalt zur Bekämpfung der Armut mittels staatlicher Transferleistungen .. zur Zeit der Gesetzgebung im Vordergrund, sondern die Hilfen in besonderen Lebenslagen, die sich vor allem auf gesundheitlich bedingte Notsituationen bezieht..."

oder verweigert. Wie in der Publikation über die `Hilfe für alleinstehende Wohnungslose´ aufgeführt, unterstellen die kommunalen Sozialhilfeträger insbesondere wohnungslosen Frauen und Männern Haltlosigkeit, Schwäche oder zumindest Auffälligkeit und erwarten, daß sie sich selbst helfen. „So ist häufig ein insgesamt reserviertes Sozialhilfeverfahren gegenüber alleinstehenden, erwachsenen `Sozialhilfefällen´ festzustellen, das mit der praktischen Ausgrenzung dieses Personenkreises aus der vorbeugenden Wohnungshilfe nach § 15a BSHG und aus der ordnungsrechtlichen Beseitigung der eingetretenen Obdachlosigkeit beginnt und mit befristeter Unterbringungs- und Hilfegewährung für ortsfremde `Nichtseßhafte´ endet" (Deutscher Verein für öffentliche und private Fürsorge 1990:36).

Zwei Faktoren stehen einem Wandel dieser Sozialhilfepraxis insbesondere entgegen:

„Zum einen ist es das Motiv der Sozialhilfeträger, sich vor ungerechtfertigter Inanspruchnahme durch möglicherweise `arbeits- und resozialisierungsunwillige´ Personen zu schützen, insbesondere dann, wenn sie ortsfremd sind. ...Zum anderen sind es die Schwierigkeiten, die mit einer Hilfeleistung bei der Vielfalt der Probleme verbunden sind. Diese Problemvielfalt ist bei alleinstehenden Wohnungslosen in der Regel (...) vorhanden" (Deutscher Verein für öffentliche und private Fürsorge 1990:36f).

Bei den wohnungslosen Frauen und Männern handelt es sich um solche Sozialhilfefälle, in denen das Gebot der Individualisierung gem. § 3 Abs. 1 BSHG angewandt werden muß. Dies bedingt eine den Besonderheiten des Einzelfalles angemessene Bearbeitung, Entscheidungsfindung und Leistungsgewährung. Diese Anforderungen stoßen „möglicherweise an Grenzen der personellen Kapazität und der fachlichen Handlungskompetenz" (Deutscher Verein für öffentliche und private Fürsorge 1990:37).

5.1.2.   Zuständigkeiten

Während die sachliche Zuständigkeit der Hilfen gem. BSHG dem überörtlichen Träger übertragen wurde, verbleibt die Verpflichtung zur Herstellung und Sicherung der Ordnung bei Obdach- und Wohnungslosigkeit in kommunaler Zuständigkeit. Die Unterbringung in Notunterkünfte als Hilfeleistung geschieht als polizei- und ordnungsrechtliche Maßnahme. Der Aufenthalt in diesen Unterkünften ist weitreichend reglementiert und wird von wohnungslosen Menschen nur bedingt genutzt. Hier, wie auch schon bei der Sozialhilfegewährung, gibt es gravierende kommunale Unterschiede. In kleineren Gemeinden werden gewöhnlich für ortsfremde wohnungslose Menschen 1-2 Räume (Durchwandererzimmer) im Obdach als Übernachtungsmöglichkeit vorgehalten. In größeren Kommunen erfolgt die befristete Unterbringung in Übernachtungsheimen. Wenn in der Nähe eine stationäre Einrichtung der Wohnungslosenhilfe ist, halten die Kommunen in der Regel keine eigenen Räume für die ortsfremden Menschen vor. Die um Unterkunft nachfragenden Personen werden in diesen Fällen an die stationären Hilfeangebote verwiesen.

Die Ausstattung der kommunalen Notunterkünfte ist häufig mangelhaft und variiert zudem von Kommune zu Kommune. Preußer fordert deshalb folgende Mindeststandards für Übernachtungsheime:

- eine unbefristete Aufenthaltserlaubnis,

- eine Anhebung der Mindestwohnfläche pro Person. John stellte in seiner Untersuchung fest, daß die Unterbringung prinzipiell unter sehr beengten Verhältnissen erfolgt (John 1988:132)[89].

- eine maximale Belegung eines Zimmers mit zwei Personen (in der Regel wird in den Einrichtungen durch Massenschlafsäle, Acht- und Sechs-Bett-Zimmer, eine geschützte Imtimsphäre verweigert),

- die Ermöglichung einer eigenständigen Haushaltsführung durch Einrichtung von Wohnräumen und Küchen und

- die Duldung von homo- und heterosexuellen Beziehungen (Preußer 1993:145).

---

[89] In den Unterkünften stehen den Betroffenen in der Regel 4 qm Wohnfläche pro Person zu Verfügung (Angele 1989:73).

5.1.3.   Auslegungen

Die Sozialhilfepraxis wird durch zentrale gesellschaftliche Leistungsnormen bestimmt. Personengruppen, denen eine Abweichung von der gesellschaftlichen Normalität unterstellt wird, sind immer dann von Stigmatisierung und Diskriminierung bedroht, wenn sie diese zentralen Leistungsnormen nicht erfüllen.

Koch sieht in latenten Disziplinierungsabsichten, die bei einem Versagen, gemessen am Leistungsprinzip, ausgelöst werden, ein Merkmal des sozialen Systems (Koch 1991:13). „Neigen die zuständigen kommunalen Behörden zu moralischen Zuschreibungen, ..., werden sie ihre Handlungsspielräume restriktiv interpretieren und die Zufügung von Wohnungselend als geeignete Erziehungsmaßnahme begreifen..." (Preußer 1993:19). Selbst in Kommunen, die einer erzieherischen Wirkung mißtrauen, werden bedürftige Einzelpersonen (Sozialhilfeempfänger) bei einem Wohnungsverlust oder bei der Wohnungssuche nach vorheriger Obdachlosigkeit einer hochselektiven Sonderbehandlung unterzogen (Preußer 1993:19f).

Die Sozialhilfepraxis verweist darauf, daß Sachbearbeiterinnen und Sachbearbeiter, die wohnungslose Frauen und Männer als abweichende Personen begreifen, weniger bereit sind, den rechtlichen Leistungsrahmen auszuschöpfen und eher zu einer Verweigerung der Hilfe neigen. Gerade in der Gewährung von verbrieften sozialstaatlichen Hilfen vermischen sich sanktionierende, kontrollierende, erzieherische und helfende Funktionen.

Die Bedingungen, die die Gewährung der gesetzlichen Hilfe determinieren, sollen an einem Beispiel demonstriert werden[90]:

Eine Frau, die durch eine Zwangsräumung ihre Wohnung verloren hat und in der Heimatkommune keine Unterkunft erhielt, ist in eine andere Kommune `vertrieben´ worden. Sie lebt zwischenzeitlich in einer Notunterkunft, hält sich aber auch im Straßenmilieu auf und bezieht Sozialhilfe in Form von Tagessätzen. Bei Wintereinbruch bittet sie um Gewährung eines Wintermantels. Ihr wird nach eingehender Prüfung der Notlage ein Wintermantel gewährt und das Bargeld zum Kauf des Mantels ausgezahlt. Da die Frau durch ihren Wohnungsverlust den Großteil ihrer Kleidung eingebüßt hat, entschließt sie sich einen

---

[90] Dieses Beispiel basiert auf den mündlichen Äußerungen der interviewten Frauen und eigenen Praxiserfahrungen.

günstigen Mantel in einer Kleiderkammer zu besorgen, und sich mit dem restlichen Geld Unterwäsche, Strümpfe und Handschuhe/Schal/Mütze zu kaufen. Bei ihrem nächsten Besuch im Sozialamt wird sie gebeten, die Quittung für den Mantel vorzulegen. Sie reicht daraufhin alle Bekleidungsquittungen ein. Da die Frau das Geld nicht nur für einen Mantel, sondern auch für andere Kleidungsstücke, die sie sich von ihren Tagessätzen besorgen muß, ausgegeben hat, wird sie eventuell bei einer weiteren Gewährung von Bekleidung einen Gutschein erhalten. Die Ausgabe eines Gutscheins soll dann die Hilfebedürftige zu der regulären Verwendung der stattgegebenen Mittel erziehen[91].

Wenn diese Frau nach einiger Zeit des Lebens in der Notunterkunft selbständig eine kleine bezahlbare Wohnung gefunden hat, kann es ihr passieren, daß das Sozialamt die Übernahme der Miete mit der Begründung ablehnt, da sie a) ja eine Unterkunft hätte und b) wahrscheinlich nicht alleine in der Wohnung zurecht käme bzw. nicht wohnfähig sei. Das Sozialamt wird sie dann eventuell alternativ an eine stationäre Einrichtung der Wohnungslosenhilfe verweisen.

Eine so behandelte Frau erlebt Hilfe und Hilfeverweigerung als einen willkürlichen Akt, der sie von den objektiven Grundsätzen geltender Sozialrechte ausschließt. Ihren Selbsthilfefähigkeiten und -möglichkeiten werden durch eine solche Hilfepraxis nicht gefördert, sondern eher negiert und führen zu einer Verfestigung der Wohnungslosigkeit.

Obwohl den Frauen und Männern Hilfen nach dem BSHG zustehen, zeigt die Praxis, daß sie in der Regel nur eine ˈSozialhilfe 2. Klasseˈ (Specht 1988) erhalten. Die Sozialhilfepraxis zwingt diese Personen durch die Verweigerung von Hilfeleistungen zu einer Mobilität, die ihnen dann als abweichendes Verhalten angelastet wird. John geht davon aus, daß bei Anwendung präventiver Maßnahmen, die durch § 15a BSHG[92] ermöglicht werden, 65 % bis 70 % aller Fälle von Wohnungslosigkeit ohne besonders großen Aufwand verhindert werden können (John 1988:517). Diese präventiven, wohnungssichernden Maßnahmen werden als Kann-Hilfen in der Sozialhilfepraxis bei sogenannten alleinstehenden Wohnungslosen eher verweigert als bei betroffenen Familien.

---

[91] Eventuell werden der Frau auch solange keine Tagessätze ausgezahlt, bis der Betrag für die Unterwäsche etc. abgegolten ist. Die variierenden amtsinternen oder auch persönlichen (Sach-)Entscheidungen können in der Regel von den Hilfeempfängern nicht eingeschätzt werden.

[92] § 15a BSHG bestimmt die Hilfen zum Lebensunterhalt in Sonderfällen. „Hilfe zum Lebensunterhalt kann in Fällen, in denen nach den vorstehenden Bestimmungen die Gewährung von Hilfe nicht möglich ist, gewährt werden, wenn dies zur Sicherung der Unterkunft oder zur Behebung einer vergleichbaren Notlage gerechtfertigt ist. Geldleistungen können als Beihilfe oder als Darlehen gewährt werden". (BSHG 1994:209f).

Mit der Reform des Sozialhilferechts 1996 wurden diese Kann-Leistungen teilweise in Sollvorschriften abgeändert[93].

Die Sollvorschrift gilt aber nur unter bestimmten Voraussetzungen. Zunächst trifft sie auf solche Fälle zu, „in denen ohne die Gewährung der Leistung Wohnungslosigkeit einzutreten droht. ... Eine weitere Voraussetzung ist, daß der Eintritt des Wohnungsverlustes und damit die drohende Wohnungslosigkeit durch die Leistung nach § 15a BAHG auch tatsächlich verhindert werden kann" (Glück 1996:125). Entscheidend ist, daß die Formulierung der Sollvorschrift `die Hilfe muß gerechtfertigt und notwendig sein´ den Sozialhilfeträgern einen weiten Beurteilungsspielraum einräumt, der eine in der Vergangenheit restriktiv gehandhabte Gewährungspraxis wahrscheinlich nicht ändern wird (Glück 1996:125).

Die Umsetzung der gesetzlichen Vorgaben hängt also im Wesentlichen von der kommunalen Gewährungspraxis ab, und die wird bei extrem armen ausgegrenzten Menschen häufig beschränkend gehandhabt. Simmedinger bemerkt dann auch, daß der Umgang mit den wohnungslosen Menschen zeigt, „daß ein Leben in Armut zusätzlich bedeutet, daß soziale Rechte beschnitten werden und diese Armen weiteren Deprivationen ausgesetzt sind" (Simmerdinger 1987:58).

Sowohl die unzureichende Versorgung mit monetären Mitteln, aber auch mit `menschenwürdigen´ Unterkünften lösen einen Mobilitätseffekt aus, der sich nicht in einer großräumigen Abwanderung der wohnungslosen Menschen auswirkt. Vielmehr werden die vorhandenen Hilfeangebote in der Heimatregion häufiger aufgesucht. In der BSU-Studie gaben 70% der befragten Wohnungslosen an, sich überwiegend in dem Bundesland ihres Wohnungsverlustes (Baden-Württemberg) aufgehalten zu haben. 31% blieben in der Gemeinde in der sie wohnungslos geworden waren, und 15,3 % in dem Landkreis/der Stadt ihres Wohnungsverlustes. Erst mit andauernder Wohnungslosigkeit erweiterte

---

[93] Das Gesetz zur Reform des Bundessozialhilfegesetzes trat am 01.08.1996 in Kraft.

sich der räumliche Radius (BSU1993:53)[94].

Teilweise wird die Verweigerung gesetzlicher Hilfen auf kommunaler Ebene damit begründet, daß adäquate, bedarfsgerechte Hilfeleistungen den Zuzug von wohnungslosen Menschen verstärken würde. Die Untersuchung von Romaus zeigt am Beispiel München, „daß man/frau nicht nach München kommt, um hier `bequem Platte zu machen´, sondern daß das Leben auf der Straße Endpunkt von Armutskarrieren ist. Diese haben meist in München begonnen..." (Romaus 1995:17).

5.1.4. Die Hilfeintention gem. § 72 BSHG

Das spezifische Hilfeangebot für wohnungslose Frauen und Männer fußt auf den Bestimmungen des § 72 BSHG. Diese Hilfen für Menschen in besonderen Lebenslagen ergänzen die übrigen Hilfen nach dem BSHG, sind jedoch diesen gegenüber eigenständig.

Bei Personen in besonderen Lebensverhältnissen (Obdachlose, Nichtseßhafte, Landfahrer etc.) wird in der Regel von einer Problembündelung ausgegangen, deren Bewältigung in den Strukturen des sonstigen Leistungssystems der Sozialhilfe nicht möglich ist (z.B. durch verschiedene Leistungsträger, Sachbearbeiter und sozialpädagogische Konzepte). Mit dem Hilfeangebot nach § 72 sollen Leistungen erbracht werden, die:

- „Gleichzeitig auf verschiedene Probleme des Hilfesuchenden reagieren,
- soziale Schwierigkeiten als komplex verursacht durch die soziale, physische und psychische Situation in den Brennpunkt der Hilfe rücken und eine der Situation des Betroffenen angemessene Abstimmung verschiedener notwendiger Hilfen vornehmen und vorhandene und geeignete Hilfen, die nicht nach § 72 zu erbringen sind, miteinander und mit den Hilfen nach § 72 sinnvoll, zur Erreichung des Hilfezieles, koordinieren" (BSHG 1994:543).

---

[94] In der Untersuchung von Evers/Ruhstrat (1994:229f) aus Schleswig-Holstein wurde zur Mobilität von wohnungslosen Frauen und Männern festgestellt, daß etwa ein Drittel der Personen (32,7%) den Ort der erstmaligen Wohnungslosigkeit sofort verläßt, eine etwa gleich große Gruppe verläßt den Ort im Verlauf der ersten zwei Jahre (35,9%) und 31,5% aller Wohnungslosen blieben an dem Ort ihres Wohnungsverlustes.

Ziel Sozialhilfe ist eine Hilfeleistung:

- Die zur Selbsthilfe befähigt,
- die Teilnahme am Leben in der Gemeinschaft ermöglicht und
- die Führung eines menschenwürdigen Lebens sichert (Roscher 1996:122).

Dabei sollen den Anlaß der Hilfe die benachteiligenden Umweltbedingungen[95] bilden, in denen die Hilfesuchenden leben. Die Hilfemaßnahmen sind in der Regel zeitlich limitiert, da mit der Hilfe eine Überwindung der Hilfebedürftigkeit angestrebt wird. In der Reform des BSHG 1996 wurde diese Hilfebegrenzung dahingehend verändert, „daß die Hilfe nach § 72 BSHG erst dann nicht mehr zu erbringen ist, wenn für einen konkreten Hilfebedarf nach § 72 BSHG einen Deckung durch Leistungen (und nicht durch mögliche Ansprüche) nach anderen Bestimmungen des BSHG oder des KJHG (Kinder- und Jugendhilfegesetz) gesichert ist" (Roscher 1996:122)[96].

Die Maßnahmen, die für die Erreichung des Hilfeziels als notwendig erachtet werden, umfassen:

- Die Beratung und persönliche Betreuung (§ 7 DVO zu § 72 BSHG)
- Beschaffung und Erhaltung einer Wohnung (§ 8 DVO zu § 72 BSHG)
- Erlangung und Sicherung eines Platzes im Arbeitsleben (§ 9 DVO zu § 72 BSHG)
- Ausbildung (§ 10 DVO zu § 72 BSHG)
- Hilfe zur Begegnung und zur Gestaltung der Freizeit (§ 11 DVO zu § 72 BSHG)[97]

Mit der Durchführungsverordnung des § 72 BSHG wurden umfangreiche Hilfeleistungen für wohnungslose Menschen zur Verfügung gestellt. Die persönlichen Hilfen werden in den Vordergrund gerückt. Sie sollen bei der Überwindung der sozialen Schwierigkeiten insbesondere die spezifische Situation des Einzelfalles beachten. Diese Ausrichtung an einer persönlichen Beratung und

---

[95]Nicht innere Umstände einer Person sind demnach zum Anknüpfungspunkt der Hilfe zu machen, sondern die äußeren Umstände der Hilfsbedürftigkeit. Werden die besonderen Lebensverhältnisse als individuelle Abweichung begriffen, besteht generell die Gefahr einer wertenden Zuschreibung.
[96]Absolute Zeitgrenzen, wie sie die Verwaltungsvorschriften von Sozialhilfeträgern häufig vorsehen, sind rechtswidrig. Die Dauer der Hilfe richtet sich nach dem Einzelfall und kann über mehrere Jahre zu leisten sein.
[97]Eine Erläuterung der DVO zu § 72 BSHG findet sich im Anhang.

Betreuung rückt den Hilfeempfänger mit seinen spezifischen sozialen Schwierigkeiten in den Mittelpunkt der jeweiligen Maßnahmen.

In der Praxis wird dieser Ansatz der individuellen Hilfe oft verallgemeinert. Wie Dewe/Ferchhoff u.a. dann auch bemerken, versuchen die Helfenden vielfach, die komplexe Problemlage der Klientel in Situationen hohen Handlungsdrucks zu vereinfachen, indem die Problematik des Einzelnen typisiert wird. „Dazu ziehen sie verfügbare Informationen über die Biographie und die soziale Lage des Klienten zusammen, die als typisch für den Fall gelten, weil sie in vermeintlich identischen Fällen bedeutsam waren, die für den konkreten Fall jedoch irrelevant sein können oder eine andere Gewichtung erfordert". (Dewe/Ferchhoff u.a. 1995:19). Einer solchen Reduzierung des konkreten Klienten zu einem typischen Fall sollte, der Intention des Gesetzes nach, durch eine persönliche Betreuung entgegen gewirkt werden. Dabei sind die besonderen Lebensumstände, die zu den sozialen Schwierigkeiten des Einzelnen geführt haben, als normale Schwierigkeiten zu verstehen, die durch Mangelsituationen in allen relevanten Lebensbereichen entstanden sind.[98] Im Hilfesystem wandeln sich häufig diese objektiven Merkmale einer deprivierten Lebenslage in subjektive Zuschreibungen.

Neben der Orientierung auf die individuellen sozialen Schwierigkeiten, die die Teilnahme am Leben in der Gemeinschaft behindern, impliziert die Hilfe auch koordinierende Funktionen, die ebenfalls auf den Einzelfall gerichtet sind. Dem Hilfeempfänger soll durch die Nutzung verschiedenster Einrichtungen ermöglicht werden, seine desolate Lebenslage zu überwinden. Die gesetzliche Grundlage wird hier um vernetzende Funktionen erweitert, die dem Hilfeempfänger die Ausschöpfung des, für ihn relevanten, Hilfeangebots zugänglich machen soll. Die Planung des individuellen Hilfeprozesses wird durch den re-

---

[98] Die besonderen Lebensverhältnisse werden u.a. durch einen Mangel an Arbeit, Wohnraum, persönlichen Beziehungen, an Möglichkeiten der Freiheitsentfaltung und der Wahrnehmung politischer Rechte, an sozialer Sicherung und Bildung, an für den Lebensunterhalt notwendigen monetären Mitteln und an Chancen zu einer gesundheitsbewußten Lebensweise verursacht.

formierten Gesetzestext (1996) konkretisiert. „ Zum Hilfeumfang des § 72 BSHG gehört ... die Verbindung und Koordination der Hilfen. Auch die Überwachung des Hilfeprozesses ist hier zu nennen, wenn z.b. Hilfemaßnahmen nach anderen Hilfevorschriften in den Verlauf eines Hilfeprozesses nach § 72 BSHG eingeschaltet werden wie z.b. eine Suchthilfe nach § 39 BSHG" (Roscher 1996:124).

Zudem wird die Hilfe verpflichtet, ein öffentliches Mandat für die Hilfeempfänger einzunehmen. Dieses Mandat erstreckt sich auch auf eine Rechtsverwirklichung vor Ort. Das beinhaltet, daß die persönliche Hilfe nach § 7 DVO zu § 72 BSHG verpflichtet ist, Betroffene auch bei Widerspruchsverfahren, z.B. bei Verweigerung von vollständigen Tagessätzen und anderen Leistungen der Sozialhilfe, zu unterstützen und sie an das vorhandene Rechtshilfesystem anzubinden.

Die funktionelle Ausrichtung der Hilfe durch die Hilfeziele `Befähigung zur Selbsthilfe´ und `Teilnahme am Leben in der Gemeinschaft´ bergen die Gefahr, daß den hilfebedürftigen Frauen und Männern eine Lebensgestaltung und Lebensauffassung durch die Inanspruchnahme der Hilfeleistung aufgezwungen wird, die sie gar nicht wollen. John stellt dazu fest, daß die Freiwilligkeit der Inanspruchnahme und die Selbstbestimmung der Klienten eine schwierig zu realisierende Maxime darstellt. Es sollten in den Maßnahmen gem. § 72 BSHG generell, so führt er weiter aus, keine verhaltensbeeinflussende Hilfe für Wohnungslose gegen den Willen der Betroffenen durchgeführt werden (John 1988:478).

5.2. Die Problematik der spezifischen Hilfeangebote für wohnungslose Menschen

Die Wohnungslosenhilfe ist ein klassisches Betätigungsfeld der Fürsorge bzw. Sozialpädagogik. Bis in die siebziger Jahre trugen Einstellungen und Interventionen in diesem Bereich wesentlich zu einer defizitären Sichtweise von wohnungslosen Menschen bei[99]. Die sozialpolitischen Einflußmöglichkeiten dieser spezifischen Hilfe wurden zu einer weitreichenden gesellschaftlichen Ausgrenzung genutzt. Es galt und gilt weiterhin, die resozialisierbaren Wohnungslosen durch Erziehungsmaßnahmen soweit zu normalisieren, daß sie am gesellschaftlichen Leben teilnehmen können. Wie Simmedinger dazu bemerkt, war es traditionell die Aufgabe der sozialen Arbeit, neben einer direkten Kontrolle über die persönliche Hilfe, die Bedürftigen an geltende gesellschaftliche Normen zu binden (Simmedinger 1987:64).

Für eine reflexive, standardisierte und politische Berufspraxis ist es notwendig, die gesellschaftlichen Faktoren als Arbeitsgrundlage heranzuziehen, die für ein Leben ohne eigene Unterkunft maßgeblich sind. Eine solche professionelle Wohnungslosenhilfe muß dementsprechend konzeptionell davon ausgehen, daß die Hilfesuchenden *normale* Menschen sind, deren Lebenslage nicht durch innerpersonelle Defizite bedingt wurde, sondern durch Armut und Ausgrenzung. Es gilt die Kompetenzen der Betroffenen in den Mittelpunkt des Hilfeprozesses zu stellen. Das bedeutet auch, daß sozialpädagogischen Ideal-Konzeptionen, die die wohnungslosen Menschen bevormunden und auf einen Fall reduzieren, keine bedarfsgerechte Hilfe darstellen. Wie Henke ausführt neigt die aktuelle Hilfepraxis dazu, durch vorgegebene Lebensentwürfe und begrenzte Handlungsspielräume genau das Klientel zu produzieren, das sich ihren Konzeptionen anpaßt. „Speziell für die Wohnungslosenhilfe ist noch festzuhalten, daß sich in den letzten 100 Jahren in Puncto Mitbestimmung seitens der Nutzer kaum etwas geändert hat. So hoch der Versorgungsstandard in der Wohnungslosenhilfe inzwischen ist, der Standard demokratischer Mitwirkung der Wohnungslosen ist ein frühkapitalistischer" (Henke 1997:136).

Auf diesem Hintergrund wird das von John beschriebene abwehrende Verhalten der wohnungslosen Menschen gegenüber sozialpädagogischen Methoden

---

[99] Mit den Arbeiten über Randständigkeit von Iben (1971), Hess/Mechler (1973), AK SPAK (1977), Roth (1979), Friedrich u.a. (1979) und Hess-Diebäcker (1980) fand eine sozialwissenschaftliche Bearbeitung der Lebensbedingungen statt. Die Forschungsarbeiten analysierten die soziale Ausgrenzung, relativierten Vorurteile und stigmatisierende Zuschreibungen.

und damit einhergehend die Nichtinanspruchnahme der spezifischen Hilfen verständlich. Er stellte fest, daß nur in der Minderheit der Fälle die professionellen Helfer die Not ihrer Klienten vor allem in der aktuellen ökonomischen Lage sehen, „in den meisten Fällen soll dagegen das Verhalten der Wohnungslosen durch die Kombination mit wirtschaftlicher Hilfe verändert werden" (John 1988:490).

5.2.1. Soziale Arbeit als Hilfeleistung

Die Definitionen der Sozialen Arbeit basieren in der Regel auf dem Begriff der `Hilfe´ als eine Reaktion auf sozialstrukturelle Probleme. Hilfe kann dabei nicht ohne das zugrundeliegende Problem verstanden werden, das sich wiederum durch Einflußnahme der Hilfe wandeln soll. Dabei wird von der Hilfe jeweils das Problem definiert, dessen sie sich zuwendet. Eine `Hilfebedürftigkeit´ liegt nach der Definition von Olk/Otto dann vor, „wenn eine Person mit den ihr zur Verfügung stehenden Kapazitäten und Ressourcen angesichts vorgegebener Lebensumstände ihre Bedürfnisse nicht (mehr) befriedigen kann und daher Hilfe von anderen erwartet. Als `helfen´ wird in diesem Zusammenhang ein soziales Handeln verstanden, welches sich in spezifischer Weise ausgleichend auf die Diskrepanz von Bedürfnissen und Kapazitäten bezieht" (Olk/Otto 1987:1).

Hilfe geschieht demnach, wenn ein wie auch immer geartetes Defizit in der Lebenssituation einer Person oder einer Personengruppe festgestellt wird. Die helfende Position geht davon aus, daß durch die Hilfe dieses Defizit behoben werden kann. Die Verpflichtung zur Hilfe basiert dabei auf materiellen und immateriellen Bedürftigkeiten und Notlagen und ist in die wohlfahrtsstaatliche Programmatik eingebaut. Diese Programmierung der Hilfe durch rechtliche Ansprüche hat, laut Olk/Otto, den Vorteil, daß die Hilfebedürftigen nicht als rechtlose Bittsteller auf kommunale oder karitative Leistungen angewiesen sind, „sondern einen Rechtsanspruch auf Hilfeleistungen nachweisen können, der sich auch auf die Bestimmung von Art und Umfang der Hilfe erstreckt"

(Olk/Otto 1987:6). Die Hilfeleistungen werden von spezialisierten Sozialsyste-
men durchgeführt. Charakteristisch für die Organisation dieser Sozialsysteme
sind ihre selektiven Problemwahrnehmungsbezüge auf den Grundlagen der
gesetzlichen Vorgaben. Dadurch blenden sie einen erheblichen Bereich der
lebensweltlichen Aspekte der Hilfeanwärter aus. Der rechtliche Anspruch auf
Hilfe und ihre Erwartbarkeit wird durch zusätzliche systemimmanente Faktoren
(Monetarisierung, Bürokratisierung, Juridifizierung) erschwert. Olk/Otto kritisie-
ren deshalb, daß durch die Selektionsregeln innerhalb des Hilfesystems ein
Teil des Hilfebedarfs unbeachtet bleibt (Olk/Otto 1987:6).

5.2.2. Die selektive Nichtbeachtung

Die funktionale Ausdifferenzierung von Sozialarbeit als gesellschaftliches Teil-
system, das auf Helfen, Erziehen und Normalisieren spezialisiert ist, produziert
offenbar Effekte der selektiven Nichtbeachtung. Merten/Olk werfen deshalb der
Ausdifferenzierung der Sozialarbeit „die thematische Reinigung systemspezifi-
scher Aktivitäten" vor, begünstigt durch „die Herausbildung einer eigenen
Handlungslogik, Ausblendung immer weiterer Thematiken und Relevanzen
sowie die Konzentration der Kontakte zur Umwelt auf immer enger eingegrenzte Aufmerksamkeitsbereiche" (Merten/Olk 1992:85). Dies läßt sich am
Beispiel der Wohnungslosenhilfe ablesen, die auf der Grundlage des BSHG
agiert und in der Regel nur Klienten berücksichtigt, die die gesetzlichen Voraussetzungen dieser spezifischen Hilfe erfüllen. Neben dieser strukturell bedingten Selektion findet in den Institutionen für Wohnungslose eine interne
Auswahl statt.

Die Einrichtungen der Wohnungslosenhilfe unterstellen in ihren pädagogischen
Zugriffen und Konzepten nach wie vor unreflektiert den Hilfenachfragenden
persönliche Defizite. Laut Lutz ist es notwendig, daß sich die Angebote an dem
Hilfebedarf der Betroffenen orientieren und nicht wie bisher ihr pädagogisches
oder auch therapeutisches System verfeinern. Diese Forderung von Lutz, die
dem pädagogisch-therapeutischen Mißbrauch mit der Not von wohnungslosen

128

Menschen entgegentritt, ließe sich durch Ausschöpfung der gesetzlichen Hilfen möglicherweise reduzieren (Lutz 1996:218ff). John plädiert dementsprechend dafür, die Hilfe für Wohnungslose auf die Behebung materieller Existenznöte zu reduzieren und somit diese Personen auf dem Niveau aller Armen dieser Gesellschaft zu versorgen (John 1988:475ff)[100]. Diese Forderung nach einer rein sozialrechtlichen Grundversorgung würde zwar die Erziehungsmaßnahmen des spezifischen Hilfesystems minimieren, aber auch notwendige weiterführende Unterstützungsleistungen unbeachtet lassen. Die Hilfen für wohnungslose Frauen und Männer müßten sich vielmehr dahingehend ändern, daß neben der Sicherung der materiellen Existenz eine Orientierung an den Bedürfnissen der Hilfesuchenden stattfindet.

5.2.3. Die Erweiterung von Optionen

Die Sozialarbeit sollte ihren Klienten Fähigkeiten und Kompetenzen vermitteln, die eine Erweiterung ihres Orientierungshorizonts und Handlungsrepertoirs ermöglichen. Das Ziel eines solchen emanzipatorischen Ansatzes ist die aktive Teilnahme der Klienten am gesellschaftlichen Leben.

Soziale Arbeit als Normalisierungsarbeit sollte jedoch nicht Normalität im Sinne einer nahtlosen Wiederanpassung anstreben, sondern Normalisierung als die Ermöglichung von Autonomie durch die Erweiterung von Optionen begreifen (Böllert 1995:66f) [101]. Normalisierung bedeutet in diesem Sinne nicht Normalität als bloße Anpassung an bestehende Normen, sondern die Möglichkeit eines gelingenden Alltags, der die Optionen der Betroffenen als Ausgangs-

---

[100] Diese Einschätzung von John (1988) basiert auf seiner Untersuchung des Hilfesystems. Er stellte gravierende Differenzen zwischen Hilfebedarf und Hilfeangebot fest: Die gängige Hilfegewährung des spezifischen Hilfesystems bewirkt demnach keine Aufhebung sondern eine Verfestigung der soziale Isolation und der gesellschaftliche Ausgrenzung von Wohnungslosen.

[101] Müller (1992:539) plädiert für ein pädagogisches Handeln aus Achtung. „Wenn man mit der Autonomie jeder Person ernst macht, dann kann niemand einem anderen vorschreiben, was gut für ihn ist. Eine Norm könnte also nur als moralisch begründet gelten, wenn ihr alle Beteiligten zustimmen". Der „wertmäßige Bezug auf die Achtung versagt sich der bloßen Konkretisierung in bestimmten Normen, durch die die Achtung gleichsam erfüllt und erledigt werden könnte. Normen sind relativ. Wenn man dies nicht wahrnimmt, sieht man nicht, daß es Menschen sind, die durch die Normen bestimmter Hilfsprogramme fallen" (Müller 1992:542).

punkt nutzt[102]. „Nicht `Re-Sozialisierung´ von Klienten ist das Ziel, es geht um die `Re-Organisation´ eines ausgegrenzten Lebens durch die Betroffenen zu einem weitgehend selbständig und in Würde geführtem" (Lutz 1996:218).

Eine auf den Grundlagen der gesetzlich verankerten Hilfen basierende Sozialarbeit muß ihr `Normalisierungshandeln´ an folgenden Prinzipien ausrichten:

- „Rechtsdurchsetzung und Verwirklichung bürgerlicher Freiheiten und politischer Rechte,
- Wohnraum mit der Möglichkeit des Privatlebens,
- individuelle Selbsthilfe durch Arbeit bzw. Absicherung durch das Sozialleistungssystem,
- individuelle Ausgestaltung sozialer Netzwerke,
- Bedürfnisbefriedigung über den Markt mit eigenem Geld,
- Teilhabe an Bildung, Kultur und Freizeit,
- Chance einer gesundheitsförderlichen Lebensweise" (Lutz 1996:218).

Die Maximierung von Optionen bedarf einer politischen Sozialarbeit, die sich als professionelle Hilfe versteht. In diesem Sinne ist die politische Vision der Wohnungslosenhilfe von Lutz zu verstehen. Er geht davon aus, daß im Kontext einer Innovation des Hilfesystems nicht nur unterschiedliche pädagogische Fachauffassungen diskutiert werden sollten, sondern im Wesentlichen eine Konkretisierung grundlegender Verfassungs- und Sozialrechtsnormen notwendig ist (Lutz 1996:227).

5.2.4. Professionelles Handeln

Die berufliche Spezialisierung in der Sozialarbeit verstärkt die Differenzierung zwischen Hilfesystem und Klientel. Die Sozialarbeiterin/der Sozialarbeiter beanspruchen die Rolle eines Experten, der über ein besonderes Wissen verfügt und sich somit von den Laien (den Hilfesuchenden) unterscheidet. Dieses

---

[102] Thiersch (1995:14) verweist in diesem Zusammenhang darauf, daß zur Durchsetzung von Macht bzw. Herrschaft Moral als ein Instrument genutzt und mißbraucht wird. „...die soziale Arbeit (...) ist im Zeichen des Arbeitsauftrages der Normalisierung für solche (moralische) Ideologisierungen besonders anfällig und in ihrer Willfähigkeit herrschenden Interessen gegenüber erschreckend. Die herrschende Moral ist die Moral der Herrschenden - die pädagogische Moral ist die der herrschenden Normalität".

„wissenschaftlich begründete Sonderwissen der Experten beansprucht eine höhere Rationalität und damit einen Überlegenheit gegenüber dem alltagspraktisch gewonnenen Wissen der Laien" (Merten/Olk 1992:85). Eine nicht selbstreflektive Sozialarbeit läuft Gefahr, in ihrem helfenden Handeln nicht den Angemessenheitskriterien der Klienten zu folgen, sondern höchstens den Regeln der professionellen Kunst. Die Aufgabe der Sozialarbeit sollte aber, so Schachtner, darin bestehen, durch Stabilisierungsangebote bei der Überwindung von Krisen zu helfen und Neuanfänge anzuregen. Dabei sind der Eigen-Sinn des Gegenübers zu achten, und die formulierten Bedürfnisse und Lebensvorstellungen zu respektieren (Schachtner 1994:301).

Eine solche soziale Arbeit bedarf einer grundsätzlichen Klärung der Ziele und Inhalte. Dewe/Otto weisen darauf hin, daß Sozialpädagogik sich weder durch eindeutig abgegrenzte Problemlagen bzw. Arbeitsfelder (diffuse Allzuständigkeit) noch durch einen exklusiven methodischen Zugang bestimmen läßt (Dewe/Otto 1996:4). Die verschiedenartigen Aufgaben und Praxen der Sozialpädagogik haben sich historisch entwickelt und beziehen sich in ihrem Selbstverständnis auf die jeweiligen Funktionsbereiche. Die Vielfalt dieser Tätigkeitsbereiche und eine nur schwach ausgebildete wissenschaftstheoretische Diskussion tragen zu einer diffusen Identität der Sozialpädagogik bei. Diese Diffusion wird durch den Mangel an verbindlichen Standards für den Einsatz sozialpädagogischer Fertigkeiten in der Praxis verstärkt.

Eine professionelle Hilfe muß vorrangig einen handlungsorientierten Bezugsrahmen verbindlich etablieren. Das impliziert, daß „soziale und pädagogische Dienstleistungen von Professionellen nach Maßgabe von Regeln, die pragmatische Interessen befriedigen, die in der Nachfrage seitens ihrer Klientel gestellt werden, (zu) institutionalisieren (sind) ..." (Dewe/Otto 1996:13). Eine sich als professionelle Hilfe verstehende Sozialarbeit ist gefordert, neben der Behandlung des Einzelfalls, die Berufspraxis zu reflektieren und zu standardisieren. Übertragen auf die Wohnungslosenhilfe würde eine solche professionelle Sozialarbeit auch bedeuten, daß das Klientel innerhalb des Hilfesystems mit erwartbaren sozialpädagogischen Leistungen rechnen kann.

131

5.2.5. Die Hilfebeziehung

Maas unterscheidet in einem interaktionstheoretischen Ansatz zwei Hilfebeziehungen: Die symmetrische und die asymmetrische. Gegenseitige Hilfe ist der Indikator symmetrischer Beziehungen. Diese Form der Hilfe setzt vergleichbare soziale, gesellschaftliche und wirtschaftliche Positionen von Helfer und Hilfeempfänger voraus. Dem gegenüber ist Hilfe in asymmetrischen Beziehungen eine einseitige Hilfe. Die Hilfe wird zur Fürsorge, für die eine Gegenleistung des Hilfeempfängers grundsätzlich nicht Bedingung ist. Dafür wird von dem Hilfeempfänger erwartet, seine Autonomie und Entscheidungsfreiheit ganz oder teilweise aufzugeben (Maas 1996:13f).

Diese asymmetrische Hilfebeziehung impliziert immer auch eine Definitionsmacht der Helfenden, die die Bedingungen der Hilfegewährung festlegen und damit den angenommene Hilfebedarf endgültig konstituieren[103]. Die Definition des Hilfebedarfs ist dabei nicht losgelöst von den persönlichen Erfahrungen und Einstellungen der Helfenden. Wie Kleve ausführt, kann keine Sozialarbeiterin und kein Sozialarbeiter handeln, ohne von bestimmten Vorannahmen auszugehen. Diese Vorannahmen bestimmen das Handeln und basieren in der Regel auf „allen möglichen psychologischen oder pädagogischen Annahmen und lebenspraktischen Weisheiten" (Kleve 1996:246). Daher wird als Voraussetzung für pädagogisches Handeln, so Lutz, eine dialogische Interaktion benötigt. Die zur Klärung eines Problems gebildeten Hypothesen sind als vorläufige Annahmen zu betrachten, die einseitigen Lebenserfahrungen entsprechen und mit dem Adressaten im Dialog zu reflektieren sind (Lutz 1992:407).

Diese dialogische Ausrichtung am Einzelfall entspricht zwar am ehesten den Handlungsmöglichkeiten der Sozialarbeit, sie birgt jedoch auch Untiefen. Es ist fragwürdig in wieweit eine gleichberechtigte dialogische Interaktion in dem

---

[103] Grohall/Wolff weisen in diesem Zusammenhang daraufhin, daß die Definition des Hilfebedarfs auch jeweils die Definition des Klientels einschließt. Eine Person ohne Unterkunft lebt, wird erst dann als wohnungslos definiert, wenn sie Hilfeleistungen zur Abänderung der Wohnungslosigkeit beantragt. Simmel (1958) macht diese Definitionsebene deutlich: „... nicht der persönliche Mangel macht die Armen, sondern der um des Mangels willen Unterstützte ist dem soziologischen Begriff nach erst der Arme" (Grohall/Wolff 1990:16).

Macht-Ohnmachtgefälle von professionellem Helfer und Hilfebedürftigen zustande kommt. Zudem führt die sozialarbeiterische Fixierung auf den Einzelnen
leicht zu ungerechten Schuldzuweisungen und Etikettierungen (Iben 1993:56).
Pädagogisches Handeln benötigt als Voraussetzung nicht nur eine auf Gleich-
heit beruhende dialogische Interaktion zwischen Helfer und Hilfebedürftigem,
sondern auch die Erweiterung des Blickwinkels auf die gesamtgesellschaftlichen Zwänge und Entwicklungen, die die Hilfebedürftigkeit verursacht haben.

Daß diese Reflexion der eigenen Annahmen und die Einbeziehung gesellschaftlicher Bedingungen in dem sozialarbeiterischen Handeln nur bedingt geleistet wird, hat Koch bei seiner Untersuchung über Obdachlosigkeit festgestellt (Koch1991:89ff). Dabei wurden Sozialarbeiter um eine Beurteilung der
Ursachen von Mietrückständen und einer daraus resultierenden Obdachlosigkeit gebeten. Nicht in einer mangelhaften monetären Lebenslage sahen die
professionellen Helfer die eigentliche Ursache, sondern in einem
`abweichenden Verhalten´ der Betroffenen. Koch fand heraus, daß „genau um-
gekehrt zu der unrealistisch niedrigen Bewertung der Rolle der Einkommensarmut bei der Entstehung von Obdachlosigkeit .. die Rolle von kaum objekti-
vierbaren Einstellungs- und Verhaltensabweichungen besonders hoch bewertet
wurde. Die Mehrzahl der Sozialarbeiter trägt die übliche Untergewichtung der
gesellschaftlichen gegenüber den individuellen Ursachen mit. Die alltägliche
Konfrontation mit den Betroffenen führt ... also nicht zu einer angemessenen
Problemsicht, sondern zu ... Verzerrungen" (Koch 1991:92). Er erklärt diese
verzerrte Wahrnehmung durch eine Umdefinition der Realität. Dabei spielt die
Ohnmacht der Sozialarbeit, den Wohnungsverlust von Menschen nicht verhindern zu können, ebenso einen Rolle wie die sozialarbeiterische Zuständigkeit
für den Bereich der individuellen Hilfe und der Verhaltensmodifikation. Die
Betonung von Einstellungs- und Verhaltensproblemen bei wohnungslosen
Menschen ist deshalb zum Teil auch zu erklären als ein `Zuschneiden´ der
vorgefundenen Probleme auf die eigenen Kompetenzen. „Die Sozialarbeit begründet mit der Individualisierung der Problemsicht durch die Stigmatisierung
der Betroffenen ihre eigene Zuständigkeit und rechtfertigt dadurch zugleich mit

einer gesellschaftlich akzeptierten Argumentation die anhaltende Entstehung neuer Obdachlosigkeit" (Koch 1993:93).

Diese Sichtweise gesellschaftlich produzierten Elends ist fatal. Die Sozialarbeit sieht sich immer weniger in der Lage, durch konkrete monetäre Hilfen und Wohnungsangebote die aktuelle Situation der wohnungslosen Frauen und Männer abzuändern; Sparmaßnahmen im sozialen Bereich und eine rigide Gewährungspraxis der Sozialhilfeträger machen eine positive Beeinflussung der materiellen Lebensbedingungen zu einer langwierigen und nicht selten erfolglosen Angelegenheit. Wenn eine materiellen Hilfe nicht geleistet werden kann, sollen wenigstens die erlernten pädagogischen und therapeutischen Techniken zum Einsatz kommen. Dabei ist anscheinend „daß Maß der therapeutischen und pädagogischen `Behandlung´, das dem Klienten zuteil wird, abhängig von der Marktlage insgesamt.... Offenbar kann dem Sozialarbeiter auf dem Arbeitsmarkt sein professioneller sozialpädagogischer oder sozialtherapeutischer Anspruch abgehandelt werden, so wie der Klient je nach Marktlage seine materielle Not und soziale Hilflosigkeit gegen ein ungeeignetes .. Angebot eintauschen muß" (John 1988:491f). Es scheint, als würde die Sozialarbeit weniger die rechtliche und konzeptionelle Maßnahmenebene in der Wohnungslosenhilfe als Handlungsansatz nutzen, sondern einen `heimlichen Hilfeplan´ (Geiger 1992:25) schaffen, der von den subjektiven Einschätzungen und Deutungen der Helfenden abhängt.

5.3.   Zusammenfassung

Die kommunale Hilfepraxis trägt erheblich zum Problem der Wohnungslosigkeit bei und verstärkt durch Verweigerung gesetzlich verbriefter Rechte eine Zwangsmobilität, die zu einer Verfestigung der deprivierten Lebenslage führt. Die dann sichtbaren Wohnungslosen in den Ballungsgebieten nutzen die Anonymität einer Großstadt, um nicht in der Weise stigmatisiert zu werden, wie dies in ländlichen Gebieten der Fall ist (Romaus1995:17).

Die Hilfen auf den gesetzlichen Grundlagen haben den Auftrag eine Rechts-verwirklichung und adäquate Unterstützungsmaßnahmen anzubieten. Lutz macht darauf aufmerksam, daß Armutslagen nicht nur durch eine individuelle Behandlung gelöst werden. Es sind vielmehr „Rechtsverwirklichung, organisa-torische Hilfen und Befähigungen des Betroffenen, eigene Erfahrungen und Kompetenzen gegen seine Verarmung zu aktivieren" (Lutz 1996:217). Sie stellen adäquate Unterstützungsmaßnahmen zum Bewältigen einer solchen desolaten Lebenssituation dar, und helfen den Kreislauf eines Dasein in Armut zu beenden.

Es bedarf jedoch nicht nur der Hilfen, die die Bedürfnisse der wohnungslosen Menschen in den Vordergrund rücken, sondern auch der Wahrnehmung einer politischen Position. Dieses Mandat soll genutzt werden, um auf die gesell-schaftlichen Ausgrenzungsprozesse, die Wohnungslosigkeit produzieren, auf-merksam zu machen. John fordert dementsprechend von den Hilfemaßnah-men gem § 72 BSHG, „daß umfassend gegen die Wohnungslose benachteili-genden und ausgrenzenden sozialen Bedingungen der nicht-wohnungslosen Gesellschaft einschließlich des Hilfesystems vorgegangen wird" (John 1988:477). Er verlangt ein Hilfeverständnis, das die soziale Stellung der Hilfe-bedürftigen gegenüber den gesellschaftlichen Benachteiligungen und den Helfenden stärkt:

- Ein Hilfeverständnis, das „seinen Auftrag aus den befragbaren und benenn-baren (statt manipulierbaren `wohlverstandenen´) Interessen der Betroffenen herleitet,

- ein Hilfeverständnis, das diese Interessen den verschiedenen gegenläufigen Interessen der Verwaltungen, Wohlfahrtsverbände und Einrichtungen einschl. der dort Beschäftigten gegenüberstellt und sich für das Betroffe-neninteresse entscheidet,

- ein Hilfeverständnis, das an Umsetzbarkeit und konkreter Nützlichkeit für die Betroffenen orientiert ist,

- ein Hilfeverständnis, das der festgestellten faktischen Schutz- und Rechtlo-sigkeit der Betroffenen durch eine Orientierung an Rechtsstaatlichkeit und Rechtssicherheit zu begegnen sucht und sich daher an grundlegenden Ver-fassung- und Sozialrechtsnormen orientiert" (John 1988:475).

135

Für die etablierte Sozialarbeit, die sich der wohnungslosen Frauen und Männer annimmt, ist die Bewertung von Armutslagen bzw. Wohnungslosigkeit ambivalent. In diesem Arbeitsbereich muß sie eine Doppelfunktion als Beurteiler von Bedürftigkeit und sozialer Kontrollinstanz einerseits und als Helfer und Anwalt der Armen andererseits ausfüllen.

Sozialarbeit neigt nach wie vor dazu, Randständigkeit (Wohnungslosigkeit) entsprechend der Ideologie der Leistungsgesellschaft auf individuelles Versagen zurückzuführen. Die sozialpädagogische Praxis ist darauf ausgerichtet, den Einzelfall zu beraten und zu beeinflussen, nicht aber gesellschaftliche Phänomene wie Arbeitslosigkeit, Verarmung und Wohnungslosigkeit zu bekämpfen. Der gesellschaftliche Auftrag an die Sozialarbeit impliziert `Reparaturaufgaben am einzelnen Individuum´; die Infragestellung der herrschenden Strukturen und sozialpolitischen Entscheidungen ist nicht Auftrag.

Erst in den letzten Jahren wird wieder, wie bereits Anfang der siebziger Jahre, verstärkt die Situation und die Aufgabenbereiche der Sozialarbeit im gesellschaftlichen Kontext diskutiert. Eine Umstrukturierung der sozialpädagogischen Praxis bedingt jedoch eine Klärung der Sozialpädagogik an sich. „Sozialpädagogik ist in ihren Prinzipien und Maßstäben nach wie vor ungeklärt. Das ihr zugehörige, berufliche Handeln wird als besonders belastend erfahren, aber niemand vermag überzeugend darzutun, daß die Belastung pädagogisch auch gerechtfertigt ist" (Tophoven 1992:52).

6.   Hilfen für wohnungslose Frauen

1996 existierten im Bundesgebiet 13 spezifische Frauenfachberatungsstellen. Die teil- und vollstationären Angebote für Frauen erhöhten sich von 814 Plätzen (1991) auf 1223 Plätze (1996) (Specht-Kittler 1997:147).

Die stationären Hilfeangebote unterscheiden sich zunehmend nach Altersgruppen und nach Geschlechtern. Die ambulanten Beratungsstellen erweiterten teilweise ihr Angebot um spezifische Hilfen für junge Erwachsene. Zudem hat in den letzten Jahren eine starke Trägerdifferenzierung stattgefunden. Es entstehen vermehrt Einrichtungen der Wohnungslosenhilfe in der Trägerschaft von Verbänden der freien Wohlfahrt (DPWV, AWO, Caritas), die früher keine derartigen Hilfen angeboten haben. Diese diversen segmentären Abstufungen bedingen ein enormes Anwachsen der Hilfeorganisationen, die sich mit der Wohnungslosenhilfe befassen. Während 1991 noch 388 soziale Dienste und Einrichtungen in diesem Bereich tätig waren, gab es 1995 bereits 498 Institutionen. Zwar wurde durch den Ausbau der Hilfen eine größere Versorgungsdichte erreicht, andererseits hat die Differenzierung dazu geführt, daß die Aufnahmeschwellen für Klientinnen/Klienten durch Spezialisierungen gestiegen sind. Die Kerneinheiten der Hilfen (ambulant und stationär) haben sukzessive viele der spezialisierten Funktionen ausgelagert, so daß man von einem zunehmenden Profilverlust der einzelnen Einrichtungstypen sprechen kann (Specht-Kittler 1997:147).

Simon/Hermann, die eine bundesweite Untersuchung der Standards in der Wohnungslosenhilfe durchführten, stellten bei der Auswertung der Daten fest, „daß es sich bei den Einrichtungen um Gebilde handelt, die sich in ihren Konzeptionen und Standards weitreichend unterscheiden" (Simon/Hermann 1996:59).

6.1.   Fragestellung und methodisches Vorgehen

Die hier dargestellte Untersuchung der Hilfeangebote (ambulante, teilstationäre, stationäre) für wohnungslose Frauen im Bundesgebiet basiert auf einer schriftlichen Befragung. 43 Fragebögen wurden an Einrichtungen der Wohnungslosenhilfe, deren Angebote von betroffenen Frauen und Männer genutzt werden können, gesandt. Die Auswahl der angeschriebenen Hilfeangebote war schwierig, da kein umfassende Aufstellung über Anzahl/Funktion der Einrichtungen vorliegt. Es wurden daher Institutionen angeschrieben, die sich auf Tagungen der BAG-WH (1994,1995,1996) als kompetent für wohnungslose

137

Frauen dargestellt haben[104]. Der Rücklauf betrug 31 Fragebögen. An spezifische Einrichtungen der Wohnungslosenhilfe für Frauen erfolgte die Versendung von 30 Fragebögen. Der Rücklauf umfaßte 14 Fragebögen[105].

Die Fragebögen, die jeweils die spezifische Ausrichtung der Institutionen (Angebote für Frauen und Männer; Angebote für Frauen) berücksichtigten, enthielten standardisierte und offene Fragen[106]. Der Rücklauf aus den neuen Bundesländern war sehr gering (2 Fragebögen)[107].

Die Daten und Einschätzungen der befragten Einrichtungen wurden durch informelle Gespräche (Expertengespräche) mit Mitarbeiterinnen und Mitarbeitern in sechs Einrichtungen der Wohnungslosenhilfe untermauert[108].

In Kenntnis, daß die Angebote der Hilfeanbieter in der Wohnungslosenhilfe variieren, wurden sowohl die spezifischen Aufgaben der Einrichtungen als auch die berufliche Qualifikation der dort Tätigen erfragt. Die Fragen zu den Hilfeangeboten und zum Klientel erfolgten nicht unter besonderen Stichpunkten sondern in einer chronologischen Reihenfolge, die nach den statistischen Angaben (Anzahl der Klienten, etc.) auf die Beratungsangebote eingingen.

---

[104] Eine schriftliche Anfrage, betreffend der Anzahl und Funktionen der Hilfeeinrichtungen bei den zuständigen Ministerien/Senatsverwaltungen der Bundesländer ergab lediglich, daß diesen Behörden keine vollständigen Angaben über die Institutionen der Wohnungslosenhilfe vorliegen.
[105] Zwei Einrichtungen existierten nicht mehr. Drei Einrichtungen teilten mit, daß sie, entgegen anders lautenden Informationen des Staatsministeriums für Arbeit und Sozialordnung, Familie, Frauen und Gesundheit des Freistaats Bayern, nur wohnungslose Männer beraten und betreuen.
[106] Der Fragebogen für die gemischtgeschlechtlichen Angebote umfaßte 12 Seiten, der für die frauenspezifischen Angebote 13 Seiten. Die Konzeption der Fragebögen wurde von der Beratungsstelle für empirische Methoden und Statistik (Herr Dr. Sievers) beratend begleitet. Die standardisierten Fragen hatten eine Gewichtungsskala von - sehr häufig, häufig, weniger häufig, selten, nie - , die der jeweiligen Einrichtung eine differenzierte Beantwortung ermöglichen sollte. Die offenen Fragen hatten vertiefenden Charakter bzw. sahen die Mitteilung spezifischer Inhalte vor, die nicht standardisiert werden konnten. Zudem gaben diese offenen Fragen Raum für persönliche Gewichtungen und Anmerkungen. Die Fragebögen befinden sich in der Anlage.
[107] Auf ein Hilfeangebot in den neuen Bundesländern wird in einem Exkurs eingegangen. Auch in der Untersuchung von Simon/Hermann (1996) war die Resonanz aus den neuen Bundesländern gering. Während 220 Institutionen aus den alten Bundesländern an der Erhebung teilnahmen, konnten nur Daten von 5 Einrichtungen in den neuen Ländern einbezogen werden. Die Autoren gehen davon aus, daß das Hilfesystem auf dem Gebiet der früheren DDR weitaus geringer als im Westen auf das Merkmal 'wohnungslos' ausgerichtet ist.
[108] Von einigen Einrichtungen liegen Jahresberichte und andere Dokumentationen vor, die in die Darstellung der Hilfeangebote einbezogen werden.

Neben der Erfassung von personenbezogenen Daten der Hilfesuchenden fanden die Einschätzungen der Hilfeanbieter zentrale Beachtung. In diesem Rahmen wurden sowohl die Beratungs- und Betreuungsinhalte als auch das Verhalten der wohnungslosen Frauen erfragt. Einen weiteren Schwerpunkt stellten die Fragen nach der Vernetzung der Hilfeangebote und die Wahrnehmung des politischen Mandats dar.

In den Fragebögen für die gemischtgeschlechtlichen Hilfeangebote erfolgte eine Differenzierung der Fragen nach Frauen und Männern[109]. Für die spezifischen Einrichtungen wurde bei den standardisieren Fragen teilweise eine Untergliederung zwischen `wohnungslosen Frauen´ und `von Wohnungslosigkeit bedrohten Frauen´ vorgenommen. Zudem erfolgte die Nachfrage ob auch Jugendliche bzw. junge Erwachsenen die Hilfeangebote nutzen.

Die befragten Institutionen richteten die Hilfeleistungen an den Rahmenbedingungen des § 72 BSHG aus.

Folgende Hypothesen waren für den Untersuchungsansatz leitend:

1. Die Frauen, die eine Einrichtung der Wohnungslosenhilfe aufsuchen, wollen neben einer Grundversorgung insbesondere die Vermittlung in einen eigenen Wohnraum.
2. Die Frauen entstammen den unteren sozialen Milieus. Die Beratungs- und Betreuungsinhalte der Hilfeanbieter beachten diese soziale Herkunft zu wenig.
3. Die Kompetenzen der hilfesuchenden Frauen werden in der gängigen Beratung/Betreuung nicht gefördert.
4. Vernetzungsaufgaben werden von den Hilfeanbietern nur ungenügend geleistet.
5. Die Hilfeangebote nehmen nur marginal ihr politisches Mandat wahr.
6. Die gesellschaftliche Ausgrenzung von wohnungslosen Frauen wird durch die Hilfen nicht aufgehoben.
7. Viele wohnungslose Frauen brechen den Hilfeprozeß ab, wenn die vorhandenen sozialen Schwierigkeiten nicht in der Beratung/Betreuung thematisiert werden können.

---

[109] Sehr wenige statistische Daten lieferte die Frage, inwiefern Paare die Einrichtung nutzen. 27 der 31 geschlechtsunspezifischen Hilfeangebote wurden von Paaren aufgesucht. In 8 der 14 Einrichtungen für wohnungslose Frauen könnten männliche Partner, auf Wunsch der Frauen, an einer Beratung teilnehmen. Über die Anzahl der Paare wurden keine Angaben gemacht.

6.2.   Auswertung

6.2.1.   Das Klientel

In der Erhebung wurden spezifische sozio-demographische Daten über das Alter, die Bildungs- und Berufsabschlüsse und über die finanzielle Lebensabsicherung vor der Wohnungslosigkeit erfragt. Die nachfolgenden Ergebnisse basieren auf den Angaben der 45 untersuchten Einrichtungen und stützen sich auf die Daten von 3012 wohnungslosen Frauen (1995).

6.2.1.1.   Altersverteilung:[110]

1. Die Hilfeangebote (31 Einrichtungen) für männliche und weibliche wohnungslose Menschen gaben bei gesamt 10341 Personen -1995- (davon 15,7% Frauen) folgende Altersverteilung an:

- Die überwiegende Anzahl der Frauen war zwischen 21 und 45 Jahren alt, wobei die 31 bis 45jährigen Frauen stärker vertreten waren als die 21-30jährigen. Der hohe Anteil der 31- 45jährigen Frauen liegt sicherlich auch darin begründet, daß der überwiegende Teil der befragten Einrichtungen (87 %) von Paaren aufgesucht werden. Der Anteil der Frauen über 45 Jahren war höher als der, der unter 21jährigen, die diese Hilfeangebote nur fragmentarisch nutzten.

- 17 der befragten Einrichtungen bestätigten eine Zunahme von jüngeren Menschen (bis 30 Jahre), 10 Einrichtungen gaben die Altersentwicklung als seit Jahren gleichbleibend an und 4 registrierten einen Anstieg von älteren Personen (über 45 Jahre).

2. Die spezifischen Hilfeangebote (14 Einrichtungen) für Frauen gaben bei 2390 Personen -1995- folgende Altersverteilung an:

- Der überwiegende Teil der hilfesuchenden Frauen war 21- 30 Jahre alt. Die spezifischen Angebote wurden von Frauen zwischen 31-45 Jahren als

---

[110] Die Personenzahlen für 1995 (N= 12731) können nur als Anhaltswert gelten. Die statistischen Daten der Einrichtungen fußen auf keiner einheitlichen Erhebungsbasis (einige Einrichtungen zählen die Personen einmal jährlich; andere Einrichtungen zählen jeden Wiedereintritt, d.h. wenn eine Person die Hilfemaßnahme im März abgebrochen hat und im November erneut die Institution aufsucht wird sie zweimal gezählt).

zweitstärkste Gruppe und von den unter 21jährigen Frauen als drittstärkste Gruppe aufgesucht. Die älteren Frauen über 45 Jahren hingegen sind in diesen Einrichtungen wenig präsent.

- Von den befragten spezifischen Hilfeangeboten für Frauen gaben 10 Einrichtungen an, daß der Anteil von jüngeren Klientinnen zunimmt (bis 30 Jahre). Jeweils 2 Einrichtungen stellten eine gleichbleibende Altersverteilung bzw. das vermehrte Auftreten von älteren Klientinnen (über 45 Jahren) fest. Während über 70 % der frauenspezifischen Angebote eine Verjüngung ihres Klientel angaben, wurde dieses nur von knapp 55% der geschlechtsgemischten Hilfeeinrichtungen bestätigt.

Die Untersuchungen von Ruhstrat (1991)[111] in Niedersachsen, der BSU (1994) [112] in Baden-Württemberg und Evers/Ruhstrat (1995)[113] in Schleswig-Holstein stellen eine deutliche Verjüngung des weiblichen Klientels im geschlechtsunspezifischen Hilfesystem fest. Eine breite Streuung der Altersverteilung wird im spezifischen Hilfesystem für wohnungslose Frauen registriert. Die bundesweite Untersuchung von Geiger/Steinert, die alleinstehende Frauen ohne Wohnung in vier Großstädten und im ländlichen Bereich (exemplarisch) analysierte, kommt zu dem Ergebnis, daß „zwei Spitzen auszumachen (sind), die zum einen bei den unter 30jährigen Frauen und zum anderen bei den über 50jährigen Frauen liegen" (Steinert 1991: 55)[114]. Bremer/Romaus, denen die Situation al-

---

[111] Die Untersuchung von Ruhstrat basiert auf der Erfassung von 1775 männlichen und 116 weiblichen Wohnungslosen laut § 4 DVO zu § 72 BSHG, die der Administration bekannt waren und sich in ambulanten oder stationären Einrichtungen innerhalb einer Erhebungswoche (1989) aufhielten.

[112] Die Untersuchung in Baden-Württemberg befaßt sich mit wohnungslosen Personen gem. § 4 DVO zu § 72 BSHG. `Nichtseßhafte´ werden in den baden-württembergischen Sozialhilferichtlinien von anderen alleinstehenden Wohnungslosen abgegrenzt. „Als Nichtseßhaft gilt hier nicht, wer die Unterkunft erst in den letzten Monaten verloren hat ... oder aus dem Strafvollzug oder sonstigen Einrichtungen ohne Unterkunft worden ist und vor der Aufnahme in eine Einrichtung einen festen Wohnsitz hatte"(BSU 1993:9). Die gewonnenen Daten basieren auf Angaben des Hilfesystems innerhalb einer Erhebungswoche (1992). Es wurden 7180 Wohnungslose erfaßt, der Anteil der Frauen betrug 11,3%. Ca. die Hälfte aller erfaßten Frauen war jünger als 35 Jahre.

[113] Das spezifische Hilfesystem in Schleswig-Holstein registrierte innerhalb einer Woche (1993) die, die Wohnungslosenhilfe aussuchenden Menschen. Dabei wurde ein Frauenanteil von 10,6 % (N= 1480) ermittelt. Rund drei Viertel (77,8%) aller wohnungslosen Frauen waren jünger als 35 Jahre.

[114] Geiger/Steinert differenzieren in ihrer Untersuchung zwischen manifest und latent wohnungslosen alleinstehenden Frauen. „Manifeste Wohnungslosigkeit meint Formen offensichtlicher und vom Hilfe- und Kontrollsystem wahrgenommener Wohnungslosigkeit. Latente Wohnungslosigkeit meint Formen einer verdeckten Wohnungslosigkeit wie prekäre Wohnverhältnisse in mietrechtlich ungeschützten Arbeitgeberunterkünften oder anderen Unterkünften, mit denen sich ein hohes Maß an persönlicher Abhängigkeit verbindet" (Steinert 1991: 36).

leinstehender wohnungsloser Frauen in München als Untersuchungsgrundlage diente, ermitteln eine überproportionale Betroffenheit von Frauen bis 39 Jahren (von N=323 waren 51% jünger als 30 Jahre, 29 % zwischen 30 und 39 Jahren und 20% über 40 Jahre alt)[115]. Diese Altersverteilung wird auch von Riege[116] in Mönchengladbach festgestellt. Die stärkste Häufung ergab sich hier im jüngeren und mittleren Altersbereich; von 99 waren 35 Frauen zwischen 18-25 Jahren, 44 Frauen zwischen 26-40 Jahren und 20 Frauen älter als 41 Jahre (Riege 1993: 65ff). Romaus stellt dagegen bei einer Bestandsaufnahme der auf der Straße lebenden, Obdachlosen in München fest, daß in der Altersstruktur eine besondere Betroffenheit der älteren Jahrgänge zu verzeichnen ist. Von 548 obdachlosen Personen (knapp 13 % Frauen) waren rund drei Viertel zwischen 30 und 59 Jahren alt; erstaunlich hoch mit 11,4 % erscheint in dieser Studie der `Seniorenanteil´ (60+Jahre) (Romaus 1995:6).

6.2.1.2. Schul- und Berufsabschlüsse

Der überwiegende Teil der Frauen in den gemischtgeschlechtlichen Einrichtungen verfügte (*sehr häufig bis häufig*) über einen Hauptschulabschluß, hatte jedoch keine abgeschlossene Berufsausbildung und war auch nicht berufstätig. Demgegenüber gaben diese Einrichtungen an, daß die männlichen Klienten bei gleicher Schulqualifikation *sehr häufig bis häufig* über eine abgeschlossene Berufsausbildung verfügen[117].

---

[115] Die Zielgruppe von Bremer/Romaus waren alleinstehende wohnungslose Frauen: „Alleinstehend bedeutet ohne männlichen Partner, nicht ohne Kinder. Wohnungslos heißt, das diese Frauen keine eigene, persönliche Wohnung haben, sondern `untergebracht´ sind, nur zu einem geringen Teil `auf der Straße´ oder auf persönlichen Beziehungen beruhenden prekären Wohnverhältnissen leben" (Bremer/Romaus1990:10).
[116] Die Daten von Riege (1993) beziehen sich auf 100 betroffenen Frauen, für im Lauf eines Jahres (01.05.91-30.04.92) eine zentrale Beratungsstelle für Frauen aufsuchten.
[117] Die Studie von Bremer/Romaus stellte bei den wohnungslosen Frauen eine durch Haupt- und Sonderschule (64% und 7%) dominierte Schulbildung fest. Die Hälfte der Hauptschülerinnen hatten diese auch abgeschlossen. 22% der Frauen verfügten über einen weiterführenden Schulabschluß. Der überwiegende Teil der Frauen (56%) hatte keine Berufsausbildung. Vor Eintritt der Wohnungslosigkeit waren 29% der Frauen in vorwiegend `festen´ Arbeitsstellen beschäftigt; 34 % in vorwiegend geringfügigen und 20% hatten eine gebrochene Erwerbsbiographie (Bremer/Romaus 1990:77). Ähnlichen Daten wurden auch in BSU-Studie (1993:37ff) aus Baden-Württemberg und der Untersuchung in Schleswig-Holstein (Evers/Ruhstrat 1994:216) festgestellt.

142

In den spezifischen Angeboten für weibliche Wohnungslose hatten *sehr häufig bis häufig* die Frauen keine abgeschlossene Schul- und Berufsausbildung und waren nicht berufstätig[118].

6.2.1.3. Finanzielle Absicherung

Die Ergebnisse der Untersuchung über die Sicherung des Lebensunterhalts vor dem Verlust der Wohnung verweisen auf eine monetär abhängige Existenz der Frauen. Eine deutlich höhere Anzahl von Frauen war (im Gegensatz zu Männern) nach Angaben der befragten gemischtgeschlechtlichen und spezifischen Einrichtungen vor der Wohnungslosigkeit *sehr häufig bis häufig* auf Leistungen der Sozialhilfe angewiesen. Danach rangierte die Sicherung des Lebensunterhalt durch Verwandte und Angehörige. Deutlich weniger Nennungen erfolgten bezüglich der Transferleistungen des Arbeitsamtes[119].

Bei der überwiegenden Anzahl der Frauen, die die befragten Einrichtungen aufsuchten, wurde der Wohnungsverlust *sehr häufig bis häufig* durch fehlende eigene Mietverträge und etwas geringer durch eine Trennung bzw. Scheidung bedingt. In den spezifischen Einrichtungen für wohnungslose Frauen befindet sich zudem ein erheblichen Anteil von Klientinnen, die nach der Entlassung aus stationären Institutionen über keinen eigenen Wohnraum verfügen. Da Wohnungslosigkeit nach Beendigung einer stationären Maßnahme jedoch auch bei den Männern in den gemischtgeschlechtlichen Einrichtungen bemerkt

---

[118] Auch aus den Daten der BSU wird die geringe Erwerbstätigkeit von Frauen vor dem Verlust der Wohnung deutlich. Nur knapp ein Viertel der Frauen war erwerbstätig und hatte ein regelmäßiges Einkommen, 30,6% der Frauen bezogen Sozialhilfe (BSU 1993:63ff).

[119] Die Daten der befragten gemischtgeschlechtlichen Einrichtungen beinhalteten auch Angaben zur Sicherung des Lebensunterhalt von männlichen Klienten. Dabei zeigte sich deutlich, daß die Absicherung des Lebensunterhalts von Männern über eine Berufstätigkeit erfolgt. Der überwiegende Teil der wohnungslosen Männer bezug vor dem Verlust der eigenen Unterkunft *sehr häufig bis häufig* Leistungen des Arbeitsamtes, deutlich weniger bestritten ihren Lebensunterhalt durch eigene Berufstätigkeit oder Sozialhilfe. Die Versorgung durch Verwandte/Angehörige fand *selten oder nie* statt. Der Verlust der Wohnung beruhte bei den männlichen Klienten vorrangig auf einer Trennung bzw. Scheidung. Weiter scheint bei Männern eine Wohnungslosigkeit eher infolge einer Zwangsräumung aufgrund von Mietschulden, durch Kündigung des Vermieters und nach Entlassung aus stationärer Unterbringung einzutreten. Persönlich abhängige Mietverhältnisse (kein eigener Mietvertrag) spielten dagegen nur eine untergeordnete Rolle.

wird, kann hier nicht von einer überwiegenden Frauenbetroffenheit ausgegangen werden.

6.2.2. Die Helfenden

Die Mehrheit der Beschäftigten in den befragten Einrichtungen verfügte über eine Ausbildung als Sozialpädagogen/Sozialarbeiter[120].

Simon/Hermann stellten in ihrer Untersuchung fest, daß unterschiedliche Qualifikationsprofile analog der jeweiligen Einrichtungstypen vorhanden sind. Nach den Ergebnissen dieser Studie, die auch Verwaltungsfachkräfte etc. einbezog, verfügten 55,7% der Tätigen in ambulanten Einrichtungen über eine sozialpädagogische oder psychologische Ausbildung. In den teilstationären und stationären Hilfeangeboten hatte nur eine Minderheit (43,8 % bzw. 27,4%) aller Beschäftigten eine pädagogisch-psychologische Fachqualifikation (Simon/ Hermann 1996: 65ff). Der überdurchschnittliche Ausbildungsstand, der in der eigenen Befragung sichtbar wird, muß demnach aus dem hohen Anteil der Daten aus den ambulanten Angebote resultieren.

In den gemischtgeschlechtlichen Einrichtungen herrschte eine paritätische Besetzung vor. Neben dem sozialpädagogisch ausgebildeten Personal bestanden, je nach Angebot (stationär, ambulant), Beschäftigungsverhältnisse mit anderweitig ausgebildeten Personen (z.B. Diakone, Erzieherinnen, Haushälterinnen etc.). In den spezifischen Einrichtungen für Frauen arbeiteten auch ehrenamtliche Helferinnen mit.

Nur knapp ein Drittel der Mitarbeiterinnen und Mitarbeiter verfügte über eine spezielle Qualifikation für die Arbeit mit Wohnungslosen (z.B. Schwerpunkt im Studium). Die Mehrzahl der SozialpädagogInnen in den untersuchten Institutionen nahm einmal im Jahr an Lehrgängen/ Fachtagungen oder innerbetriebli-

---

[120] Die Angaben über die Mitarbeiterinnen/Mitarbeiter basieren auf folgender Datengrundlage: In den Einrichtungen für wohnungslose Frauen und Männer waren 148 Personen beschäftigt (Frauen: 30 in Vollzeit/ 47 in Teilzeit; Männer 52 in Vollzeit/ 19 in Teilzeit). In den Einrichtungen für wohnungslose Frauen waren 54 Frauen beschäftigt (41 in Vollzeit/ 13 in Teilzeit). Der Anteil der sozialarbeiterisch Ausgebildeten betrug annähernd 70%.

chen Fortbildungen teil. Zwei Drittel der Beschäftigten nutzten relativ regelmäßig (häufiger als alle 3-4 Monate) Fachberatungen/Supervisionen als Refle-
xionsmöglichkeiten. Insgesamt scheint die Fortbildungsbereitschaft der MitarbeiterInnen in den spezifischen Hilfeangeboten gering zu sein. Auf diesem
Hintergrund wird im Folgenden zu beachten sein, in wieweit die von Maelicke
geäußerte Forderung, nach der die handelnden Fachkräfte in der sozialen Arbeit sich selbst auf der Grundlage konzeptioneller, inhaltlicher und methodischer Standards kontrollieren sollten (Maelicke 1987:15f), in der Wohnungslosenhilfe realisiert wird.

6.2.3. Einrichtungstypen

In den gemischtgeschlechtlichen Einrichtungen fragten vorwiegend alleinstehende Männer um Hilfe nach. Deutlich weniger Hilfeanfragen erfolgten dagegen von alleinstehenden Frauen und Paaren. Selten bis nie suchten alleinerziehende Frauen mit Kindern, junge Erwachsene und Jugendliche[121], die von
einem Wohnungsverlust bedroht sind, diese Einrichtungen auf.

Die frauenspezifischen Hilfemaßnahmen wurden auch von alleinstehenden
Frauen, bei denen die Gefahr eines Unterkunftsverlustes besteht, aufgesucht.
In diesen Institutionen fragten zudem mehr junge weibliche Erwachsene um
Hilfe als in den gemischtgeschlechtlichen Einrichtungen.

Für alleinerziehende Frauen mit Kindern und Jugendliche, die von einem Wohnungsverlust bedroht sind, waren beide Hilfeangebote gleich unattraktiv.

Der überwiegende Teil der befragten Einrichtungen betreute sowohl obdachlose (§ 2 DVO zu § 72 BSHG) als auch nichtseßhafte Personen (§ 4 DVO zu §
72 BSHG)[122]. Dreizehn Hilfeangebote standen nur für sogenannte nichtseßhafte Personen offen. Acht Einrichtungen gaben an, daß auch ausländische

---

[121] Junge Erwachsene bzw. junge Volljährige können nach den Kinder- und Jugendhilfegesetz ab dem 01.01.95 weiterreichende Hilfen in Anspruch nehmen, wie dieses durch den
§ 72 BSHG möglich ist.
[122] Je nach Aufgabenbereich der Hilfeangebote erfolgt eine Finanzierung über den überörtlichen oder den kommunalen Sozialhilfeträger.

Mitbürgerinnen und Mitbürger die Stelle aufsuchen. Zwei Institutionen boten außerdem Hilfen gem. § 39 BSHG[123] an, eine hatte zusätzlich die Funktion einer Jugendschutzstelle[124]. Präventive Maßnahmen zur Vermeidung eines Wohnungsverlustes nahmen drei Hilfeanbietern in Kooperation mit der jeweiligen Kommune wahr.

In der Untersuchung wurden erfaßt:

Anzahl	Einrichtungen für wohnungslose Frauen und Männer	Anzahl	Einrichtungen für wohnungslose Frauen
15	Beratungsstellen	3	Beratungsstellen
4	Tagestreff/Wärmestube	1	Stationäre Einrichtung
2	Tagestreff/Beratungsstelle	3	Tagestreff/Beratungsstelle
3	Streetwork/Wärmestube/ Beratungsstelle	1	Tagestreff/ Übernachtungsmöglichkeit
3	Streetwork/Tagestreff/ Beratungsstelle/ Übergangswohnbereich/stationärer Bereich	1	Streetwork/ Frauencafe/ Beratungsstelle/ stationärer Bereich
1	Streetwork/Tagestreff	1	Streetwork/Tagestreff
1	Tagestreff/Beratungsstelle/ Übergangswohnbereich	1	Übergangswohnbereich
1	Beratungsstelle/ Übergangswohnbereich	1	Beratungsstelle/ stationärer Bereich
1	Beratungsstelle/Übernachtungsstelle (kommunales Obdach)	1	Übergangswohnbereich/ stationärer Bereich

Die meisten der untersuchten Einrichtungen waren einem kirchlichen Träger (u.a. Sozialdienst katholischer Frauen, Diakonie, Kirchenkreise) angegliedert; zehn Hilfeangebote befanden sich in freier bzw. in kommunaler Trägerschaft.

Der Aufgabenbereich der Institutionen umfaßte das gesamte Spektrum von ambulanten bis zu stationären Angeboten. Einzelne Hilfeangebote verfügen über ein geschlossenes System von Streetwork, Tagestreff, Beratungsstelle, Übernachtungsbereich bis hin zu einer stationären Unterbringung.

---

[123] Der § 39 BSHG beinhaltet eingliedernde Hilfen. Eingliederungshilfe ist Personen zu gewähren, die nicht nur vorübergehend körperlich, geistig oder seelisch behindert sind. Personen mit einer anderen körperlichen, geistigen oder seelischen Behinderung *kann* sie gewährt werden. Die Hilfe zielt auf die Schaffung von Möglichkeiten, die dem Einzelfall (Behinderten) zu einer Eingliederung in die Gesellschaft verhilft (BSHG 1996:434ff).
[124] Diese Jugendschutzstelle wird insbesondere für Jugendliche tätig, die vom Grenzschutz beim Übertritt ins Ausland aufgegriffen wurden. Die Funktion der Stelle besteht darin, die Jugendlichen an die zuständigen Jugendämter zu vermitteln.

Da eine differenzierte Beschreibung der Funktionsvielfalt einzelner Einrichtungen nur bedingt zu einer Klärung der strukturellen Hilfebedingungen führt, erfolgt eine exemplarische Darstellung der niedrigschwelligen, ambulanten und stationären Hilfeangebote für Frauen[125].

6.2.3.1. Niedrigschwellige Angebote

Ein Teil der wohnungslosen Frauen kommt nicht mit dem ambulanten und stationären Hilfesystem in Kontakt. Das derzeitige Hilfeangebot können oder wollen diese Frauen nicht nutzen. Die Zugangsvoraussetzungen dieser `hochschwelligen´ Hilfen grenzen z.B. Frauen, heterosexuelle Paare oder auch wohnungslose Personen mit einem Haustier (Hund) aus. Für diese Personen sollten aufsuchende Hilfen (Streetwork) bereitgestellt werden, die dieses Klientel an niedrigschwellige Hilfeangebote (Tagestreffs, Wärmestuben) anbinden (BSU 1993:209).

Die Methode der Straßensozialarbeit[126] bietet eine Chance der Kontaktaufnahme zu wohnungslosen Frauen und Männern in ihrer Lebenswelt. Bodenmüller sieht in dieser aufsuchenden Form der Hilfe einen Voraussetzung um gerade Mädchen und Frauen, die von den sozialpädagogischen Institutionen vielfach enttäuscht wurden, eine bedarfsgerechte Beratung und Betreuung anbieten zu können. Nur durch das `Vorwagen´ in die Lebenswelt , d.h. eine

---

[125] In der Darstellung der einzelner Hilfemöglichkeiten für wohnungslose Frauen wird jeweils eine spezifische Einrichtung nur für Frauen und ein gemischtgeschlechtliches Hilfeangebot skizziert.

[126] Streetwork wurde in den zwanziger Jahren als Zugangsmöglichkeit in der Arbeit mit jugendlichen Straßenbanden in der USA entwickelt. Seit den siebziger Jahren wird diese Methode der sozialen Arbeit in der BRD auch im Bereich der Wohnungslosenhilfe partiell eingesetzt. Degen (1995:83) macht darauf aufmerksam, daß der Ruf nach Streetwork meist dann erfolgt, wenn Problemlagen mit ordnungsrechtlichen Mitteln und Methoden nicht, oder nicht mehr, zu beheben sind. Steffan (1989:187f) sieht die für diese Arbeit notwendigen Qualitäten und Qualifikationen der Streetworkerin/des Streetworkers insbesondere in Bemühungen einen lebensweltorientierten Ansatz zu verwirklichen. „Der Streetworker muß seine Bemühungen zunächst darauf konzentrieren, im lebensweltlichen Milieu akzeptiert zu werden", sie/er hat dabei „die Rolle eines Lernenden einzunehmen", dazu muß die Bereitschaft vorhanden sein „am lebensweltlichen Alltag teilzunehmen" und die Grundorientierung vorhanden sein, „zu lernen, nichts zu wollen". Diese Abwendung von einer intervenierenden sozialen Arbeit fällt, so führt Steffan (1989:187) weiter aus, den Sozialpädagogen oftmals schwer.

'aufsuchende Arbeit' im Milieu könnten Konzeptionen entwickelt werden, die wirkliche Hilfen für diese Frauen darstellen (Bodenmüller 1995:123f).

Von den untersuchten Einrichtungen hatten fünf Angebote diesen Ansatz der aufsuchenden Hilfen. Tagestreffs, Wärmestuben, Teestuben sollen als niedrigschwellige Angebote Hilfen zur Befriedigung der fundamentalen Bedürfnisse von wohnungslosen Personen bereitstellen[127]. Die Installation von niedrigschwelligen Hilfen wurde in den vergangenen Jahren auf kommunaler Ebene vorangetrieben. Während Anfang der neunziger Jahre diese Einrichtungsform vorwiegend in den Ballungsgebieten zu finden war, bestehen heute solche Angebote auch in kleineren Städten (z.B. Northeim).

Ein solches niedrigschwelliges Hilfeangebot soll sich laut Uhrig an den klassischen Mangellagen der wohnungslosen Menschen orientieren. Er nennt hier u.a.:

• eine fehlende Unterkunft
• unzureichende Ernährung
• mangelhafte medizinische Versorgung
• eingeschränkte Körperhygiene (Uhrig 1997:141f).

Die niedrigschwelligen Hilfeangebote müssen auf der Basis folgender Grundsätze arbeiten:

• daß keinerlei Vorbedingungen betreffend einer Verhaltensänderung gestellt werden,
• die Hilfe an der unmittelbaren Befriedigung eines existentiellen Bedarfs orientiert ist,
• daß die Ablehnung des Hilfeangebotes keinerlei Sanktionen nach sich zieht, d.h. auf Freiwilligkeit beruht,
• daß die Wünsche der Betroffenen die Ausgestaltung der Hilfe bestimmen und nicht die pädagogischen Ziele,
• daß die Hilfe entweder an einem Ort geschieht, an denen sich wohnungslose Personen tatsächlich aufhalten, oder in Räumen, die nahe an diesen Or-

---

[127] Da diese Tagestreffs auch für obdachlose Personen der jeweiligen Kommune (neben den nichtseßhaften Personen) zur Verfügung stehen sollen, erfolgt in der Regel eine Finanzierung zu 50% durch die Kommune und zu 50% durch den überörtlichen Sozialhilfeträger.

ten liegen und so gestaltet sind, daß den Wohnungslosen das Hineingehen als verlockend oder wenigstens als unproblematisch erscheint,

- eine erlebbare menschliche Ansprache und Zuwendung als Kontrast zu den üblichen Erfahrungen von Ausgrenzung und Ablehnung,
- daß wohnungslosen Personen an andere spezialisierte Einrichtungen im Hilfesystem schnell und effizient vermittelt werden (Uhrig 1997:144).

Eine an diesen Standards orientierte Hilfe hat hauptsächlich versorgende und vermittelnde Funktionen. In der Praxis existieren unterschiedliche Modelle der niedrigschwelligen Hilfeangebote.

I. Ein Tagesaufenthalt für Frauen

Wandt, die seit mehreren Jahren in einer Teestube für Frauen in München tätig ist, sieht in der Schaffung einer angenehmen Innenausstattung mit Wohnzimmercharakter und der Möglichkeit die Grundbedürfnisse zu erfüllen (kochen, waschen, duschen) die Voraussetzungen für ein bedarfsgerechtes niedrigschwelliges Angebot für weibliche Wohnungslose. Sie verweist darauf, daß sich in diesem Rahmen die Hilfen an den Wünschen und Bedürfnissen der Frauen orientieren sollen und nicht an dem Hilfeverständnis der Betreuenden. Zudem, so führt Wandt weiter aus, muß ein niedrigschwelliges Hilfeangebot für die Nutzerin preiswert und erreichbar (zentrale Lage) sein.

Als bedarfsgerechte Hilfemaßnahme schlägt die Autorin ein Modell vor, das mehrere Angebote integriert. Die genannten niedrigschwelligen Hilfen sollten um eine medizinische Erstversorgung und um Übernachtungs- bzw. Wohnmöglichkeiten erweitert werden. Eine solches Hilfeangebot muß 24 Stunden am Tag für hilfesuchende Frauen offenstehen. Im gesamten Zeitraum ist die Anwesenheit einer qualifizierte Ansprechpartnerin zwingend, um gegebenenfalls den Frauen adäquate Hilfen anbieten zu können (Wandt 1995:241).

Über spezifische Zugangsregeln (z.B. eine Hausordnung) macht die Autorin keine Angaben.

II. Ein Tagesaufenthalt für Frauen und Männer

Die Arbeitsgruppe der Berliner Wohnungslosentagesstätten -AGBW- definiert die Niedrigschwelligkeit der Wohnungslosentagesstätten (Wotas) vorrangig darüber, daß die Besucherinnen und Besucher sich dort für einen Teil des Tages (4 Stunden) in einer „entspannten und zwanglosen Atmosphäre aufhalten und sich für einige Stunden von dem kräftezehrenden Leben auf der Straße zurückziehen und ausruhen (können)" (AGBW 1997:63).

Als Mindestanforderung, um die Einrichtung nutzen zu können, müssen sich die wohnungslosen Personen an eine Hausordnung halten. Diese Nutzungsvorschriften umfassen den Umgang mit Alkohol und anderen Drogen sowie das Verbot von physischen und psychischen Formen der Gewaltausübung. Die Autoren begründen die Hausordnung mit der Notwendigkeit, „einerseits den BesucherInnen einen `geschützten´ Raum zu bieten und andererseits sozialpädagogisches Arbeiten zu ermöglichen" (AGBW 1997:63).

Bei Einhaltung der Hausordnung können die wohnungslosen Frauen und Männer das `Serviceangebot´ des Hilfeangebots nutzen. Dieses Serviceangebot umfaßt u.a. die Befriedigung der Grundbedürfnisse (z.B. Ausgabe von belegten Brote und Kaffee, Duschmöglichkeiten, Kleiderwäsche, Kleidungsausgabe) sowie die Bereitstellung von Gesellschaftsspielen und Zeitschriften.

Die Annahme des niedrigschwelligen Angebots beruht auf Freiwilligkeit. Die Autoren weisen diesbezüglich nachdrücklich daraufhin, daß auch Klientinnen/Klienten die ihre Situation durch Beratung nicht abändern wollen und in ihrer momentanen Situation verharren „weder Vorwürfe noch Sanktionen zu befürchten (haben)" (AGBW 1997:64).

6.2.3.2. Ambulante Hilfen/ Beratungsstellen

Die Initiierung von ambulanten Beratungsangebote für wohnungslose Menschen entwickelte sich in den siebziger Jahren aus der Kritik an der stationären Hilfe. Eine strikte Abgrenzung der ambulanten Hilfen von den stationären Einrichtungen wird von Holtmannspötter (1977) vertreten: „Die Beratungsstelle (wird) oft als Belegungsinstrument der stationären Hilfe begriffen und als taktisches Kalkül im Rahmen einer Strategie gegen die Nichtseßhaftigkeit, die es systematischer als bisher unter Kontrolle zu bringen gilt. Wenn dies das zentrale Verständnis von einer .. Beratungsstelle ist, das letzten Endes nur einen instrumentellen Charakter hätte, indem es die Betroffenen und die Helfenwollenden in ein System zwingt, mehr dem einwegigen wenn-dann-Mechanismus einer Konstruktion vertrauend als der komplexen, sozialen Vollzugsmöglichkeiten individueller Existenz, dann würde man wahrscheinlich nur eine Änderung der Symptomatik der Nichtseßhaftigkeit erreichen" (Wolf 1989:74). Hier wird von der ambulanten Beratung die Abwendung von einem System gefordert, das sich an Kontrolle und Macht ausrichtet. Demgegenüber wird das Prinzip einer feldbezogenen Arbeit favorisiert, daß auf die aktive Einmischung in Lebensfelder mit dem Ziel ausgerichtet ist, die dort stattfindenden komplexen Handlungsvollzüge zu erkennen und sie im Sinn einer Hilfegestaltung zu beeinflussen. Neben einem aktiven Handeln der Beratungsstellen ist dazu die Kooperation und Koordination mit anderen Institutionen notwendig.

Wolf sieht die grundlegenden Positionen einer ambulanten Beratung in dem Kriterium der Normalisierung und Integration (Wolf 1989:75). Eine solche integrative Hilfe hat am Recht und an der Durchsetzung von Rechtsansprüchen anzusetzen und muß gemeinde- und ortsnah verwirklicht werden. Das beinhaltet, daß die ambulante Hilfe ein sozialpolitisches Mandat einzunehmen hat, um vor Ort die Verwirklichung der rechtlichen Grundlagen nach dem BSHG voranzutreiben. Diese Orientierung auf ein gemeindenahes Hilfeangebot impliziert darüber hinaus auch präventive und vernetzende Funktionen.

Das Grundsatzprogramm der Bundesarbeitsgemeinschaft (1985) fordert von den Beratungsstellen, die Hilfen als ein offenes Beratungs- und Dienstleistungsangebot für wohnungslose Menschen zu gestalten und darüber hinaus als infrastruktureller Bestandteil kommunaler Sozialarbeit und -politik sozialplanerisch mitzuwirken (BAG-NH 1987:13). Maeliche/Simmedinger sehen ebenfalls die grundsätzliche Zuständigkeit der ambulanten Beratungsangebote bei der Ausgestaltung der konkreten Hilfen im kommunalen Bereich. „Hier ist die Chance am größten, in den realen individuellen und gesellschaftlichen Lebenszusammenhängen neue, andere Verhältnisse herzustellen, mit neuen Gestaltungsmöglichkeiten und Perspektiven für die Betroffenen. Hier kann auch am ehesten Betroffenheit und Mitverantwortung von anderen Bürgern oder Gruppen erzielt werden" (Maelicke/Simmedinger 1987:23). Die ambulanten Beratungsstellen müßten folgende Grundsätze beachten, um eine effektive Hilfeleistung für die wohnungslosen Personen zu gewährleisten:

- Der Ausgangspunkt der Hilfen muß auf dem § 72 BSHG beruhen. Die Hilfen sollten dabei nach folgenden Grundsätzen gestaltet werden:

  „a) sie orientieren sich in Form, Maß und Dauer nach den Bedürfnissen der Hilfesuchenden; b) ihre Inanspruchnahme beruht auf Freiwilligkeit; c) sie werden ganzheitlich angeboten, d.h. zur Behebung der .. sozialen Schwierigkeiten wird umfassende materielle und persönliche Hilfe geleistet; d) sie werden durchgehend angeboten, d.h. sie schließen Prophylaxe und Nachsorge mit ein" (Maelicke/Simmedinger 1987:14).

- Es muß sichergestellt werden, daß jeder Hilfesuchende persönliche Hilfe in Anspruch nehmen kann,

- die Gewährung materieller und persönlicher Hilfe ist personell und organisatorisch zu trennen,

- für Hilfesuchende, die einer medizinischen Versorgung bedürfen, müssen problemgerechte Behandlungsmöglichkeiten initiiert werden,

- die Integration der Hilfesuchenden in die normalen Freizeitbereiche ist zu fördern. Es sind hier Hilfeformen zu entwickeln, die auf einer Zusammenarbeit mit interessierten Bürgern (Ehrenamtlichkeit) und Vereinen beruhen und das soziale Umfeld einbeziehen,

- die ambulanten Hilfen sollten durch Schaffung spezieller Angebote auch den Personengruppen der wohnungslosen Frauen, Stadtstreicher, jungen Erwachsenen und Ausländern einen Zutritt zu den Hilfen ermöglichen,

- sowohl bei der Schaffung von Arbeitsgelegenheiten als auch im kommunalen Wohnungsbereich muß die Beratungsstelle aktiv und im Interesse ihres Klientels mitwirken,

- die Koordinierung der ambulanten Angebote mit anderen sozialen Diensten vor Ort, im Hinblick auf präventive Maßnahmen zur Vermeidung von Wohnungslosigkeit, muß verstärkt werden (Maelicke/Simmedinger 1987:4ff).

Ein flächendeckendes Beratungsangebot für wohnungslose Menschen existiert nicht. Lediglich in Baden-Württemberg, Nordrhein-Westfalen, Niedersachsen und Hessen wurden durch landesrechtliche Erlasse ambulante Hilfen bzw. Beratungsstellen auch in den ländlichen Bereichen eingerichtet. In den Großstädten (z.b. München, Hamburg, Berlin) erfolgte ebenfalls die Installation ambulante Hilfeangebote. In einigen Bundesländern wird die Beratung und persönliche Betreuung gem. § 72 BSHG von unspezifischen sozialen Diensten neben anderen Aufgabenbereichen (z.b. Schuldnerberatung, ASD) übernommen.

Im existierenden ambulanten Hilfesystem finden sich unterschiedlichste Zielsetzungen, Ausstattungen, Lokalisierungen und Konzeptionen. Wolf weist darauf hin, daß es eine nicht mehr überschaubare, noch weniger einheitlich zu beschreibende Anzahl von Beratungsstellen gibt. Das Ziel eines professionellen Hilfesystems, ausgerichtet an fachlichen Maßstäben, wurde nicht erreicht. Es existieren zwar Grundpositionen, aber keine für eine einheitliche Verwirklichung notwendigen differenzierten Standards (Wolf 1989:76) [128].

Eine halbwegs homogene Gestaltung der Hilfeangebote ist dabei scheinbar auch nicht durch landesrechtliche Vorgaben, wie z.b. in Niedersachsen oder Baden-Württemberg, zu erreichen. Die BSU-Studie weist in diesem Kontext auf das heterogene Rollenverständnis der ambulanten Hilfen in Baden-Württemberg hin. Es „reicht von einer Zentralen Beratungsstelle mit einem breiten Rollenverständnis über Beratungsstellen, die sich nur für einen Teil der alleinstehenden Wohnungslosen zuständig sehen und auch nur begrenzte Dienste anbieten bis zur Fachberatungsstelle, die ausschließlich die Beratung im Einzelfall übernimmt" (BSU 1993:207).

I.   Ein ambulantes Hilfeangebot für Frauen

Ein von Dupont beschriebenes Beratungsangebot für Frauen in Hannover arbeitet auf der Basis des § 72 BSHG. Neben den Hilfen zur Überwindung von

---

[128] Lediglich in Niedersachsen existiert zwischen dem Sozialministerium und den Fachverbänden eine Vereinbarung über die zu erbringenden Hilfeleistungen (Haunschild 1984:4f). Die dort ausgehandelten Standards der Hilfe (personelle Besetzung, Ausstattung der Räume, Aufgabenbereiche) lassen jedoch einen nicht unerheblichen Spielraum für Träger- bzw. Einzelinteressen zu.

sozialen Schwierigkeiten, die die Teilnahme am Leben in der Gemeinschaft behindern, sollen die Frauen durch die Beratung gefördert werden, selbstverantwortlich zu handeln. „Sie müssen angeregt und ermutigt werden, sich mit ihrer Person und ihren Möglichkeiten auseinanderzusetzen, sich zu artikulieren, Handlungsalternativen für sich zu entwickeln und umzusetzen" (Dupont 1993:144).

Da es für Frauen so die Autorin in der Regel schwierig ist, sich auf einen Beratungsprozeß einzulassen, muß das Angebot so gestaltet werden, daß die latent oder manifest wohnungslosen Frauen Zugang finden können. Bei besonderen Problemen der Frauen (Sucht, Gewalterfahrungen, etc.) übernimmt die Beratungsstelle eine vermittelnde und stabilisierende Funktion und verweist die Frauen an die spezifischen Dienste. Das vordringliche Ziel einer ambulanten Hilfe für Frauen liegt in der Verbesserung der Lebenslage und der Erweiterung der Handlungsspielräume der Klientinnen. „`Selbstbestimmung´ und `Mitbestimmung´ sollen als leitende Werte für die Arbeit in einer Beratungsstelle eine zentrale Bedeutung haben" (Dupont 1993:144). Die Beratungssituation muß dadurch bestimmt werden, daß die hilfesuchende Frau in ihrer jeweiligen Situation akzeptiert wird, und die Auswahl von Hilfeleistungen sich an ihren Bedürfnissen, Wünschen und Schwierigkeiten orientieren.

Das Hilfeangebot für Frauen sollte einen Raum darstellen, der nicht von Männern dominiert wird. Wenn eine Klientin eine Partnerberatung wünscht, ist das durch eine Terminabsprache möglich. Neben der Unterbringung von Frauen in Hotels oder Pensionen besteht in Hannover die Möglichkeit eines mehr oder weniger befristeten Aufenthalts in einer stationären Einrichtung.

II.   Ein ambulantes Hilfeangebot für Frauen und Männer

Die Hilfen für wohnungslose Frauen in Esslingen werden durch eine Fachberatungsstelle geleistet. Dieses ambulante Hilfeangebot steht sowohl Frauen als auch Männern offen. Die Beratungsstelle ist 4 Tage in der Woche für jeweils 3 Stunden geöffnet.

Neben der Beratung und persönlichen Betreuung gem. § 72 BSHG wird von der Fachberatung die Gewährung und Auszahlung von Sozialhilfeleistungen vorgenommen. Die formalen Zugangsbedingungen fußen dementsprechend auf der sozialrechtlichen `Bedürftigkeitsdefinition´ (ist als Nichtseßhafte mittellos umhergezogen und möchte seßhaft werden). Neben der Klärung der momentanen Lebenssituation erfolgt in dieser Beratungsstelle die Feststellung des Sozialhilfebedarfs der hilfesuchenden Frau und eine erste Auszahlung von materiellen Hilfen.

Da keine spezifischen Einrichtungen bzw. Wohnräume für Frauen vorhanden sind, wird eine Unterbringung in Hotels oder Pensionen, in einem Berberdorf oder auch im städtischen Obdach für Männer angeboten[129]. Die persönliche Betreuung strebt eine gemeinsame Aufarbeitung der innerpersonellen Schwierigkeiten der Klientinnen an. Ziel dieser Hilfeleistung ist, nach Lösung der individuellen Problematik, die gesellschaftliche Integration.

Während die Abklärung des materiellen Hilfebedarfs in Hannover von dem jeweiligen Sozialhilfeträger vorgenommen wird, erfolgt in Esslingen die Gewährung und Auszahlung von Sozialhilfeleistungen durch die Fachberatungsstelle[130]. Diese Doppelfunktion als helfende und gewährende Institution erscheint problematisch. Einerseits behindert die Übernahme von Aufgaben des Sozialhilfeträgers die Durchsetzung von sozialpolitischen Forderungen (Rechtsverwirklichung gem. § 72 BSHG) vor Ort, andererseits sind innerpersonelle Rollenkonflikte zwischen beratenden, sozialpädagogischen Funktionen und denen einer Sozialhilfesachbearbeitung vorprogrammiert.

---

[129] In Esslingen wurde die Möglichkeiten einer Unterkunft Anfang der neunziger Jahre durch die Errichtung eines Berberdorfes am Neckarufer erweitert. Dieses Dorf besteht aus einfachen Holzhütten und Zelten, die Bewohner (hauptsächlich Männer) werden ideal und finanziell (Spendenaktionen) durch die Fachberatungsstelle unterstützt.

[130] Wie in der BSU-Studie (1993:208) ermittelt, zahlen derzeit 50% der Fachberatungsstellen in Baden-Württemberg Sozialhilfe aus.

155

6.2.3.3. Stationäre Einrichtungen

In den letzten Jahren wurden verstärkt stationäre und teilstationäre Einrichtungen für wohnungslose Frauen installiert. Gerade in den Ballungsgebieten entstanden Frauenpensionen, Frauenübernachtungsstellen, Frauenwohngruppen etc. als teilstationäre oder stationäre Hilfeangebote. Daneben erweiterten die traditionellen stationären Institutionen ihr Hilfespektrum um Frauenplätze[131].

Einige dieser Einrichtungen, die als Arbeiterkolonie oder als Naturalienverpflegungsstation (für `Wanderer´) im 19.Jahrhundert gegründet wurden, bemühen sich um die Eingliederung von wohnungslosen Frauen. Diese Institutionen, die meist in ländlichen Gebieten angesiedelt sind, initiieren in der Regel ein geschlossenes Gemeinwesen. Die ehemalige Arbeiterkolonie `Herzogsägmühle´ bezeichnet sich heute als `Sozialdorf´, in dem 800 Menschen vorübergehend oder auch dauerhaft leben können[132]. Die Institution betreut neben wohnungslosen Personen auch Jugendliche und Kinder, Menschen mit Suchtproblemen, Alte und Pflegebedürftige sowie Menschen mit intellektuellen, seelischen und körperlichen Handicaps. Die Philosophie der Einrichtung ist seit der Gründung als Kolpinghaus unverändert an christlichen Maximen ausgerichtet (Endisch u.a. 1995:51ff). Innerhalb des Sozialdorfes werden für wohnungslose Personen alle Hilfen gem. BSHG erbracht. Dieses institutionelle Gemeinwesen schafft, so die Autoren, durch niedrigschwellige Angebote eine Integration und eine berufliche Eingliederung, die in einem normalen kommunalen Rahmen nicht oder nur bedingt geleistet werden kann. Die persönlichen Hilfen für wohnungslose Frauen werden durch `Frauenfachkräften´ gewährleistet, die mit den Betroffenen Lebensperspektiven entwickeln und ihre Handlungsfähigkeiten erweitern (Endisch u.a. 1995:64)[133].

---

[131]Die stationären Einrichtungen finanzieren die Unterbringung der wohnungslosen Personen durch Pflegesätze, die von den überörtlichen Sozialhilfeträgern übernommen werden.
[132] Die Größe der stationären Einrichtungen variiert. Die hier vorgestellt Institution in Bayern bildet mit ihrer Platzkapazität eher die Ausnahme. Die in der BSU-Studie (1993:130) erfaßten stationären Einrichtungen in Baden-Württemberg verfügten in der Mehrzahl über weniger als 30 Plätze. Lediglich 6 Hilfeangebote (10,5%) konnten über 100 wohnungslose Personen aufnehmen.
[133] Ob diese `Fachenfachkräfte´ über eine qualifizierte pädagogische oder psychologische Ausbildung oder über spezifische Kenntnisse der Problematik wohnungsloser Frauen verfügen, wird von den Autoren nicht erläutert.

In dieser und anderen stationären Institutionen wird die Wohnfähigkeit durch ein gestaffeltes Angebot von Übernachtungs- zu Übergangs- und letztendlich zu Dauerwohnplätzen geprüft. Einen permanenten Wohnraum erhält die Hilfesuchende/der Hilfesuchende nach einer Bewährungszeit, deren Dauer u.a. von der Respektierung der jeweiligen Hausordnung und dem Einfügen in den vorgegebenen Rahmen abhängig ist. Die Nutzungsvorschriften, die in der Regel ohne die Beteiligung der Bewohnerinnen und Bewohner erstellt werden, regulieren vor allem die formale Ordnung und Sauberkeit im Haus. Sie formalisieren darüber hinaus die Kontakte mit der Außenwelt, verbieten den Genuß von Alkohol und drohen einen Sanktionskatalog an, der Geldbußen und letztendlich einen Hausverweis enthält (John 1988:133).

Nicht nur das Leben in diesen Einrichtungen wird reglementiert. Viele Hilfesuchende scheitern bereits an den Aufnahmebeschränkungen. Von den 57 befragten stationären Einrichtungen der BSU-Studie nahmen etwas mehr als die Hälfte wohnungslose Personen beiderlei Geschlechts auf. 40% der Hilfeangebote waren ausschließlich Männern und 9,1 % nur Frauen vorbehalten[134].

Die Inanspruchnahme der stationären Hilfeangebote unterlag folgenden Aufnahmebeschränkungen (neben der Geschlechtszugehörigkeit):

- keine Pflegebedürftigkeit
- keine Mitnahme von Haustieren
- altersspezifische Einschränkungen
- keine wohnungslosen Paare, die als Paar wohnen wollen
- keine psychisch Kranken
- keine Behinderten
- keine Suchtkranken
- keine wiederholte Aufnahme
- kein Alkoholgenuß (BSU 1993:131ff)

---

[134] Die fünf frauenspezifischen Angebote verteilten sich auf zwei Landkreise in Baden-Württemberg. In Mannheim gab es eine, in Stuttgart vier Einrichtungen.

Einschränkungen der Aufnahme werden darüber hinaus durch die Verknüpfung von Unterkunft und der gleichzeitigen Aufnahme einer Therapie bzw. einer Beschäftigung vorgegeben (BSU 1993:133).

Die angebotenen Arbeitsverhältnisse in den stationären Einrichtungen unterliegen nur teilweise einer sozialversicherungs- oder arbeitsrechtlichen Absicherung. Beim Verlassen der Institutionen haben die ArbeiterInnen häufig, trotz jahrelanger Tätigkeit, keinerlei Anspruch auf Leistungen des Arbeitsamtes und sind weiter auf Sozialhilfe angewiesen. Schmidtke bezeichnet daher die stationären Einrichtungen der Wohnungslosenhilfe als totale Institutionen, in denen die Armut der Bewohner nur verwaltet nicht aber beseitigt wird. „Damit kann das Anstaltsrecht an Stelle der sozialen und bürgerlichen Grundrechte treten. Stationäre Einrichtungen institutionalisieren die Rechtlosigkeit ihrer Bewohner" (Schmidtke 1982:442).

Diese Anwendung des Anstaltsrechts wird u.a. in den Zugangsregelungen deutlich. Wie in der BSU-Studie dokumentiert, regulieren nahezu ein Drittel der dort befragten stationären Einrichtungen den Zu- und Abgang der Bewohner. „Neben der häufig praktizierten Regelung, den Zu- bzw. Abgang über eine Pforte zu reglementieren, existieren in den Einrichtungen weitere Maßnahmen, die den Zutritt und das Verlassen ordnen (z.B. durch feste Hausschußzeiten)" (BSU 1993:137).

I.   Ein Übernachtungsangebot für Frauen

Ein in die Untersuchung einbezogenes, frauenspezifische Angebot ist als Frauenübernachtungsstelle konzipiert[135]. Diese Einrichtung begreift sich als Hilfemaßnahme für wohnungslose Frauen, die diese akute Notlage nicht aus

---

[135] Dieses frauenspezifische Angebot wurde am 01.11.1994 als erste Frauenübernachtungsstelle (FÜS) in einem ehemaligen Ausländerwohnheim in Dortmund eröffnet. Träger ist das Diakonische Werk. Die Einrichtung wird zu 100% durch die Stadt Dortmund finanziert. Die Anrechnung von Pflegesätzen erfolgt nicht. Die Darstellung der formalen Zugangsbedingungen sind z. T. dem Jahresbericht 1995 entnommen. In der Übernachtungsstelle werden keine Paare aufgenommen und es finden auch keine Gespräche mit den männlichen Partnern der Frauen statt.

eigenen Kräften beseitigen können. Die angestrebte Zielgruppe des Übernachtungsangebots sind alleinstehende Frauen und Frauen mit Kindern. Unterkunft wird volljährigen, mittel- und unterkunftslosen Frauen gewährt. Die Dauer des Aufenthalts ist nicht befristet; es ist jedoch prinzipiell eine vorübergehende Unterbringung vorgesehen. In dieser Einrichtung können 25 Frauen, davon 4 Frauen mit Kind aufgenommen werden. Die Unterbringung erfolgt in Zweibettzimmern. Frauen mit Kind/ Kindern erhalten ein gemeinsames Zimmer.

Die Übernachtungsstelle kann Klientinnen, die keine Möglichkeit haben kurzfristig Hilfe durch das Sozialamt zu bekommen, eine geringe materielle Notversorgung neben Bekleidung und Hygieneartikel zur Verfügung stellen. Als weiteres Hilfeangebot wird ein Beratungsgespräch (Erstgespräch) geleistet, das zur Abklärung der aktuellen Notlage der Frauen dient. Nach Klärung des Bedarfs erfolgen Hinweise über Sozialhilfeleistungen und andere spezielle Hilfeangebote. Die Frauenübernachtungsstelle ist Teil einer stationären Einrichtung und bemüht sich nach Abklärung des Bedarfs, die betreffenden Klientinnen u.a. an diesen Bereich zu vermitteln.

Die Institution bietet keine tagesstrukturierenden Maßnahmen (Gruppen- und Freizeitangebote) an. Die Klientinnen sollen in dem geschützten Raum dieses Hilfeangebots die Möglichkeit erhalten, ein weitgehend selbstbestimmtes und eigenverantwortliches Leben zu führen[136]. Der Aufenthalt wird dabei von der bedingungslosen Anerkennung einer Hausordnung abhängig gemacht. Bei wiederholten Regelverstößen ergeht ein Hausverweis. „Bei Alkoholmißbrauch gilt ... die Regel, daß der nachgewiesene Gebrauch bzw. das Mitbringen von Alkohol zum Hausverbot führt, welches zeitlich begrenzt, mit unter auch auf unbestimmte Zeit ausgesprochen werden kann. Beim nachgewiesenen Gebrauch von Drogen oder bei Gewaltanwendung wird generell ein Hausverbot erteilt" (Jahresbericht der Frauenübernachtungsstelle 1996:6). Die Reglementierungen dieser Übernachtungsstelle scheinen erheblich zu sein, da einerseits nur wenige Frauen, die ohne Unterkunft auf der Straße leben, dieses Angebot

---

[136] Die Frauenübernachtungsstelle hat einen Pfortendienst, d. h. es gibt bestimmte Ab- und Zugangszeiten, die von den untergebrachten Frauen eingehalten werden müssen.

annehmen und knapp die Hälfte (44,1%) aller hilfesuchenden Frauen (und Kinder) die Einrichtung nach 1-3 Tage verließen. Innerhalb von 14 Tagen brachen über 80% der Klientinnen den Hilfeprozeß ab (Jahresbericht der Frauenübernachtungsstelle 1996:7).

II. Ein stationäres Angebot für Frauen innerhalb einer geschlechtsgemischten Einrichtung

Eine im Rahmen dieser Arbeit besuchte stationäre Einrichtung für wohnungslose Frauen gem. § 4 DVO zu § 72 BSHG erhebt einen täglichen Pflegesatz von DM 87,50. Die Frauen sind in Mehrbettzimmern untergebracht, können eine kleine Teeküche nutzen oder sich voll versorgen lassen und erhalten zur freien Verfügung ein geringes Taschengeld.

Die stationäre Unterbringung erfolgt nach einigen Tagen im Übernachtungsbereich. Diese Übernachtungsmöglichkeit ist zeitlich begrenzt[137]. Falls die Frauen sich nach Ablauf des befristeten Aufenthalts (in der Regel 3 Tage) entschließen weitere Hilfen in Anspruch zu nehmen, erfolgt eine Unterbringung im Aufnahmeheim[138]. In diesem Bereich erhalten die Bewohnerinnen ein geringes tägliches Taschengeld (1994 DM 5.-) und Vollverpflegung. In einer ersten Betreuungsphase werden zusammen mit der Bewohnerin Vorstellungen und Aussichten abgeklärt. Es wird eine grundsätzliche Bereitschaft zur Mitwirkung gefordert, später die Mitarbeit in einem der verschiedenen Arbeitsbereiche[139], die

---

[137] Diese Institution für wohnungslose Frauen (separater Frauenbereich) und Männer in Lörrach beherbergt eine ambulante Fachberatung, eine Übernachtungsstelle und eine stationäre Einheit (32 Plätze) mit Aufnahmeheim, Eingliederungsbereich sowie Nachsorge bzw. Nachbetreuung in Wohngruppen und eigenem Wohnraum. Die ambulante Fachberatung ist für die Hilfe gem. § 72 BSHG im Landkreis Lörrach zuständig und hat zudem 1994 die städtische Notübernachtungsstelle der Stadt Lörrach übernommen.
[138] Die Zimmer in dieser Einrichtung waren mit Gebrauchtmöbeln (Betten, Schränke, Tisch mit Stühlen) eingerichtet und wurden wenigstens von drei Frauen bewohnt (pro Person ca. 5 m²). Neben den Mehrbettzimmern gab es eine kleine Küche und einen Gemeinschaftsraum, den die Frauen nutzen konnten. Auch hier entsprach weder das Mobiliar noch die Raumgestaltung der Atmosphäre einer gemütlichen Wohnung.
[139] In einem Teil der Einrichtungen wird der unbefristete Aufenthalt mit der Aufnahme einer Tätigkeit in hauseigenen Werkstätten oder angeschlossenen Bereichen (Werkhöfe etc.) abhängig gemacht. Die angebotenen Arbeiten in den stationären Einrichtungen ähnelt denen der Behindertenwerkstätten. Es werden hauptsächlich einfach manuelle Auftragsarbeiten für gewerbliche Unternehmen ausgeführt. Die Bezahlung für diese Tätigkeiten liegt in der Regel bei einem Stundenlohn unter DM 2,50.

Teilnahme an Gruppen- und Einzelgesprächen u.a.m.. In dieser Phase werden zudem bestehende Ansprüche verfolgt, eine medizinische Behandlung ermöglicht und persönliche Schwierigkeiten und Probleme thematisiert. Falls eine Vermittlung in andere Einrichtungen nicht angezeigt ist, und die Bewohnerin weiterhin in der Institution bleiben möchte, erfolgt nach ca. 6 Wochen die Entscheidung über eine Aufnahme in den Eingliederungsbereich.

In diesen Eingliederungsbereich gelangen nur diejenigen Frauen, die bereit sind, weiter an ihrer persönlichen Situation zu arbeiten. Eine gewisse Eigenverantwortung und -initiative wird gefördert und erwartet. In diesem Bereich besteht auch die Möglichkeit für Paare ein gemeinsames Zimmer zu erhalten. Die Aufnahme in dem Dauerwohnbereich ist dabei nur marginal von der Notwendigkeit einer Hilfemaßnahme abhängig; andere hausinterne Faktoren, wie z.b. das Respektieren der Hausordnung und die Forderungen durch Kooperation und Aufnahme einer Tätigkeit an der individuellen Situation zu arbeiten, sind ausschlaggebend [140]. Eine längerfristige Wohnmöglichkeit hängt in dieser Einrichtung, analog zu anderen stationären Hilfeangeboten, von den Wohlverhalten der einzelnen Frau ab.

6.2.3.4. Zusammenfassung

Nicht nur die landesrechtlichen Regelungen und deren Ausgestaltung sowie die konkrete Leistungsgewährung vor Ort ist uneinheitlich, auch die jeweiligen Hilfeangebote können nicht unter einem allgemein gültigen Termini subsumiert werden: Niedrigschwellige Angebote (Wärmestuben etc.) gleichen sich in ihren Konzeptionen ebensowenig wie ambulante Beratungsstellen, teilstationäre oder stationäre Einrichtungen. Die hilfesuchende, wohnungslose Person kann in keinem Fall allgemeingültige Strukturen und Standards erwarten.

Einen gemeinsamen Nenner der niedrigschwelligen Hilfeangebote stellt lediglich die Möglichkeit der Befriedigung von Grundbedürfnissen dar. Alle weiteren

---

[140] Einige Angaben wurde der Publikation von Ruf (Hg.) 1994: Zehn Jahre Ernst-Reisch-Haus Lörrach entnommen.

Hilfen scheinen willkürlich auf den jeweiligen Interessen der Hilfeanbieter zu beruhen. Im Gegensatz zu Wandt, die von der Maxime ausgeht, daß sozial-pädagogische Initiativen nur eine Berechtigung haben, wenn sie von den Frauen gewünscht werden, wird in dem Berliner Modell (Wotas) der Zugang zu dem Angebot reglementiert, um sozialpädagogisch arbeiten zu können.

Das Hilfeangebot der ambulanten Hilfen/Beratungsstellen wird durch die Hochschwelligkeit geprägt. Die hilfesuchende Frau ist in diesen Einrichtungen gefordert, sich den Strukturen zu fügen und auf einen Beratungsprozeß einzulassen. Die strukturellen Bedingungen und die angebotenen Hilfen variieren je nach Zielsetzung der Einrichtung. Horn hat in ihrer Hamburger Untersuchung festgestellt, daß 73,5 % der wohnungslosen Menschen noch nie in einer Beratungsstelle um Hilfen nachgefragt haben. Sie erklärt die Nichtinanspruchnahme der ambulanten Hilfen mit den Schwellenängsten der hilfesuchenden Menschen. Zudem existiert, so führt die Autorin aus, ein großes Informationsdefizit; die ambulanten Hilfeangebote sind dem Gros der befragten Frauen und Männern nicht bekannt (Horn1992:76ff).

Die stationären Einrichtungen für wohnungslose Frauen bieten Hilfen in einem stark reglementierten Rahmen an. Nur bei der Anerkennung der disziplinierenden Strukturen und Maßnahmen werden dauerhafte Hilfeleistungen erbracht. Die Angebote orientieren sich nicht an dem Bedarf der Frauen, sondern selektieren vielmehr die Bedürfnisse und somit die Frauen heraus, die sich dem jeweiligen Reglement unterordnen.

6.2.4. Beratungs- und Betreuungsangebote

Die Kontaktaufnahme des Klientels zu den Hilfeangeboten erfolgte bei den geschlechtsunspezifischen Einrichtungen *sehr häufig bis häufig* durch die Vermittlung von Bekannten/Familie, andere Beratungsstellen oder das Sozialamt. *Weniger häufig bis nie* wurde eine Verbindung durch das Wohnungsamt und stationäre Einrichtungen hergestellt.

Zu den Einrichtungen für wohnungslose Frauen wurde der Kontakt *sehr häufig bis häufig* nach dem Besuch anderer Beratungsstellen aufgenommen. Das Klientel suchte die Hilfeangebote *weniger häufig bis selten* durch Vermittlung durch Bekannte/Familie, das Sozialamt oder stationäre Einrichtungen auf. Die Kontaktaufnahme durch den Partner oder das Wohnungsamt erfolgte *selten bis nie.*

6.2.4.1. Inhalte der spezifischen Angebote

Die Fragen nach den Beratungs- bzw. Betreuungsinhalten basierten auf den § 6-11DVO zu § 72 BSHG. Die vorgegebenen Inhalte (z.B. Grundversorgung mit Sozialhilfe und Unterkunft, Rechtsberatung) der Hilfen sollten analog des Bedarfs in einer Häufigkeitsabstufung angegeben werden.

Die nachfolgende Darstellung der Hilfeleistungen ist nach der Anzahl der Nennungen geordnet[141].

	Frauen in gemischtgeschlechtlichen Hilfeangeboten *Beratungs- bzw. Betreuungsinhalte sehr häufig bis häufig*	Frauen in spezifischen Einrichtungen für weibliche Wohnungslose *Beratungs- bzw. Betreuungsinhalte sehr häufig bis häufig*	Männer in gemischtgeschlechtlichen Hilfeangeboten *Beratungs- bzw. Betreuungsinhalte sehr häufig bis häufig*
1	Beratung und Betreuung in persönlichen Belangen	Beratung und Betreuung in persönlichen Belangen	Grundversorgung Sozialhilfe, Unterbringung
2	Beratung/Hilfe bei amtlichen Schreiben/Schriftverkehr	Grundversorgung Sozialhilfe, Unterbringung	Beratung/Hilfe bei amtlichen Schreiben/Schriftverkehr
3	Grundversorgung Sozialhilfe, Unterbringung	Unterstützung bei der Wohnungssuche	Unterstützung bei der Wohnungssuche
4	Unterstützung bei der Wohnungssuche	Beratung und Hilfe bei amtlichen Schreiben/ Schriftverkehr	Hilfe bei der Durchsetzung von Rechtsansprüchen
5	Koordination der verschiedenen Hilfen	Rechtsberatung, Hilfe bei Amtsgängen	Beratung und Betreuung in persönlichen Belangen
6	Vermittlung in Wohnraum	Koordination der verschiedenen Hilfen	Vermittlung in Wohnraum

---

[141] Die Ziffer 1 bedeutet die häufigste Anwort, die Ziffer 13 in dieser Tabelle die am wenigsten gewählte Antwortmöglichkeit.

	Frauen in gemischtgeschlechtlichen Hilfeangeboten Beratungs- bzw. Betreuungsinhalte sehr häufig bis häufig	Frauen in spezifischen Einrichtungen für weibliche Wohnungslose Beratungs- bzw. Betreuungsinhalte sehr häufig bis häufig	Männer in gemischtgeschlechtlichen Hilfeangeboten Beratungs- bzw. Betreuungsinhalte sehr häufig bis häufig
7	Rechtsberatung	Vermittlung an andere soziale Dienste (z.B. Suchtberatung, psychosoziale Dienste)	Rechtsberatung
8	Hilfe bei der Durchsetzung von Rechtsansprüchen	Beratung/Hilfe bei Partnerschaftskonflikten	Hilfe bei Amtsgängen
9	Beratung/Hilfe bei Partnerschaftskonflikten	Hilfe bei der Durchsetzung von Rechtsansprüchen	Koordination der verschiedenen Hilfen
10	Vermittlung an andere soziale Dienste (z.B. Suchtberatung, psychosoziale Dienste)	Hilfe bei der Schuldenregulierung	Vermittlung an andere soziale Dienste (z.B. Suchtberatung, psychosoziale Dienste)
11	Hilfe bei Amtsgängen	Hilfe bei der Freizeitgestaltung	Hilfe bei der Schuldenregulierung
12	Hilfe bei der Freizeitgestaltung	Vermittlung in Arbeit	Geldverwaltung
13	Hilfe bei der Schuldenregulierung	Geldverwaltung	Hilfe bei der Freizeitgestaltung

Die Beratungs- und Betreuungsinhalte beruhen auf den gesetzlichen Grundlagen des § 72 BSHG, eine Umsetzung der § 6-11 DVO zu § 72 wird jedoch nur teilweise vorgenommen. Gerade die Hilfeangebote, die die momentane Notlage (Wohnungs- und Mittellosigkeit) der Frauen abändern sollten, werden nachrangig gewichtet. Die Wahrnehmung des Mandats zur Durchsetzung von Rechtsansprüchen erscheint gleichermaßen nebensächlich wie die gesetzlich geforderte Hilfe bei der Freizeitgestaltung. Die Vermittlung in Arbeitsstellen wird von den befragten Einrichtungen nur marginal geleistet, ebenso die Koordination der verschiedenen Hilfen bzw. die Vermittlung an andere soziale Dienste.

Die Unterschiede zu der Hilfegewährung für das männliche Klientel werden u.a. darin deutlich, daß bei ihnen die Durchsetzung von Rechtsansprüchen scheinbar relevanter ist. Dagegen können sie weniger mit einer Koordination von verschiedenen Hilfen rechnen. Bei ihnen ist eine Vermittlung an andere

soziale Dienste eher unwahrscheinlich. Eine Beratung/Hilfe in Partnerschaftskonflikten wird weniger häufig bzw. selten oder nie durchgeführt.

6.2.4.2. Die Wahrnehmung des weiblichen Hilfebedarfs

Während bei Frauen die Beratung und Betreuung in persönlichen Belangen als
wichtigstes Hilfeangebot erachtet wird, können Männer mit einer formalen
Grundversorgung laut BSHG rechnen.

Zwei Aspekte können bei dieser Wahrnehmung des weiblichen Hilfebedarfs
eine Rolle spielen:

1. Das verursachende Problem der weiblichen Wohnungslosigkeit wird auf der
   persönlichen Ebene gesehen. Diese individuellen Bedingungen gilt es dann
   zuerst zu klären, bevor eine Grundversorgung mit monetären Mittel und einer Unterkunft erfolgen kann.

   Bei Männern weisen die Hilfemaßnahmen dagegen eher auf die Wahrnehmung gesellschaftlicher Faktoren hin. Durch die Beratung und Betreuung soll
   bei diesem Klientel scheinbar die momentane Notsituation überwunden werden. Erst nach Bereitstellung der grundlegenden Hilfen (Sozialhilfe, Unterbringung, Unterstützung bei der Wohnungssuche, Durchsetzung von
   Rechtsansprüchen) erfolgt hier die Abklärung der persönlichen Problematik.

2. Bei dem weiblichen Klientel werden spezifische Beratungs- und Betreuungsinhalte festgestellt, die eine Ansprache der individuellen Problematik
   vordergründig erscheinen lassen. Den Angaben nach wünschten die Frauen
   innerhalb des Hilfeprozesses die Thematisierung folgender Inhalte (in Rang-
   ordnung der Nennungen) [142]:

- Partnerschaften (Konflikte in Partnerschaften, Gewalt durch den Partner, Zusammenleben mit dem Partner),

---

[142] Der standardisierten Frage nach den inhaltlichen Schwerpunkten der Beratung/ Betreuung, wurde eine offene Frage angeschlossen, in der spezifische Beratungs- und Betreuungsinhalte genannt werden sollten. Die Angaben der gemischtgeschlechtlichen und spezifischen Einrichtungen waren gleichlautend.

- Kinder (Kontaktaufnahme zu den Kindern, fremduntergebrachte Kinder, Rückführungswünsche, Erziehungsfragen, Schwangerschaftsberatung bzw. -abbruch, Verhütung)
- Kontakte zu anderen Angehörigen (Eltern, Geschwister, Großeltern)
- Versagen als Mutter
- Gewalt- und Mißbrauchserfahrungen
- belastende Erlebnisse in der Herkunftsfamilie.

Dieser von den Einrichtungen festgestellte, besondere Betreuungsbedarf weist auf individuelle Problemlagen hin. Das Gros der wohnungslosen Frauen hat zweifelsohne einen Bedarf an der Thematisierung der genannten spezifischen Schwierigkeiten. Dementsprechende Äußerungen der Frauen erfolgen m.E. jedoch erst nach einer längeren Betreuungsdauer und einer erfolgreichen Grundversorgung (Sozialhilfe, Unterkunft).

Erstaunlich ist die Aussage über den spezifischen Beratungsbedarf in Bezug auf Partnerschaften der Frauen und das nachgeordnete Angebot der Beratung/Hilfe bei Partnerschaftskonflikten. Ridder/Wulf, die die Angebotsstruktur einer frauenspezifischen Beratungsstelle in Lübeck darstellen, heben hervor, daß in den Lebenswelten der hilfesuchenden Frauen die Beziehungen zu Männern einen großen Raum einnehmen können. Daher finden in dieser Lübecker Beratungsstelle auf Wunsch der Frauen auch Paarberatungen statt; es existiert kein generelles Hausverbot für Männer. „Ein guter Kontakt zu den jeweiligen Beziehungspartnern macht ... ein Hilfeangebot für Frauen in Einzelfällen erst möglich,... Viele Frauen würden wir von unserem Angebot ausschließen, wenn Männer nicht die Möglichkeit hätten, uns zumindest kennenzulernen" (Ridder/Wulf 1993:146).

6.2.4.3. Vermittlung in Wohnraum

Die Vermittlung in eigenen Wohnraum zur Beendigung der Wohnungslosigkeit, scheint in den Hilfeangeboten eine untergeordnete Rolle zu spielen.

In 27 der geschlechtsgemischten Angeboten wurden zwar auch Frauen mit ihrem Partner zusammen beraten und betreut, die Vermittlung von Paaren in eigenen Wohnraum ist jedoch nicht die Norm. Ein Teil der Hilfeanbieter argumentierte dahingehend, daß auf dem Wohnungsmarkt kein geeigneter Wohnraum zur Verfügung steht. Wiederum andere Hilfeanbieter gehen davon aus, daß Frauen und Männer nur in Zwangspartnerschaften zusammenleben, und daher diese Beziehungen prinzipiell instabil sind.

In einer standardisierten Frage wurde darum gebeten, die Unterbringung von Klientinnen in unterschiedliche Unterkunftstypen anzugeben. Als Korrelat diente in den gemischtgeschlechtlichen Einrichtungen die Vermittlungspraxis von männlichen Hilfesuchenden. Zusätzlich sollte von den Hilfeangeboten die Anzahl der in Unterkunft vermittelten Paare vermerkt werden. Die Fragestellung lieferte folgende Resultate:

I. Gemischtgeschlechtliche Einrichtungen

In den gemischtgeschlechtlichen Einrichtungen hat die Vermittlung der alleinstehenden Frauen in eigenen Wohnraum kontinuierlich zugenommen (1993 22 Frauen; 1995 134 Frauen).

Unterkunft	eigene Wohnung	Hotel/ Pension	eigenes Zimmer	Über- gangs- wohnung	Wohn- gemein- schaft	Zelt/ Platte Öbdach	andere Unter- künfte
Vermittelte Frauen (N =290)	**45,3 %**	20 %	2,4 %	3,5 %	3,5 %	5,3 %	17,6 %

Bei der Unterbringung/Vermittlung von wohnungslosen Paaren in eigenen Wohnraum ist ebenfalls von 1993-1995 eine Steigerung festzustellen. In den untersuchten Einrichtungen wurden 53 Paare in eine eigene Unterkunft vermittelt.

Die Vermittlung von alleinstehenden Männern in eigenen Wohnraum hat zwar auch kontinuierlich zugenommen, die Verweisung auf vorübergehende Unterkünfte überwiegt jedoch.

Unterkunft	eigene Wohnung	Hotel/ Pension	eigenes Zimmer	Über gangs- wohnung	Wohn- gemein- schaft	Zelt/ Platte	Obdach	andere Unter- künfte
Vermittelte Männer (N = 1695)	14,4 %	26,2 %	2,2 %	7,5 %	1 %	**37,7 %**	5,4 %	6,6 %

Die gemischtgeschlechtlichen Hilfeangebote bemühen sich zunehmend, wohnungslose Frauen adäquat mit Wohnraum zu versorgen. Einerseits läßt diese
Vermittlungspraxis vermuten, daß in den Einrichtungen die um Hilfen nachfragenden Frauen nicht nur als männliches `Anhängsel´ wahrgenommen wer-
den[143], zudem sind die Chancen einer Unterbringung in eigenen Wohnraum
durch eine Entspannung am Wohnungsmarkt, und vielfältige kommunale Initiativen bedarfsgerechte Unterkünfte für wohnungslose Personen bereitzustellen,
in den letzten Jahres gestiegen.

Im Gegensatz zu der Unterbringungspraxis der Frauen erscheint die Nichtver-
sorgung der männlichen Klienten mit Wohnraum gravierend. Knapp die Hälfte
der unterkunftssuchenden Männer wurden nicht in dauerhaften Wohnraum
vermittelt.

II. Spezifische Einrichtungen für Frauen

Aus den untersuchten frauenspezifischen Einrichtungen liegen nur Daten von
1995 vor. Die Mehrheit der Frauen wurde von diesen Hilfeangeboten in eine
befristete Unterkunft vermittelt.

Unterkunft	eigene Wohnung	Hotel/ Pension	eigenes Zimmer	Über- gangs- wohnung	Wohn- gemein- schaft	Wohn- wagen/ Obdach	andere Unterkünfte
Vermittelte Frauen (N = 247)	31 %	**49 %**	6 %	2 %	4,5 %	1,2 %	6,4 %

---

[143] Die Einschätzung von Enders-Dragässer/Sellach (1997:27), wonach Frauen im Hilfesystem der gemischtgeschlechtlichen Wohnungslosenhilfe nicht als eigenständige Persön-
lichkeiten wahrgenommen werden, kann auf dem Hintergrund der dargestellten Unterbringungspraxis nicht geteilt werden.

Die frauenspezifischen Angebote vermitteln ihre Klientinnen überwiegend in vorübergehende Unterkunftsmöglichkeiten (Hotels und Pensionen). Die Unterbringung in dauerhaften eigenen Wohnraum ist demgegenüber zweitrangig. Hier spielt sicherlich eine Rolle, daß die meisten Hilfeangebote erst seit einigen Jahren bestehen und von daher weniger Kontakte zu potentiellen Vermietern (bzw. kommunalen Wohnungsbaugenossenschaften etc.) haben. Es ist jedoch auch möglich, das in diesen Einrichtungen der Unterbringungsbedarf der hilfesuchenden Frauen anders gedeutet wird.

Durch die spezifischen Frauenangebote wurden keine Frauen mit ihren Partnern in Unterkünfte vermittelt.

6.2.4.4. Vermittlung in Arbeitsstellen

Die Vermittlung in dauerhafte Arbeitsstellen wird von den Hilfeangeboten nicht geleistet[144].

Selbst in der Fachzeitschrift der Wohnungslosenhilfe[145] wird die Schaffung von Arbeitsstellen bzw. die Vermittlungspraxis nur marginal diskutiert. Es scheint als habe sich das Hilfesystem von dem Auftrag, durch Unterstützung von Arbeitsmöglichkeiten eine selbständige Lebensführung zu fördern, bei steigender Arbeitslosigkeit getrennt. So werden von einigen der Einrichtungen Frauen in Arbeitsprojekte oder ABM-Stellen vermittelt; die zeitliche Begrenzung dieser Arbeitsmöglichkeiten verändert jedoch in der Regel nur den unterstützenden Leistungsträger (von der Sozialhilfe in die Arbeitslosenhilfe).

---

[144] Die Frage nach den Vermittlungen in Arbeit lieferte nur wenige verwertbare Daten. Lediglich bei 12 der gemischtgeschlechtlichen Einrichtungen und 8 spezifische Angebote bestand die Möglichkeit Frauen in Arbeitsstellen zu vermitteln. Diese Hilfeangebote waren überwiegend in den Ballungsgebieten angesiedelt.

[145] Die Fachzeitschrift „wohnungslos" -Aktuelles aus Theorie und Praxis zur Armut und Wohnungslosigkeit-, Bielefeld

6.2.4.5. Vernetzungsaufgaben

Die Zusammenarbeit mit anderen sozialen Diensten wird von den Einrichtungen in der Wohnungslosenhilfe nur fragmentarisch wahrgenommen. Wie aus der Auflistung der Beratungs- und Betreuungsinhalte ersichtlich, nimmt die Koordination der verschiedenen Hilfen bzw. die Vermittlung der Klientinnen eine untergeordnete Rolle ein.

Zu dem Komplex der Vernetzung mit anderen speziellen Hilfeanbietern wurde eine standardisierte Frage mit anschließender offener Antwortmöglichkeiten formuliert, in der die Vermittlungspraxis von Klientinnen ausführlich dargestellt werden konnte. Die standardisierte Fragestellung zielte auf die Form der Kooperationen mit anderen sozialen Diensten. Von den drei dort vorgegebenen Differenzierungen (kontinuierliche Zusammenarbeit/ Einzelfallbezogene Zusammenarbeit/ keine Zusammenarbeit) werden nachfolgend die Einrichtungen, mit denen ein kontinuierlicher Austausch stattfand, nach der Anzahl der Nennungen aufgelistet:

	Spezifische Hilfeangebote für wohnungslose Frauen	Einrichtungen für wohnungslose Frauen und Männer
1	kirchliche Einrichtungen (Diakonie, Caritas, etc.)	Sozialamt
2	Sozialamt	stationäre Einrichtungen der Wohnungslosenhilfe
3	karitative Einrichtungen (AWO, Bahnhofsmission)	kirchliche Einrichtungen (Diakonie, Caritas etc.)
4	stationäre Einrichtungen der Wohnungslosenhilfe	karitative Einrichtungen (AWO, Bahnhofsmission)
5	Psychosoziale Dienste	Wohnungsämter
6	Suchtberatung	Spezifische Beratungsangebote für Frauen
7	Spezifische Beratungsstellen für Frauen	Suchtberatung
8	Frauenhäuser	Psychosoziale Dienste
9	Wohnungsämter	Frauenhäuser

Wie ersichtlich besteht in beiden Hilfetypen ein kontinuierlicher Austausch mit kirchlichen bzw. karitativen Einrichtungen, stationären Institutionen der Wohnungslosenhilfe und den kommunalen Sozialhilfeträger. Die regelmäßige Zusammenarbeit mit kirchlichen bzw. karitativen und stationären Einrichtungen ist

auf dem Hintergrund der jeweiligen Einrichtungsträger wahrscheinlich vorgegeben. Die Kontakte zum Sozialamt stellen Grundlagen der Arbeit dar. Interes-
sant ist dagegen die unterschiedliche Kooperation mit Wohnungsämtern, die
sicherlich mit zu der höheren Vermittlungsrate von Frauen in eigenen Wohnraum bei den gemischtgeschlechtlichen Einrichtungen beigetragen hat.

Die gemischtgeschlechtlichen Einrichtungen, so scheint es, bemühen sich insbesondere um eine kontinuierliche Zusammenarbeit mit frauenspezifischen
Diensten. Die Kontakte zu der Bewährungshilfe, die sicherlich eher das männliche Klientel betreffen, rangieren deutlich hinter den speziellen Hilfeangeboten
für Frauen.

Die intensivere Zusammenarbeit der spezifischen Einrichtungen für wohnungslose Frauen mit psychosozialen Diensten weist auf Klientinnen hin, die
durch psychische Probleme eine spezielle Therapie benötigen. Es besteht jedoch auch die Möglichkeit, daß in diesen Einrichtungen wohnungslose Frauen
stärker als behandlungsbedürftige Opfer wahrgenommen werden.

Als vertiefende Frage wurde die Vermittlungspraxis von Frauen an andere
spezielle Dienste gestellt. 27 der gemischtgeschlechtlichen Hilfeangebote
konnten Klientinnen weitervermitteln, von den spezifischen Einrichtungen gaben 11 diese Praxis an.

Während die Angebote für wohnungslose Frauen stark in die kommunal vorhandenen spezifischen Hilfestrukturen[146] eingebunden sind, fand bei den ge-

---

[146] Lediglich in einer Kommune fand eine kontinuierliche Zusammenarbeit mit der Gleichstellungsbeauftragten statt. Die Hilfeeinrichtung übernahm auch präventive Hilfen (z.B.
aufsuchende Hilfen bei Mietschuldnern nach Information durch das Wohnungsamt) und
war dementsprechend mit der örtlichen Verwaltung u.a. durch interdisziplinäre Arbeitsgruppen in einem ständigen Austausch. Die Zusammenarbeit mit den kommunalen
Gleichstellungsbeauftragten ist jedoch nicht die Regel. Einige der spezifischen Einrichtungen für wohnungslose Frauen bemerkten kritisch das mangelnde Interesse dieser Be-
auftragten an der Situation von ausgegrenzten armen Frauen und führten dieses auf eine
deutliche Orientierung an den Bedürfnissen von Mittelschichtsfrauen zurück. Auf diesem
Hintergrund sind auch die Ergebnisse der Untersuchung von Enders-Dragässer (1994)
über Frauen in Wohnungsnot aus Rheinland-Pfalz zu überprüfen. Sie stellte fest, daß das
Problem der weiblichen Wohnungsnot für die Arbeit der kommunalen Frauenbeauftragten
von Bedeutung ist und das diese Frauen in den Belangen der Wohnungslosenhilfe z.T.
sehr kompetent sind (1994:44). Dieses Ergebnis kann nach der eigenen Untersuchung
und den vorhergehenden Erfahrungen in der Praxis nicht geteilt werden.

mischtgeschlechtlichen Einrichtungen eher eine punktuelle Vernetzung mit frauenspezifischen Diensten statt.

Von den gemischtgeschlechtlichen Hilfeangeboten wurden wohnungslose Frauen an folgende Institutionen vermittelt (in Reihenfolge der Nennungen):

- Frauenhäuser
- psychosoziale Dienste
- Suchtberatungen
- spezielle Frauenberatungsstellen (Einrichtungen für wohnungslose Frauen, Frauen-Notruf, etc.)
- stationäre Einrichtungen der Wohnungslosenhilfe

Die Zusammenarbeit der gemischtgeschlechtlichen Angebote mit den genannten Institutionen bestand überwiegend in einzelfallbezogenen Kontakten. Neun Einrichtungen arbeiteten bei der Durchführung von besonderen Aktionen (z.B. Tag der Wohnungslosen) zusammen. Lediglich von fünf Hilfeangeboten wurde ein regelmäßiger Austausch in Arbeitskreisen etc. vermerkt.

Die spezifischen Einrichtungen für wohnungslose Frauen vermittelten Klientinnen an folgende Hilfeangebote (in Reihenfolge der Nennungen):

- psychosoziale Dienste
- Frauenhäuser
- spezielle Fachberatungsstellen (z. B. Frauen-Notruf, Beratungsstelle § 218)
- stationäre Einrichtungen der Wohnungslosenhilfe
- Suchtberatungen

Die Mehrheit der befragten spezifischen Einrichtungen gab an, mit anderen potentiellen Hilfeangeboten für Frauen in einem regelmäßigen informellen Austausch zu stehen. Die Hälfte der Institutionen nahm die Initiierung einer gemeinsamen Hilfeplanung im Einzelfall wahr. Neben der Zusammenarbeit in Bezug auf einzelne Aktionen bemühten sich einige Einrichtungen um gemeinsame Fortbildungen etc. mit anderen speziellen Frauendiensten.

Die Vernetzung der Einrichtungen für wohnungslose Frauen scheint aufgrund der Intensität der Kontakte (regelmäßiger informeller Austausch, gemeinsame Hilfeplanung) effizienter zu sein, als bei den gemischtgeschlechtlichen Institutionen. Diese spezifischen Einrichtungen sind vorwiegend in Ballungsgebieten angesiedelt. Die Möglichkeiten einer Vermittlung bzw. Vernetzung mit andern differenzierten Hilfeangeboten ist in den größeren Städten eher gegeben als in ländlichen Kommunen.

Von den befragten geschlechtsunspezifischen Institutionen gaben auch die Einrichtungen, die sich in Großstädten (z.B. Stuttgart, Berlin, Hamburg) befanden, einen kontinuierlichen Austausch mit spezifischen Frauendiensten an. Demgegenüber hatten Institutionen der Wohnungslosenhilfe im ländlichen Bereich (z.B. Ulm, Nienburg/Weser) nur begrenzte Vermittlungsansätze.

Die Vermittlungspraxis und die Möglichkeiten einer, dem Hilfebedarf der wohnungslosen Frauen entsprechenden, Vernetzung mit anderen spezifischen sozialen Diensten ist von mehreren Faktoren abhängig:

- Von den kommunal vorhandenen sozialen Diensten und Institutionen.
  Während in den Ballungsgebieten eine Vielfalt von Hilfeangeboten installiert wurden (z.B. Wohngruppen, Frauenhäuser, spezifische Frauenberatungsstellen), sind ländliche Gebiete in dieser Hinsicht eindeutig unterversorgt.

- Von den Träger- und Mitarbeiterinteressen.
  Z.B. agieren ambulante Hilfen, die sich in stationärer Trägerschaft befinden, auch im Belegungsinteresse der jeweiligen stationären Einrichtung. Das Engagement der MitarbeiterInnen entscheidet mit über die Gewichtung der Hilfeangebote bzw. die Vermittlungspraxis[147].

- Von der Spezialisierung der sozialen Dienste.
  Die Differenzierung der kommunal installierten sozialen Dienste auf eine eingegrenzte Problemlage (z.B. Schuldner, Suchtkranke, mißhandelte bzw. mißbrauchte Personen) erschwert eine Vermittlung von Menschen mit einer Problembündelung. Die sozialen Dienste und Beratungsstellen bieten spezifische Hilfen für ein jeweils definiertes Problemfeld an. Dabei gehen sie von

---

[147] Die MitarbeiterInnen der ambulanten Beratungsstelle in Northeim bemerkten einen spezifischen Hilfebedarf von wohnungslosen Paaren. Daraufhin bemühte sich diese Einrichtung durch gezielte Anzeigen und Kontakte zu kommunalen Wohnungsbaugesellschaften Wohnraum für wohnungslose Paare vorzuhalten. Die Betreuungsinhalte für diese spezielle Gruppe implizieren wiederum andere Schwerpunktsetzungen als bei alleinstehenden Wohnungslosen.

den Bedürfnissen und Schwierigkeiten eines seßhaften Personenkreises aus. Die Zugangsvoraussetzungen setzen ein Problembewußtsein des Klientels voraus und implizieren in der Regel stringente formale Bedingungen: eine telefonische Terminabsprache, das Aufsuchen des Hilfeangebots (Komm-Strukturen) sowie die Verpflichtung zur kontinuierlichen Zusammenarbeit unter Anerkennung der jeweiligen Anforderungen.

Wie das folgende Beispiel zeigt, ist bei wohnungslosen Personen, die den Regularien der sozialen Dienste nicht entsprechen, eine Verweigerung der Hilfeleistungen nicht unüblich[148].

Eine wohnungslose Frau, die mit einem Fahrrad unterwegs ist, sucht die Beratungsstelle der Wohnungslosenhilfe im Juni auf. Sie möchte nicht in eine Unterkunft vermittelt werden, sondern die Beratungsstelle lediglich als Anlaufpunkt nutzen. Sie erzählt, daß sie aus einer betreuten Einrichtung in Schleswig-Holstein kommt und einen vom Amtsgericht bestellten Betreuer hat. Von der Beratungsstelle aus nimmt sie telefonischen Kontakt zu ihrem Betreuer auf. Der Betreuer informiert wiederum die Mitarbeiterinnen/ Mitarbeiter der Beratungsstelle über die gesundheitliche Situation der Frau. Sie leidet unter einer Schizophrenie, die die regelmäßige Einnahme von Medikamenten notwendig macht. Er sieht sich jedoch außerstande, die Frau in die betreuende Einrichtung zurückzuholen.

Der gesundheitliche Zustand der Frau verschlechtert sich in den folgenden Wochen rapide. Sie ernährt sich von Supermarktabfällen, übernachtet draußen und nimmt weder ärztliche noch andere Hilfeangebote an. Die ambulante Beratungsstelle, die sie unregelmäßig aufsucht, bemüht sich um die Vermittlung an den sozialpsychiatrischen Dienst.

Schließlich nimmt die Frau Ende August einen Termin bei diesem spezifischen Hilfeangebot wahr. Schriftliche und mündliche Informationen durch den Betreuer und die ambulante Beratungsstelle liegen dem sozialpsychiatrischen Dienst zu diesem Termin vor.

Es wird trotzdem kein Handlungsbedarf gesehen. Die Frau wird ohne eine Hilfeleistung entlassen. Erst nachdem die ambulante Beratungsstelle in einem Schreiben nachdrücklich auf die Selbstgefährdung der Frau hinweist und droht, die unterlassene Hilfeleistung öffentlich zu machen, sieht sich der sozialpsychiatrische Dienst in der Lage, eine amtsärztliche Untersuchung beim Gesundheitsamt in die Wege zu leiten. Dieser Untersuchungstermin, der wiederum nur auf Druck der Beratungsstelle innerhalb relativ kurzer Zeit (2 Wochen) zustande kommt, stellt die Notwendigkeit einer sofortigen Aufnahme (Zwangseinweisung) in eine psychiatrischen Einrichtung fest. Da sich das Ge-

---

[148] Dieses Beispiel basiert auf einem authentischen Fall, in den die ambulante Beratungsstelle in Northeim involviert war.

sundheitsamt aber nicht in der Lage sieht, das Fahrrad der Frau für die Dauer des Klinikaufenthalts unterzustellen, verweigert die Frau die Einweisung. Als sie zwei Tage später wiederum die ambulante Beratungsstelle aufsucht, wird von hieraus die Unterbringung des Fahrrads organisiert. Die Frau nimmt daraufhin auch die notwendige medizinische Versorgung an.

Dieses Beispiel demonstriert die Probleme, die eine Vermittlung von wohnungslosen Personen an spezielle Dienste erschweren können. Zudem wird hier auch deutlich, daß die Gewährung der speziellen Hilfen teilweise entschieden von dem Engagement der jeweiligen Mitarbeiterinnen/ Mitarbeiter der Wohnungslosenhilfe abhängt. Die im § 72 BSHG geforderte Koordination und Vernetzung von adäquaten Hilfen für wohnungslose Frauen und Männer ist dementsprechend nicht nur von den kommunal vorhandenen sozialen Diensten abhängig, sondern auch an den durch die Wohnungslosenhilfe diagnostizierten Hilfebedarf gebunden. Die Wahrnehmung dieser vermittelnden Funktion beinhaltet darüber hinaus subjektive Einschätzungen, die z.B. in der vorrangigen Vernetzung mit bestimmten Hilfeangeboten sichtbar werden.

6.2.4.6. Die Ausfüllung des politischen Mandats

Zu diesem Komplex wurde eine differenzierte Fragestellung nach den politischen Einflußmöglichkeiten durch die Mitarbeit in kommunalen und überörtlichen Gremien/Ausschüssen und Arbeitsgruppen gestellt.

18 der gemischtgeschlechtlichen Einrichtungen gaben die Mitarbeit in kommunalen Gremien und Ausschüssen an. Einige der Institutionen, die sich überwiegend in den Ballungsgebieten befanden, waren in mehreren Arbeitsgruppen engagiert.

Erwähnt wurden:

- von 6 Institutionen vorrangig die Mitarbeit in Gremien/Ausschüssen der kommunalen Verwaltung (z.B. Sozialausschuß, Arbeitsgruppen zur Thematik Wohnungsnot und Wohnraumversorgung),

- von 12 Institutionen die zentrale Mitarbeit in kirchlichen bzw. karitativen Arbeitskreisen, Arbeitsgruppen der Wohnungslosenhilfe und kommunal initiierten Bündnissen der freien Wohlfahrt zum Themenbereich Wohnungsnot und Armut.

Die Mehrzahl der Einrichtungen arbeitete in internen Arbeitsgruppen und -kreisen mit. Ein geringerer Teil der Institutionen bemüht sich um die Wahrnehmung eines sozialpolitischen Mandats in Gremien der administrativen Verwaltung.

Da z.B. eine Rechtsverwirklichung, wie im § 72 BSHG gefordert, vorrangig auf der kommunalen Ebene durchzusetzen ist, kann aus den Angaben der Einrichtungen geschlossen werden, daß die Umsetzung dieser gesetzlichen Auftrages nur von einigen Institutionen angestrebt wird.

Die Mitarbeit in überörtlichen Arbeitsgruppen wurde von 23 Institutionen bejaht. Die Mehrzahl der Hilfeanbieter gab die Teilnahme in regionalen kirchlichen Verbänden (z.B. Diakonischer Bezirksausschuß, AG´s des Diakonischen Werkes auf Länderebene) und in bezirklich organisierten Arbeitskreisen der Wohnungslosenhilfe an. Einige der Einrichtungen sind auf Bundesebene in Arbeitsgruppen der BAG Wohnungslosenhilfe vertreten[149].

Es scheint als ob die Teilnahme an überörtlichen Arbeitskreisen von den Hilfeanbietern bevorzugt wird. Diese Ausrichtung kann auch bedeuten, daß die Verwirklichung des gesetzlichen Auftrages vor Ort von den Einrichtungen zugunsten einer fachlichen Auseinandersetzung mit anderen spezifischen Anbietern der Wohnungslosenhilfe auf regionaler Ebene vernachlässigt wird.

Das Gros der spezifischen Einrichtungen sieht politische Einflußmöglichkeiten vorwiegend in der Mitwirkung in überörtlichen Arbeitskreisen. Lediglich 4 der befragten Institutionen machten Angaben zu einer Mitarbeit auf kommunaler Ebene. Die Nennungen der einzelnen Arbeitsgruppen und Gremien unterscheiden sich dabei nur in einer Hinsicht von den der gemischtgeschlechtlichen Einrichtungen: Die Mitarbeiterinnen der spezifischen Angebote für wohnungslose Frauen sind weitaus stärker in Arbeitskreisen zur Problematik von psychischen Erkrankungen/Auffälligkeiten engagiert.

---

[149] Von der Bundesarbeitsgemeinschaft Wohnungslosenhilfe als Dachverband der Hilfeanbieter in der Wohnungslosenhilfe werden Arbeitskreise zu den jeweiligen aktuellen Problemen (z.B. wohnungslose Frauen, Straßenkinder) im Hilfesystem initiiert.

Zur Gestaltung der Öffentlichkeitsarbeit wurde eine standardisierte Frage gestellt, in der die Häufigkeit von öffentlichkeitswirksamen Maßnahmen (z.B. Pressemitteilungen, Tage der offenen Tür etc.) genannt werden sollte.

Von den gemischtgeschlechtlichen Hilfeangebote gaben 3 Einrichtungen an, monatlich oder häufiger Pressemitteilungen zu initiieren, 5 Institutionen alle 2-3 Monate, 8 Institutionen alle 3-6 Monate und 11 alle 6-12 Monate. Besondere Aktionen (Tage der offenen Tür, Plakataktionen und andere öffentliche Demonstrationen) fanden in der Mehrzahl der Einrichtungen alle 6-12 Monate statt. Dagegen wurde die Auslage von Handzetteln von den Hilfeangebote als häufige (monatliche) Öffentlichkeitsarbeit angegeben[150].

Die Praktiken der Öffentlichkeitsarbeit in den gemischtgeschlechtlichen Hilfeangeboten sind in der Auslage von Handzetteln analog der Handhabung in den spezifischen Einrichtungen für wohnungslose Frauen. Pressemitteilungen und andere öffentlichkeitswirksame Maßnahmen finden in diesen Institutionen alle 6-12 Monate statt.

6.2.4.7. Abbruch der Hilfemaßnahme

Es wurde davon ausgegangen, daß sich die positive Wirkungsweise der Beratungs- und Betreuungsinhalte durch einen zeitlichen Faktor bestimmen läßt. Dementsprechend erfolgte ein Fragenkomplex zur Dauer der Betreuung. Wie bereits festgestellt, unterliegen die Hilfen gem. § 72 BSHG im Grundsatz keiner zeitlichen Begrenzung. In der Praxis endet die Hilfeleistung in der Regel nach einem bis zwei Jahren.

Sowohl bei den Klientinnen in den spezifischen Angeboten als auch in den gemischtgeschlechtlichen Einrichtungen betrug die Dauer der Hilfemaßnahme bis zu einem Jahr. Entweder konnte bis dahin die Notlage erfolgreich beendet werden oder die Klientinnen verließen vorher die Institutionen.

---

[150] Die Auslage von Handzetteln dient wahrscheinlich der Verweisung auf das jeweilige Hilfeangebot, eine breite Öffentlichkeit wird dadurch nicht erreicht.

Dieser zweite Aspekt wurde durch eine Zusatzfrage konkretisiert. Dabei stellte sich heraus, daß die Mehrzahl der Betreuungsabbrüche innerhalb der ersten 3-6 Monate nach Beginn der Hilfemaßnahme erfolgten. Bei einer längeren Betreuungsdauer (2 Jahre und mehr) verringern sich die Abbrüche deutlich[151].

Die hauptsächlichen Gründe des Betreuungsabbruchs sahen die Institutionen in folgenden Faktoren[152] (nach Anzahl der Nennungen geordnet):

- Partnerschaft (z.B. Einfluß des Partners, Partnerschaftskonflikte, Rückkehr zum Partner/neue Partnerschaft, Unterkunft bei einem Partner, „männliche Lebensgefährten halten ihre Partnerin von der Beratung ab"),
- fehlende Bereitschaft zur verbindlichen Zusammenarbeit (z.B. Enttäuschung über das Hilfeangebot, zu hohe Erwartungen in Bezug auf die Vermittlung in Wohnraum, es konnte keine Beziehung in der Betreuung aufgebaut werden, Frauen machen die Betreuung von ihrem Partner abhängig),
- Vermittlung in unangemessen Wohnraum (z.B. Notunterkünfte/kommunales Obdach, Hotel/ Pensionen),
- psychische Probleme (z.B. psychische Erkrankungen „ weiß nicht genau, was sie will und wohin sie will", Suchtprobleme, instabile psychische Situation, Übergang in Therapie, Vermittlung in Heimunterkunft).

Die genannten Gründe des Abbruchs der Hilfemaßnahme weisen auf gravierende Mängel in den Beratungs- und Betreuungsangeboten hin. Die Hilfeangebote fordern einseitig die Bereitschaft zur verbindlichen Zusammenarbeit, sind jedoch scheinbar nur bedingt in der Lage, auf den Hilfebedarf der Klientinnen adäquat zu reagieren.

6.2.4.8. Zusammenfassung

Bilanzierend kann auf dem Hintergrund der durchgeführten Untersuchung festgestellt werden, daß die Wohnungslosenhilfe weder ihren gesetzlichen Auftrag

---

[151] Bei diesen Daten zur Dauer der Betreuung bzw. Betreuungsabbruch bestanden weder Unterschiede zwischen den spezifischen und gemischtgeschlechtlichen Einrichtungen noch zwischen den Geschlechtern.
[152] Diese Nennungen erfolgten sowohl von der spezifischen Angeboten für wohnungslose Frauen als auch von den gemischtgeschlechtlichen Einrichtungen.

erfüllt noch der gesellschaftlichen Ausgrenzung ihres Klientels mit sozialpolitischen Innovationen entgegentritt.

Die gegenwärtige Praxis der Hilfeangebote, sowohl der gemischtgeschlechtlichen als auch der spezifischen Einrichtungen verweist darauf, daß, wenn das
eigentliche Ziel - *die Teilnahme am Leben in der Gemeinschaft* (finanzielle Absicherung, Wohnung, Arbeit) -, nur schwer erreichbar ist, vermehrt pädagogische Konzepte zum Tragen kommen, die individuell festgestellte Befindlichkeiten (z.B. psychische Auffälligkeiten) zu behandeln suchen. Henke formuliert
diesbezüglich: „Die soziale Arbeit hat eine Tendenz, insbesondere bei Nichter-
reichung der Ziele sozialer Arbeit, die Menschen, für die sie da sein sollte, dafür zur Verantwortung zu ziehen. Ursachen für das `Scheitern´ werden gesucht,
wobei sich in den letzten beiden Jahrzehnten die bemühten Erklärungen zunehmend von individualisierenden zu gesellschaftliche begründeten Wirkungs-
zusammenhängen entwickelt haben" (Henke1997:138). Bei dieser Suche nach
den Ursachen dieses oder jenes Verhaltens gerät die Ermittlung des akuten
und aktuellen Bedarfs an notwendigen Hilfen (Wohnung, Arbeit, Existenzsicherung, Beratung etc.) aus dem Blick. Henke analysiert derzeitige Ausrichtung
der Hilfen wie folgt: „Wenn die Wohnung auch fehlt, trainiere wenigstens einige
Wohntugenden" (Henke 1997:137) .

Eine so gestaltete Praxis, die hinsichtlich ihrer Aufgaben, Ziele, Werte und
Folgen nicht reflexiv handelt, und einen theoretischen Diskurs nur in den eigenen Reihen der Wohnungslosenhilfe führt, impliziert weder eine Professionali-
tät in der Arbeit noch die glaubwürdige Wahrnehmung eines sozialpolitisches
Mandats für die Hilfesuchenden. Zu dieser Einschätzung gelangt auch Specht-
Kittler, der nachdrücklich darauf hinweist, daß die Alltagstheorien der Erklärung
der Wohnungslosigkeit einer wissenschaftlichen Prüfung nicht standhalten.
Deshalb, so fordert er, muß in der theoretischen Auseinandersetzung eine Ab-
lösung vom Defizitparadigma zugunsten eines Armutsparadigmas erfolgen.
„Dies erfordert im Hilfeprogramm die primäre Anknüpfung an die konstitutive
Dimension sozialer Ausgrenzung, die fehlende Wohnung" (Specht-Kittler
1997:149).

Auffallend häufig ist in den frauenspezifischen Einrichtungen die Ausgrenzung der männlichen Partner der hilfesuchenden Frauen. Diese Praxis verwundert um so mehr, da von den befragten Institutionen durchgängig angegeben wurde, der vorzeitige Abbruch des Hilfeprozesses durch die Frauen stehe im direkten Zusammenhang mit ihrer Fixierung auf einen männlichen Partner. Insbesondere die frauenspezifischen Hilfeangebote verstehen sich in der Regel nur als Schutzraum für wohnungslose Frauen. Damit grenzen sie die Frauen aus, die sich an einem traditionellem Lebensentwurf orientieren.

Das derzeitige Angebot der Hilfen für wohnungslose Frauen zeichnet sich durch differenzierte formale Bedingungen aus. Die jeweiligen Kriterien entscheiden mit darüber, welchem Klientel die Hilfeleistung zuteil wird. Da verbindliche Standards fehlen, hängt die Ausgestaltung der Hilfen für wohnungslose Frauen mit von den jeweiligen Trägerinteressen und den individuellen Deutungen der Helfenden ab.

6.2.5. Die subjektive Einschätzung der Helfenden

Nachfolgend sollen die handlungsleitenden Klientinnenbilder für die pädagogischen Intentionen in der Wohnungslosenhilfe geklärt werden. Die derzeitige Praxis der Wohnungslosenhilfe, das wurde in den Beratungsinhalten deutlich, beachtet den tatsächlichen Hilfebedarf der betroffenen Frauen nur marginal.

In wieweit die objektiven Bedürfnisse der Frauen durch die unreflektierten subjektiven Deutungen und Interpretationen der Helfenden eine Wertung erfahren, wurde durch eine standardisierte Frage ermittelt. Die Mitarbeiterinnen/Mitarbeiter sollten die ihnen als gravierend erscheinenden, Problemlagen bzw. das Verhalten der hilfesuchenden Frauen benennen. Neben den vorgegebenen Antwortmöglichkeiten zu spezifischen Problemlagen konnten auch relevante Faktoren der Beratungssituation angekreuzt werden. Als Korrelat diente das festgestellt Verhalten (die Problemlagen) des männlichen Klientels in den gemischtgeschlechtlichen Einrichtungen.

Die Angaben sind nach Häufigkeit der Nennungen geordnet.

	Frauen in gemischtge-schlechtlichen Einrichtungen *sehr häufige bis häufige Problemlagen/Verhalten*	Frauen in spezifischen Einrichtungen *sehr häufige bis häufige Problemlagen/Verhalten*	Männer in gemischtge-schlechtlichen Einrichtungen *sehr häufige bis häufige Problemlagen/Verhalten*
1	Bemühungen um Unauffälligkeit	Körperlichen, sexuellen Übergriffen ausgesetzt	Starkes Suchtverhalten
2	Partnerorientiertes Verhalten	Psychische Erkrankungen	Körperliche „Verwahrlosung"
3	Körperlichen, sexuellen Übergriffen ausgesetzt	Unsicheres Auftreten/Verhalten	Physische Erkrankungen
4	Unsicheres Auftreten /Verhalten	Benötigen ein besonderes „Vertrauensverhältnis"	Dominantes Auftreten /Verhalten
5	Versorgendes, soziales Verhalten	Partnerorientiertes Verhalten	Eingebunden sein in der „Straßenscene"
6	Benötigen ein besonderes „Vertrauensverhältnis"	Emotional geprägte Reaktionen/ Verhalten	Nehmen Beratungsgespräche nur allein wahr
7	Autoaggressives Verhalten	Stärkere Diskriminierung durch „Normalbürger"	Aggressives Verhalten
8	Emotional geprägte Reaktionen/Verhalten	Regelmäßige Kontakte zur Beratungsstelle	Regelmäßige Kontakte zur Beratungsstelle
9	Stärkere Diskriminierung durch „Normalbürger"	Suchtproblematik	Geistige „Verwahrlosung"
10	Bemühen um Kontakte zur Familie (Kinder, Eltern)	Autoaggressives Verhalten	Konfliktreiche, schwierige Beratungssituationen
11	Schwierigkeiten Konflikte zu ertragen und zu lösen	Konfliktreiche, schwierige Beratungssituationen	Benötigen ein besonderes „Vertrauensverhältnis"
12	Nehmen Beratungsgespräche nur	Bemühungen um Unauffälligkeit	Stärkere Diskriminierung durch „Normalbürger"
13	Psychische Erkrankungen	Eingebundensein in der „Straßenscene"	Unsicheres Auftreten /Verhalten
14	Regelmäßige Kontakte zur Beratungsstelle	Versorgendes, soziales Verhalten	Körperliche Behinderungen

In der Gewichtung der Nennungen zwischen den Geschlechtern fällt auf, daß äußere (sichtbare) Problemlagen wie z.B. Sucht, `Verwahrlosung´[153], physische Erkrankungen, dominantes Auftreten und aggressives Verhalten bei dem

---

[153] Der Begriff der `Verwahrlosung´, als Beschreibung von Verhalten, wurde bewußt gewählt. Die durchgängig kritiklose Annahme dieses Begriffes durch die befragten Institutionen verweist darauf, daß diese wertende Zuordnung von Personen im Hilfesystem nach wie vor präsent ist. In der wissenschaftlichen Diskussion wurde bereits Ende der sechziger Jahre durch Thiersch (1967) und in Folge durch Giesecke (1978) eine neutralere Benennung von abweichendem Verhalten vorgenommen. Die Autoren führten den Begriff der sozialen Auffälligkeit bzw. der Dissozialität ein. Hartmann/Herriger (1995:1573ff) verweisen darauf, daß die Vergabe von Verwahrlosungsdefinitionen ein Resultat von Interaktionsprozessen zwischen den beteiligten Parteien darstellt. Die Definitionsmacht bei diesem selektiven Prozeß liegt bei den pädagogisch Handelnden. Die Definition `verwahrlost´ kann, darauf machen Hartmann/Herriger aufmerksam, zu einer Verfestigung der sozialen Abweichung führen. „Der offiziell zum Delinquenten Gestempelte und sozial Ausgegliederte lockert -in Antwort auf diese Stigmatisierungserfahrungen- seine Kontakte zu `Nicht-Auffälligen´. Er schließt sich denen an, die ebenfalls als `abweichend´ definiert werden, und übernimmt mehr und mehr das kulturelle Muster einer abweichenden Rolle" (Hartmann/Herriger 1995:1578).

männlichen Klientel festgestellt werden. Innerpersonelle Bedingungen, z.B. unsicher, emotional, sozial, psychisch krank, nicht leicht zugänglich und partnerorientiert werden dagegen dem weiblichen Klientel zugeordnet.

Diese Zuordnung verweist auf die Wahrnehmung von klassischen Rollenbildern: Frauen als emotional, unsicher und partnerfixiert; Männer als dominant, aggressiv und eingebunden in den öffentlichen Raum. Die traditionellen Rollenzuweisungen transportieren eine klare Trennung der Geschlechter in hilflos (weiblich) und prävalent (männlich).

Die hohe Auffälligkeit von psychischen Erkrankungen bei Frauen, die in den spezifischen Hilfeangeboten bemerkt wird, findet keine Entsprechung bei den gemischtgeschlechtlichen Einrichtungen. Von den Frauenangeboten wird eine besondere Zuwendung (besonderes Vertrauensverhältnis) stärker registriert. Dagegen rangiert die Feststellung eines Bemühens um Unauffälligkeit sowie ein versorgendes, soziales Verhalten bei den Klientinnen nachrangig. Es entsteht hier der Eindruck, als seien die wohnungslosen Frauen, die die spezifischen Einrichtungen aber auch z.T. die gemischtgeschlechtlichen Angebote aufsuchen, hilflose weibliche Personen, die durch Gewalterfahrungen und psychischen Befindlichkeiten auffällig werden. Die Kompetenzen, die z.B. in einem versorgenden sozialen Verhalten immanent sind, werden bei einer solchen Wahrnehmung wenig beachtet und gefördert.

Die Einschätzung eines hohen psychischen Krankheitsstandes bei wohnungslosen Frauen weist auf ein Merkmal einer spezifischen Auslegung hin. Windaus-Walser verdeutlicht bei ihrer Darstellung der sozialen Arbeit im Gesundheitswesen, daß Frauen als besonders krankheitsbeladene Problemgruppe diagnostiziert werden. Die empirisch nicht belegbare These, wonach Frauen als das kranke Geschlecht definiert werden, wird an den Sozialfachbereichen selbstverständlich und ohne geringste Zweifel gelehrt. Diese Pathologisierung des Weiblichen verbindet sich dabei, laut Windaus-Walser, logisch mit der Definition der Frau als Opfer der Männer und mit der Ausblendung der Kompetenzen des weiblichen Geschlechts (Windaus-Walser 1991:388).

6.2.5.1. Programmatische Ansätze

Die Ursachenkonstellation des Wohnungsverlustes bei Frauen wird maßgeblich in verursachenden und/oder auslösenden Bedingungen wie Beziehungskrisen, der geschlechtsspezifischen Sozialisation, den weiblichen Bewältigungsstrategien und der strukturellen wirtschaftlichen Benachteiligungen von Frauen gesehen (Rosenke 1996:322). Zudem begründet sich ein spezifischer Hilfebedarf von Frauen auf deren Partner- und Kinderfixierung.

Eine weitere Ebene des notwendigen Hilfebedarfs stellen die Gewalterfahrungen wohnungsloser Frauen dar. Rosenke geht davon aus, das die Frauen ohne den häuslichen Schutz als verfügbar gelten. „In dieser Situation sind sie direkt (sexueller) Gewalt und Belästigung ausgeliefert, oder indirekt. Sie wissen, daß sie als unbehauste Frauen in den Augen vieler behauster Bürger als verfügbare Frauen gelten... . Konfrontiert mit der konkreten Gefahr und den Negativphantasien ihrer Umwelt, werden u.a. jene Verhaltensmuster entwickelt, die es ihrerseits erschweren, die betroffenen Frauen mit gezielten Hilfeangeboten zu erreichen" (Rosenke 1996:320). Die sozialpädagogischen Angebote für wohnungslose Frauen sollen neben den Grundsätzen der Hilfen gem. § 72 BSHG die Möglichkeiten schaffen, in denen die Frauen ihre (sexuellen) Gewalterfahrungen thematisieren können. Dazu bedarf es weiblichen Fachpersonals und spezifischer Beratungsstellen, Tagesaufenthalte, Notübernachtungen ausschließlich für Frauen.

Die Wahrnehmung eines sozialpolitischen Mandats durch die Sozialarbeit für ein Einrichtung eines effektiven frauengerechten Hilfesystem zwingend. Rosenke fordert in diesem Zusammenhang eine aktive Einmischung in die Sozial- und Wohnungspolitik, eine Vernetzung mit den vor Ort angesiedelten frauenspezifischen Einrichtungen sowie die Mitwirkung in kommunalen Entscheidungsgremien. Eine konsequente Öffentlichkeitsarbeit sollte dazu beitragen, die Wohnungsnot von Frauen zu enttabuisieren. Unter der Berücksichtigung der spezifischen Lebenslage von Frauen in Wohnungsnot, und unter der Beachtung der Ursachen weiblicher Wohnungslosigkeit müssen, laut Rosenke, folgende Grundvoraussetzungen von einem frauengerechten Hilfesystem erfüllt werden:

- „Es muß flächendeckend angeboten werden.
- Für die Beratung gelten folgende Voraussetzungen: niedrigschwellig, durch weibliches Fachpersonal, räumlich getrennt von der Männerberatung, täglich erreichbar.
- Es muß problem- und nicht verordnungsorientiert arbeiten.
- Es muß der Haushaltsstruktur der Frauen Rechnung tragen.
- Es muß das sozialpolitische Mandat wahrnehmen" (Rosenke 1996:326).

Die Autorin fordert in ihren Grundvoraussetzungen für ein frauenspezifisches Hilfesystem von der Sozialarbeit neben inhaltlichen auch politische Initiativen. Dagegen werden weder grundsätzliche Qualifikationen der dort Tätigen noch alternative sozialpädagogische Handlungsansätze (z.B. eine Lebenslagenorientierung) diskutiert. Der, die Ausführungen beherrschende Moment basiert auf der Annahme der Schutzlosigkeit von wohnungslosen Frauen, die durch einen männerfreien Raum aufgehoben werden soll. In diesem Rahmen ist die Bearbeitung von Gewalterfahrungen der Frauen und deren Stabilisierung bzw. die Entwicklung von Selbstbewußtsein und Selbstwertgefühl neben einer Grundversorgung leitend.

Eine ähnliche Gewichtung der grundsätzlichen Ausrichtung in der sozialen Arbeit mit wohnungslosen Frauen findet sich bei Enders-Dragässer/Sellach (1997), die auch die wissenschaftliche Begleitung von vier Modellprojekten durchführten[154]. Die Autorinnen formulieren fünf handlungsleitenden Grundprinzipien für frauengerechte Angebote in der Wohnungslosenhilfe:

- „Gewährung von Schutz: gemeint ist der umfassende Schutz vor psychischen und körperlichen Übergriffen und vor der Ausbeutung der Versor-

---

[154] Das bundesweite Modellvorhaben „Hilfen für alleinstehende wohnungslose Frauen" des Bundesministeriums für Familie, Senioren, Frauen und Jugend wurde im Sommer 1994 ausgeschrieben und hat im Juli 1995 begonnen. Im Rahmen dieses Modellprojektes wurden Beratungs- und Betreuungsangebote, ambulante Wohnformen, Qualifikationshilfen, Arbeits- und Beschäftigungsmöglichkeiten, Freizeitangebote sowie Vernetzungsmöglichkeiten von spezifischen Angeboten für wohnungslose Frauen in vier Städten (Iserlohn, Karlsruhe, Schwerin und Stuttgart) installiert. Das Modellvorhaben hatte eine Laufzeit von 2 ½ Jahren und ist 1997 beendet wurden. Ein abschließender Bericht der wissenschaftlichen Begleitung liegt noch nicht vor.

gungskompetenzen, die über die konkrete Hausarbeit bis hin zur Weggabe des letzten Geldes reicht;

- Frauen als Mitarbeiterinnen: damit Kommunikation, Sprech- und Beziehungsangebote gewährleistet sind. Frauen können sich über sich selbst und ihre Erfahrungen eher gegenüber Frauen umfassend mitteilen, insbesondere über ihre Erfahrungen mit sexualisierter Gewalt.

- Ein Frauenraum im übertragenen Sinn: damit ist eine Fraueninfrastruktur gemeint, als Medium zur individuellen und gemeinschaftlichen Stabilisierung und Bestärkung (Empowerment); als Alternative zu den traditionellen Geschlechterrollen; hier können sich Frauen durch die Begleitung und den Austausch mit Frauen schützen, sich mitteilen und sich verständlich machen.

- Ein Frauenraum im wörtlichen Sinn: ein Raum, in dem Schutz und Mitteilung gewährleistet sind, der Ort der gegenseitigen Wertschätzung, der Versorgung, die Wiederherstellung der körperlichen Integrität, z.B. mit der Körperpflege und den je individuellen Schönheitsritualen, der Intimhygiene. Ohne an Frauenbedürfnissen orientierten sanitären Räumen sind Schutz, Intimität und Würde von Frauen nicht gewährleistet.

- Ein Frauenraum als Arbeitszimmer: hier können Frauen in realistischer Weise ihren Bezug zum Alltag mit Selbstversorgung wiederfinden (Hausarbeit), hier können sie sich aber auch darüber hinaus neu orientieren, z.B. in Bezug auf Familie, Bildung, Erwerbstätigkeit, Kultur und ihre Teilnahme am gesellschaftlichen Leben" (Enders-Dragässer/Sellach 1997:29).

Die grundsätzlichen Prinzipien von Enders-Dragässer/Sellach für die soziale Arbeit mit wohnungslosen Frauen zielen insbesondere auf die Innenausstattung und Atmosphäre der Einrichtungen. Konkrete sozialpädagogische Handlungsmaxime und professionelle Standards fehlen. Sowohl die grundsätzlichen Voraussetzungen der Hilfen für wohnungslose Frauen von Rosenke als auch die Prinzipien von Enders-Dragässer/Sellach implizieren keine sozialpädagogische Ansätze, bzw. keine Bezugnahme auf eine wissenschaftlich fundierte sozialpädagogische Handlungsebene. Insbesondere die Prinzipien von Enders-Dragässer/Sellach scheinen dabei einer spezifische Intention zu folgen, die in der feministischen Frauenberatung praktiziert wird. Einige Grundsätze dieser Beratungsangebote implizieren deutliche Parallelen zu den genannten handlungsleitenden Prinzipien der sozialen Arbeit mit wohnungslosen Frauen und werden in diesem Zusammenhang erläutert.

6.2.5.2. Spezifische Inhalte der Frauenberatung

Die Beratung von Frauen und insbesondere die feministische Beratungspraxis ist ein Produkt der autonomen Frauenbewegung, die sich im Gefolge der Studentenbewegung und beeinflußt von deren Theorienbildung und Gesellschaftsanalyse, in den siebziger Jahren organisierte.

Gröning macht in ihrem umfangreichen Aufsatz zur Beratung von Frauen darauf aufmerksam, daß frauenspezifische (feministische) Beratung im Kern eine Opferberatung ist, in der die hilfesuchenden Frauen direkt oder indirekt als Opfer personaler männlicher Gewalt oder struktureller Gewalt erscheinen. Diese Beratungsangebote finden überwiegend in solchen Institutionen statt, die als Zufluchtsstätten für Frauen eingerichtet wurden, und die ihre Beratungsangebote über die Gewährung einer Unterkunft differenziert und institutionalisiert haben. Gröning stellt fest, daß in den Beratungskonzepten das Thema `Gewalt gegen Frauen´ an herausgehobener Stelle erscheint. „Es läßt sich sagen, daß die Bedeutung, welche die Frauenbewegung dem Thema Gewalt im Geschlechterverhältnis einräumte, ihr Beratungskonzept geradezu determiniert hat" (Gröning 1993:238). Diese Ausrichtung auf Gewalt als beherrschendes Moment kritisiert auch Windaus-Walser; sie sieht in dem feministischen Slogan `Männer und Väter als Täter, Frauen und Mädchen als Opfer´, der leitend für die feministische sozialarbeiterische Theorie und Praxis ist, eine Entsubjektivierung des weiblichen Geschlechts (Windaus-Walser 1991:385).

Diese Entsubjektivierung wird in Folge der von Gröning bemerkten Produktion möglichst großer Opfermengen durch die thematischen Konjunkturzyklen der Frauenbewegung noch vorangetrieben. Nachdem „jede zweite Frau in ihrer Ehe mißhandelt (und) jede dritte Frau vergewaltigt ... wird, besteht die Gefahr, daß Begriffe und Definitionen verschwimmen, daß eine Verwirrung von Definitionen und Positionen kultiviert wird, die... eine Enddifferenzierung zur Folge hat und beraterisches Verstehen verunmöglicht ..." (Gröning1993:241).

Die Definition der Opferposition von Frauen basiert auf Konzepten der feministischen Therapie, die einen hohen Einfluß auf die frauenspezifischen Bera-

186

tungsinhalte hat. In einem Ansatz von Buchtemann/Ostermann (1978), wird die Frauentherapie vorrangig als Sensibilisierung für die eigene Unterdrückung begriffen. Eine über den Mann abgeleitete Identität impliziert danach einen Leidensdruck, der in Folge zu depressiven Symptomen führen kann. Neben der These der kollektiven Unterdrückung der weiblichen Subjektivität setzt die feministische Therapie dem gängigen Therapieziel (Rückführung in die alte Rolle), „die Utopie einer individuellen Befreiung mittels gesellschaftlicher Analyse, hoher Einfühlung und helfender Partnerinnenschaft entgegen" (Gröning 1993:239).

Ähnlich wie die Ausführungen von Rosenke über die defizitäre Lage von wohnungslosen Frauen beginnt ein von Gröning analysierter typischer Bericht über feministische Ansätze in Nordrhein-Westfalen mit der Feststellung des Bedarfs an frauenspezifischer Beratung und Therapie[155]. Die inhaltliche Schwerpunktsetzung dieser Angebote umfaßt im wesentlichen die Problemkreise Existenzsicherung und Gewalt sowie psychosoziale und psychiatrische Konfliktlagen. In diesen feministischen Ansätzen stellen fließende Übergänge von Alltag, Beratung und Therapie die Regel dar. Das Konzept der Beratungen „ist merkwürdig deduktiv... und (erlaubt) keinen detaillierten Einblick in die Arbeit der Frauenberatungsstellen .... Die die Beratung nachfragenden Frauen erscheinen ebenfalls merkwürdig depressiv, suizid- oder suchtgefährdet, von Verlustängsten in ihren Ehebeziehungen und Partnerschaften beherrscht, als Opfer von sexuellen Mißbrauch ..." (Gröning 1993:243).

Neben dieser spezifischen Wahrnehmung der Klientel ist ein tragendes Element der Frauenberatung die Verbundenheit zwischen Beraterin und betroffener Frau. Der Geschlechtsidentität der Beraterin wird eine hohe Bedeutung für die Ausübung ihrer professionellen sozialpädagogischen Tätigkeit zugemessen. Die beraterische Beziehung soll von der Helferin auf der Basis des gemeinsamen Erfahrungshintergrundes als Frau zu der Hilfesuchenden aufgebaut werden. Die Forderung von weiblichem Fachpersonal in der Wohnungslo-

---

[155] Grönings Analyse bezieht sich auf eine Zusammenfassung in einem Situationsbericht von insgesamt 34 feministischen Beratungsstellen in Nordrhein-Westfalen (1986).

senhilfe wird ebenfalls nicht an eine besondere Professionalität gebunden sondern mit dem Geschlecht erklärt. Da Frauen, „die Gewalt, oft sexuelle Gewalt erfahren haben, diese demütigenden und menschenunwürdigen Erlebnisse Männern nicht mitteilen können und wollen. ..ist eine Beratung durch weibliches Fachpersonal zu gewährleisten" (Rosenke 1996:323).

Der Hilfebedarf von wohnungslosen Frauen wird scheinbar an den angenommenen Gewalterfahrungen festgemacht. Bei einer solchen Sichtweise stellt sich die Frage, was die spezifischen Angebote für wohnungslose Frauen als Arbeitsauftrag verstehen: Eine Beratung, die durch die Hilfeleistung die Voraussetzungen eines selbstbestimmten Lebens ermöglicht, oder eine Therapieform für die Aufarbeitung von weiblichen Gewalterfahrungen oder eine Mischung aus Beidem. Konkret scheint die momentane Praxis, die Beratung als Ansatzpunkt einer kleinen Form der Therapie (Gröning 1993:246) von Gewalterlebnissen versteht, dem Bedarf der hilfesuchenden Frauen nur marginal zu erfassen.

6.3. Resümee

Die Hilfeangebote für wohnungslose Frauen differieren trotz einheitlicher rechtlicher Grundlagen beträchtlich. Die konzeptionellen Ansätze der niedrigschwelligen Versorgungsangebote, der Beratungsstellen und ambulanten Hilfen sowie den teil- und vollstationären Bereichen variieren erheblich.

Die Einrichtungen schaffen sich durch unterschiedliche Zugangsbedingungen und mehr oder weniger spezialisierte Angebote jeweils ihr eigenes Klientel. Die Wohnungslosenhilfe rekonstruiert einen Hilfebedarf und selektiert danach das dem Hilfebedarf entsprechende Klientel. Von einer flächendeckenden einheitlichen Hilfe kann nicht ausgegangen werden.

Die Realisierung der grundlegenden Rechte für alle von Wohnungslosigkeit betroffenen Menschen benötigt die Schaffung von Hilfestandards, die die physische Existenz der Frauen und Männer absichert und ihre gesellschaftliche Stellung verbessert. Eine solche Standardisierung ist jedoch nur möglich, wenn umfassend gegen die benachteiligenden und ausgrenzenden Bedingungen der nicht-wohnungslosen Gesellschaft einschließlich des Hilfesystems vorgegangen wird. *Die momentane Praxis der Hilfen separiert ihr Klientel.*

Die hilfesuchenden Frauen werden nicht vorrangig als Personen ohne Unterkunft definiert, sondern als *beschädigte Frauen.* Diese Definition impliziert die Wertung, daß normale Frauen ihre Wohnung nicht verlieren. Normale Männer können dagegen ihrer Wohnung durch Arbeitslosigkeit, Sucht und Scheidung verlustig gehen. Sie erhalten im Gegensatz zu wohnungslosen Frauen auch zuerst grundsätzliche Hilfen. Bei den weiblichen Hilfesuchenden soll dagegen erst einmal *die Beschädigung* geklärt werden.

Wenn die Frauen sich weigern, sich selbst als defizitär zu definieren, wird die patriarchale Gewalt als Erklärung herangezogen. Die Beziehungspartner der Frauen verbieten ihnen dann den Zutritt zu den Hilfeangeboten. Die Wahrnehmung der Frauen als irgendwie defekte Menschen wird je nach Wertungsschablone oder auch eigenem Interessengebiet gedeutet. Der Defekt ist insbesondere in einer defizitären Sozialisation, in Mißbrauch- und Mißhandlungserfahrungen oder auch in psychischen Erkrankungen sichtbar. Dabei werden keine wissenschaftlich fundierte Forschungsergebnisse diskutiert und reflektiert. Die stark vereinfachten, unprofessionellen Bilder werden auf alle wohnungslosen Frauen projiziert.

Die Schutzfunktion der Angebote wird in der Regel nur den Frauen gewährt, die sich als Opfer begreifen. Eine Frau, die sich nicht der Opferrolle fügt, massiv auftritt, Forderungen stellt, ihre Sexualität leben möchte oder auch nur selbständig über ihren Alkoholkonsum entscheiden will, wird von dem *Schutzangebot* ausgeschlossen. Als sozialpädagogische Begründung dient in diesem Fall die Attestierung von besonderen innerpersonellen Schwierigkeiten, die wiederum eine Annahme der Hilfen unmöglich machen. Es steht außer Frage, daß wohnungslose Frauen einen Schutzraum benötigen. Wie dargestellt bieten die kommunalen Unterkünfte und Notübernachtungen weder die Möglichkeiten eines persönlichen Bereichs noch eine behagliche, ansprechende At-

mosphäre. Spezielle Hilfen für Frauen könnten hier ein Angebot darstellen, das
den Bedürfnissen der Hilfesuchenden nach Ruhe, Wasch- und Duschgelegenheiten, Vermittlung an andere Institutionen oder auch Beratung und Betreuung
entspricht.

Wohnungslose Frauen haben einen rechtlich verbrieften Anspruch auf Hilfeleistungen. Es bedarf nicht einer spezifischer Definition, um die Hilfen gem.
BSHG zu gewähren. Sicherlich sind wohnungslose Frauen von gesellschaftlicher Gewalt bedroht, aber vorrangig sind sie einer existentiellen Gefahr durch
das Fehlen elementarer Lebensgrundlagen ausgesetzt. Die von John geforderte konkrete Nützlichkeit der Hilfen hat sich an diesen elementaren Lebensgrundlagen zu orientieren (John 1988:475).

Die Frauen sind vorrangig als Arme zu begreifen, deren gesellschaftliche Ausgrenzung durch die Dauer des Lebens ohne eigene Unterkunft kontinuierlich
zunimmt. Ein Verständnis von Wohnungslosigkeit als Armut verbietet Ansätze
einer *Therapie der Armen*. Therapeutische und andere spezielle Hilfen müssen
die Institutionen und Personen durchführen, die als spezifische Angebote auch
von der seßhaften Bevölkerung in Anspruch genommen werden. Durch die
Sonderbehandlung in Sonderräumen findet eine Verschärfung der Absonde-
rung und Ausgrenzung von wohnungslosen Personen statt (Lutz 1996:218). Bei
der Notwendigkeit von Hilfen zur Behandlung von psychischen Erkrankungen,
Mißbrauchserfahrungen etc., sind die Frauen an die spezifischen Dienste vor
Ort zu vermitteln. Dazu bedarf es jedoch einer aktiven Vernetzungsarbeit mit
den Hilfeanbietern. Die Wohnungslosenhilfe hat dann den Auftrag die Hilfen zu
koordinieren.

Der inflationäre Ausbau der Wohnungslosenhilfe seit Beginn der neunziger
Jahre hat zu keiner Entwicklung von wissenschaftlich fundierten Standards
geführt. In der Wohnungslosenhilfe hat sich eine Praxiswissenschaft (Thiersch
1992:20) etabliert, die keine relevanten wissenschaftlichen Konzepte aus den
Bereichen der Soziologie, Psychologie und Pädagogik bei der Umsetzung der
Hilfen einbezieht. Es mangelt an interdisziplinären Ansätzen einer praxisbezo-

190

genen Forschung und an der reflexiven Überprüfung der sozialpädagogischen Inhalte. Die momentane Praxis der Wohnungslosenhilfe wiederholt die gesellschaftlichen Ungerechtigkeiten statt sie auszugleichen. Dabei sollte soziale Arbeit mit „ihren Hilfeangebote den gegebenen Verhältnissen, den Menschen in ihrer Situation mit ihren Belastungen und Ressourcen gerecht .. (werden)" (Thiersch 1997:274). Von dieser grundsätzlichen Ausrichtung der Sozialarbeit, die nicht nur aktuelle Krisen durch Stabilisierungsangebote zu überwinden hilft, sondern auch Neuanfänge anregt und begleitet, und dabei den Eigen-Sinn der hilfesuchenden Person achtet und respektiert (Olk/Otto 1989:XX), sind die Hilfeangebote für wohnungslose Frauen weit entfernt.

Die spezifischen Angebote für wohnungslose Frauen benötigen eine klare Abgrenzung zwischen den Standardmaßnahmen nach den gesetzlichen Vorgaben und solchen Hilfen, die für den individuellen Bedarf in Frage kommen. Dabei sind die, wie auch immer gearteten, pädagogischen Interventionen an den Bedürfnissen der Frauen zu orientieren. Die Fixierung des Gros der Frauen an einem traditionellen, über eine Partnerschaft abgeleiteten Lebensentwurf, ist ein gesellschaftlich gewünschtes Verhalten, das durch die Hilfeangebote nicht negiert werden sollte. Vielmehr ist hier eine pädagogische Begleitung zu leisten, die den Frauen ermöglicht, sich in der Partnerschaft zu emanzipieren. Die Festlegung der Frauen auf den Status *Nur-Opfer*, das sich aus der Abhängigkeit eines traditionellen Lebensentwurfs durch spezifische Hilfen befreien soll, impliziert keine Bedürfnisorientierung. Hier ist eher eine sozialpädagogische Praxis festzustellen, die die eigenen subjektiven Wertungen der Helfenden unreflektiert auf die Klientinnen überträgt. Der Aufbau eines Vertrauensverhältnisses zu Beraterinnen, die gleichzeitig disziplinieren, beurteilen, befürworten, verweigern und überwachen, ist bei der pauschalisierenden Wahrnehmung der Frauen unwahrscheinlich.

Die Sozialpädagogik im Bereich der Hilfen für wohnungslose Frauen muß ihre kolonisierenden Tendenzen ständig überprüfen, u.a. auch indem sie die Reaktionen ihrer Adressaten als Spiegel nutzt. Der Abbruch einer Hilfeleistung bzw. die Nichtinanspruchnahme von Angeboten durch die Frauen verweisen auf

Faktoren, die den jeweiligen sozialpädagogischen Ansätzen immanent sind und nicht dem Verhalten der Hilfesuchenden zugeordnet werden können.

Die Hilfepraxis für wohnungslose Frauen ist gefordert, die persönliche Beratung und Betreuung gem. § 72 BSHG an Beratungskonzepten auszurichten, die die Selbstbestimmung und Selbstentscheidung der Hilfesuchenden in den Mittelpunkt rücken. Dazu bedarf es der Konkretisierung von Konzepten und der Ausarbeitung von allgemeinen Kriterien, die als verbindliche Standards zu etablieren sind.

Die Beratungssituation entsteht in der Regel auf Initiative der ratsuchenden Menschen und hat sich an deren Lebensproblematik zu orientieren. Wenn Beratung als ein kritischer Aufklärungsprozeß (Mollenhauer 1965), der die eigenen Möglichkeiten des Klientel in den Mittelpunkt stellt, definiert wird, müssen die individuellen Handlungsansätze der zu beratenden Personen respektiert werden[156]. Die individuellen Kompetenzen der Frauen finden in der gegenwärtigen Praxis wenig Beachtung. In den Beratungsansätze ist eine Ausgliederung von Problemen aus ihren Entstehungszusammenhängen festzustellen. Es bedarf der Klärung, was *beratungswürdige Sachverhalte* (de Haan 1994:165)[157] sind, wie sie entstehen und wie ihnen zu begegnen ist.

---

[156] Für Mollenhauer (1965) ist die Beratung auf dem Hintergrund eines kritischen Gesellschaftsverständnisses eine pädagogische Handlungsform, die die erzieherische Bevormundung durchbricht. Sein Beratungskonzept basiert auf einer emanzipatorischen Auffassung von Erziehung. Gröning (1993:230) benennt die Kriterien dieses Konzeptes:
- Beratung bedeutet für den Ratsuchenden die Vorbereitung einer Entscheidung.
- Vom Berater erwartet der Ratsuchende keine Anweisungen, sondern, daß er zuhört und aus vielleicht besserer Übersicht eine Antwort als Möglichkeit gibt. Der Ratsuchende erwartet keinen Zwang, keine Vorschriften, keine unumstößlichen Wahrheiten, kein Urteil, das nicht revidiert werden könnte.
- Der pädagogische Sinn der Beratungssituation liegt darin, die Selbstfähigkeiten, die Produktivität, die Rationalität und die Phantasie des Ratsuchenden anzusprechen.
- Die entscheidende Möglichkeit der Beratung besteht darin, daß eine kritische Aufklärung stattfindet.
- Diese Selbstaufklärung durch Beratung soll nicht zur Anpassung führen, sondern von Konformitätszwängen befreien.

[157] De Haan (1994:165) macht darauf aufmerksam, daß durch das Fehlen einer integrierten pädagogischen Beratungstheorie und somit einer grundsätzlichen Klärung der Beratungspraxis, deren beraterische Angebote weniger emanzipatorische Inhalte, wie von Mollenhauer gefordert, als vielmehr ausgrenzende und system- adaptive Tendenzen transportieren.

Neben der Schaffung von flexiblen und transparenten Strukturen, ist die Hilfe für Wohnungslose so zu gestalten, daß vorhandene Kompetenzen der Betroffenen aktiviert, eingesetzt und ausgebaut werden können. Das bedeutet auch, daß die Einrichtungen ihre Allzuständigkeit für die Probleme der wohnungslosen Menschen aufgeben müssen.

Die Wohnungslosenhilfe benötigt eine politische Vision. Will sie als Anwalt der wohnungslosen Menschen fungieren und mit ihrem politischen Mandat die ausgrenzenden Lebensbedingungen ändern, ist sie gefordert, eine aktive Rolle im sozialpolitischen Gemeinwesen einzunehmen. Das verlangt von den Einrichtungen, daß sie sich als Teil des sozialen Netzes begreifen und Hilfearrangements mit den lokalen, regionalen und überregionalen Hilfeanbietern eingehen. Neben der Orientierung an der unmittelbaren Lebenswelt und der aktiven Mitgestaltung von präventiven Hilfen, ist ein Engagement für veränderte soziale und politische Rahmenbedingungen gefordert. Hierzu ist es notwendig, die Konkurrenz zwischen den einzelnen Hilfeanbietern abzubauen, und sich als System der Hilfen für ausgegrenzte arme Menschen zu begreifen. Im Kontext der erforderlichen Innovationen der Wohnungslosenhilfe kann es nicht nur um die Diskussion unterschiedlicher sozialpädagogischer Fachauffassungen gehen, sondern es ist die „Konkretisierung grundlegender Verfassungs- und Sozialrechtsnormen" (John 1988:476) gefordert.

Exkurs: Hilfen für wohnungslose Frauen in den neuen Bundesländern

Die Publikationen über wohnungslose Frauen in den neuen Bundesländern erschöpfen sich in einigen Aufsätzen. Lediglich aus Sachsen-Anhalt liegt eine Untersuchung zum Umfang und der Struktur von Wohnungslosigkeit vor, die von Busch-Geertsema/Ruhstrat (1997) veröffentlicht wurde. In dieser Studie wird jedoch nicht explizit auf den weiblichen Wohnungsverlust eingegangen. Vergleichbare Analysen über Wohnungslosigkeit und die spezifischen Hilfen sind durch unterschiedliche Ausgangsbedingungen, völlig unzureichende Daten und nicht vorhandene Vernetzungsstrukturen, z.Z. noch nicht möglich. Das

Hilfesystem auf dem Gebiet der früheren DDR ist, wie Simon/Hermann feststellten, weitaus weniger auf das Merkmal `wohnungslos´ ausgerichtet (Simon/Hermann 1995:58).

I. Ursachen

Die Ursachen von Wohnungslosigkeit unterscheiden sich, laut Klenk (1995:247), nicht wesentlich zwischen den Geschlechtern. Sie führt dies auf die gleiche Ausgangssituation von Frauen und Männern, die bei der Grenzöffnung gegeben war, zurück: Der Zusammenbruch der äußeren Strukturen, die Auflösung der zentralistischen staatlichen Fürsorge und die nachfolgende Auseinandersetzung mit einer anderen Gesellschaftsordnung betraf beide Geschlechter gleichermaßen[158].

Die heutige Situation verweist auf ein besonderes weibliches Verarmungspotential, das in der Arbeitslosenquote und beim Sozialhilfeempfang sichtbar wird[159]. Die Entstehung weiblicher Wohnungslosigkeit wird in den neuen Bundesländern weniger in innerpersonellen Bedingungen gesehen, sondern vorrangig in dem Verlust der materiellen Basis durch eine Arbeitslosigkeit. Dabei scheint nicht nur die, aus einer Arbeitslosigkeit resultierende, monetäre Mangellage für den sozialen Abstieg maßgeblich zu sein. Es wird von einer Kumulation materieller und strukturimmanenter Faktoren ausgegangen, die wieder-

---

[158] Hinze (1995:259) weist daraufhin, daß fast zwei Generationen ehemaliger DDR-Bürger eine Sozialisation durchlaufen haben, die von *absoluter* sozialer Sicherheit und berechenbaren und stetig wiederkehrenden biographischen Stationen gekennzeichnet war. „Es gehörte zu .. den Alltagserfahrungen und -erwartungen, daß der „Übervater Staat" durch seine Postulate und sein Handeln eine umfassende Versorgungsmentalität weitgehend erzeugte und praktizierte" (Hinze 1995:260). Zu dieser staatlichen Vorsorge gehörte auch bis zur Wende das, in Artikel 37 der Verfassung der DDR, festgeschriebene Recht auf Wohnraum für jeden Bürger (Busch-Geertsema/Ruhstrat 1997:13).
[159] In der ehemaligen DDR waren 95% aller Frauen im arbeitsfähigen Alter berufstätig bzw. befanden sich in Ausbildung. Die Arbeitslosenquote von Frauen lag Anfang 1995 in Leipzig (Klenk 1995:248) und Potsdam (Lautenschläger/ Simon 1995:129) bei ca. 63 % mit steigender Tendenz.
Seyfarth stellt einen überproportionalen Bezug von Sozialhilfe bei Frauen in drei Ostberliner Bezirken fest. „Als Ursachen für Sozialhilfeleistungen gelten in erster Linie kein oder ein geringes Einkommen. Bei etwa 55% der Betroffenen ist Arbeitslosigkeit der Grund für den Sozialhilfebezug und bei ca. 10 % sind es zu geringe Einkünfte"(Seyfarth 1996:57).

um im direkten Zusammenhang mit den veränderten gesellschaftlichen Bedingungen stehen. Es handelt sich insbesondere „um die Gruppe von Menschen, die durch die gesellschaftliche Ordnung der DDR `gesichert´ war bzw. die Sicherungssysteme des Staates in ihr Verhalten einbezogen hat. Durch die `Wende´ sind sowohl die Sicherungssysteme zusammengebrochen wie auch oftmals die gelernten Verhaltensweisen problematisch oder sogar kontraproduktiv geworden" (Wolf/Denninger 1995:65). Die Autoren weisen nachdrücklich darauf hin, daß gesellschaftliche Faktoren letztendlich für einen Wohnungsverlust verantwortlich gemacht werden können. Durch einen Verzicht von individuellen Zuschreibungen bei dieser Personengruppe besteht die Möglichkeit, so Wolf/Denninger, durch schnellgreifende materielle Hilfen in Verbindung mit einer qualifizierten Beratung, einer Wohnungslosigkeit und somit einer dauerhaften sozialen Ausgrenzung vorzubeugen.

Die Ausgrenzung aus dem Erwerbsarbeitsmarkt steht im krassen Gegensatz zu den Lebensentwürfen der Frauen und hat elementare Auswirkungen auf den sozialen Status, auf die eigene wirtschaftliche Unabhängigkeit, und damit in vielen Fällen auf die Beziehung zum Partner. „Die Priorität in den Lebensentwürfen von Mädchen und jungen Frauen liegt auch heute noch in der Entwicklung eines befriedigenden Berufslebens" (Institut für soziale Arbeit e.V. 1996:46). Bei dieser Orientierung bedeutet der Verlust des Arbeitsplatzes für die Frauen nicht nur eine existentielle Bedrohung sondern auch eine Identitätskrise, die zu der Verminderung des Selbstwertgefühls führen kann[160].

Die Abdrängung vom Arbeitsmarkt und die Rückkehr in den häuslichen Zuständigkeitsbereich bedeutet für die Frauen die materielle Abhängigkeit vom Partner, die bei Partnerschaftskonflikten auch zu einem Verlust der Unterkunft führen kann. In der Beendigung von Partnerbeziehungen sieht Klenk dann auch

---

[160] Die Arbeitstätigkeit war in der DDR ein entscheidender Lebensbereich. Wie Klenk/ Böhme ausführen, bestand zwischen dem beruflichen und privaten Leben keine strikte Trennung. „Arbeit war selbstverständliches Recht und auch Pflicht, wer nicht arbeiten ging und nicht nachweisen konnte, wie er seinen Lebensunterhalt bestritt, galt als asozial und wurde kriminalisiert. Neben der sozialen Betreuung im Betrieb in Form von medizinischen Leistungen, Urlaubsangeboten, Wohnungsvermittlung .. etc., spielte das Arbeitskollektiv für viele eine große Rolle. ... Betriebe übernahmen familiäre Funktionen" (Klenk/Böhme 1995:200).

die häufigste Ursache einer weiblichen Wohnungslosigkeit (Klenk 1995:249).
Während die Autorin davon ausgeht, daß in der Regel die Frauen nach einer
Trennung vom Partner die gemeinsame Wohnung verlassen müssen, verweist
die empirische Untersuchung von Busch-Geertsema/ Ruhstrat darauf, daß
Partnerkonflikte in Lebensgemeinschaften im gleichen Umfang auch männliche
Wohnungslosigkeit produziert. Eine ausschließlich weibliche Betroffenheit von
einem Wohnungsverlust ermittelten sie dagegen bei Alleinerziehenden, die
durch die Trennung vom Lebenspartner in Mietzahlungsschwierigkeiten geraten und dadurch die Unterkunft verlieren (Busch-Geertsema/Ruhstrat 1997:41).

Die Wohnungsverluste von Frauen verweisen, laut Klenk, auf zwei Aspekte:

• Verschuldung

   Auch Frauen haben sich nach der Wende hoch verschuldet. Bei finanziellen
   Schwierigkeiten werden zuerst die Mietzahlungen eingestellt.

• Unkenntnis

   Die Frauen haben keine oder nur geringe Kenntnisse über die gesetzlichen
   Hilfen, durch die Mietschulden reguliert werden können.

Ein sozialer Abstieg und eine daraus resultierende Wohnungslosigkeit von
Frauen basiert auf strukturellen und individuellen Ursachen, die sich kumulativ
verstärken und zuspitzen können. Hier sind insbesondere folgende Faktoren zu
nennen:

• eine existentielle Bedrohung durch Armut, Überschuldung, etc.
• der Orientierungs- und Werteverlust durch die gesellschaftlichen Umstrukturierungen
• die Unsicherheit und Unerfahrenheit mit den neuen Bedingungen
• enttäuschte Hoffnungen
• eingeschränkte soziale Kontakte
• ungünstige Kindheitsverläufe und daraus resultierende Schwierigkeiten.

Die Wohnungslosigkeit kann zu einer Verschlechterung von seelischen Zu-
ständen führen, die durchaus im Leben jedes Menschen vorkommen und eigentlich keinen Krankheitswert haben (Klenk 1995:249).

II. Die Hilfen

Die in der ersten Aufbauphase entstandenen Einrichtungen der Wohnungslosenhilfe waren fast ausschließlich bei freien Trägern angesiedelt und entstanden auf Initiative einzelner MitarbeiterInnen. Dabei spielte die in den alten Bundesländern prägende Trennung zwischen Obdachlosen und Nichtseßhaften in den ersten Jahren bei der Ausrichtung der Hilfeangebote keine Rolle (Wolf/Denninger 1995:65). Durch die Zunahme der wohnungsverlierenden Bevölkerung werden derzeit in den ostdeutschen Kommunen verstärkt `Obdachlosenheime´ installiert.

Die Wahrnehmung von materiellen und strukturellen Problemen als Auslöser eines Wohnungsverlustes hat scheinbar eine andere Gewichtung der Hilfen nach sich gezogen. Der überwiegende Teil der Einrichtungen bietet Hilfeangebote für wohnungslose und von Wohnungslosigkeit bedrohte Frauen (und Männer) an. Zudem hat die Ausrichtung auf die auslösenden materiellen Bedingungen in einigen Kommunen zu einer offensiven Anwendung des §15a BSHG (wohnungserhaltende Hilfen), zur Schaffung von Wohnunterkünften für `sozial schwache Räumungsfälle´, sowie zu der Einrichtung von Arbeitsprojekten geführt (Simon 1996:125). Diese präventiven Hilfen setzen eine effektive Vernetzung aller Hilfeanbieter vor Ort voraus.

Die Zusammenarbeit verschiedener Hilfeträger (Kirchen, Einzelpersonen, Politiker, soziale Vereine, Initiativen, kommunale Ämter) ist wesentlicher Bestandteil präventiver Arbeit (Hinze 1995:271). Durch Kooperationsmodelle zwischen öffentlichen und freien Trägern in der Wohnungslosenhilfe scheinen integrative Ansätze möglich, die relativ erfolgreich sind. Diese Vernetzung von Hilfeanbietern hat sich jedoch bis jetzt nur in wenigen Kommunen der neuen Bundesländer etabliert (Busch-Geertsema/Ruhstrat 1997:313).

Welche Möglichkeiten ein integrativer Ansatz bei der Vermeidung von Wohnungslosigkeit haben kann, läßt sich am Hilfesystem in Leipzig demonstrieren. Dort wurde bereits im Herbst 1990 ein Sachgebiet Obdachlosenarbeit im kommunalen Sozialamt eingerichtet, das damit beauftragt wurde, ein Hilfesystem, das am Bedarf der Betroffenen orientiert ist, aufzubauen. Dabei wurde eine Unterscheidung zwischen Obdachlosen und Nichtseßhaften vermieden. Infolge entstanden ambulante und stationäre bzw. teilstationäre Einrichtungen, die Hilfen für wohnungslose Frauen und Männer anbieten.

Innerhalb der Stadtverwaltung Leipzig wurde die Abteilung Wohnhilfen im Amt für Wohnungswesen installiert[161]. Diese Abteilung nimmt die präventiven Aufgaben zur Vermeidung von Wohnungslosigkeit (gemeinwesenorientierte Sozialarbeit, Notunterkünfte, wirtschaftliche Wohnhilfen) wahr. Auf der Basis „der Bündelung verschiedener Rechtsgrundlagen wie dem Mietrecht, dem Ordnungsrecht, dem Polizeirecht, dem Wohnungsbindungsgesetz als auch dem BSHG (hier speziell die konsequente Anwendung des § 15a), sowie rechtlichen Bestimmungen auf Landesebene sollen auf kommunaler Ebene unkomplizierte Lösungen gefunden werden, die die Unterbringung wohnungsloser Menschen als auch ihre Versorgung mit Wohnraum erleichtert" (Klenk/Böhme 1995:202f). Die Ziele präventiver Hilfen durch die Abteilung Wohnhilfen in Leipzig umfassen:

- „Wohnungssicherung und Wohnungsversorgung von Haushalten, die von Obdachlosigkeit bedroht sind;
- stadtteilorientierte Gemeinwesenarbeit;
- Erfassung und zielorientierte Bearbeitung aller Daten von drohender Wohnungslosigkeit" (Hinze 1995:265).

Alle Informationen über drohende Obdachlosigkeit aus dem Stadtraum Leipzig werden der Abteilung für Wohnhilfen übermittelt und dort weiter bearbeitet und koordiniert. In den Stadtteilen sind Sozialarbeiter als Hauptfunktionsträger präventiver Obdachlosenhilfe tätig.

Hinze sieht den Vorteil eines präventiven Handelns innerhalb des Stadtteils insbesondere darin, daß Kooperationspartner vor Ort, direkte Nachbarn, Haushaltsgemeinschaften und die unmittelbare Infrastruktur in den Hilfeprozeß ein-

---

[161] Das Sozialamt der Stadt Leipzig ist für die Hilfen nach § 72 BSHG und die Einrichtungen (Tagestreff, Beratungsstelle etc.) für wohnungslose Personen zuständig. Das Amt für Wohnungswesen ist für die Bereiche Verhinderung und Beseitigung von Obdachlosigkeit verantwortlich.

bezogen werden können. Er macht in diesem Zusammenhang darauf aufmerksam, daß sich eine intensive Sozialarbeit für eine dauerhafte und angemessene Versorgung von Wohnraum für Haushalte, die von Obdachlosigkeit bedroht sind, als unverzichtbar erwiesen hat (Hinze 1995:274).

Die Struktur des präventiven Hilfeangebots ist so aufgebaut, daß jede wohnungsverlierende Person „nicht `auf der Straße landet´, sondern mit Wohnung oder Unterkunft versorgt wird. Es bleibt unverzichtbares Ziel präventiven Handelns jeden Haushalt, der von Obdachlosigkeit bedroht ist, mit angemessenem Wohnraum zu versorgen" (Hinze 1995:265)[162]. Zur Gewährleistung dieser Hilfe hat die Abteilung für Wohnhilfen im gesamten Stadtgebiet Wohnungen (Gewährleistungswohnungen) angemietet, die als Möglichkeiten der Notunterbringung dienen. Ist die Wohnungsverlust nicht mehr abzuwenden erfolgt die Vermittlung in ein Notübernachtungshaus. Auch in diesem Bereich erfolgt weiterhin eine Betreuung durch die Abteilung für Wohnhilfen oder auch durch andere Fachdienste (z.B. ASD, Familienhilfe).

In die Zuständigkeit des Sozialamtes fallen die ambulanten, teilstationären und stationären Angebote für `Menschen mit besonderen sozialen Schwierigkeiten´. Bei dem Aufbau des Hilfesystem erfolgte auch die Einbindung freier Träger, die insbesondere Hilfen für spezifische Problemgruppen (wohnungslose Frauen, suchtkranke Männer etc.) anbieten.

Diese Konzentration der Hilfen für von Wohnungslosigkeit bedrohte und wohnungslose Menschen, die sich in Leipzig auf Initiative der Kommune etabliert hat, ermöglicht laut Hinze:

- „ in kurzer Zeit Hilfe; den jeweiligen Bedarfslagen entsprechend keine `Verschiebung der Klienten´;

- eine Struktureinheit zu unmittelbaren Behebung ihrer existentiellen Lebenskrisen (Dach über dem Kopf, Bestandsaufnahme ihrer sozialen Situation, erste Reintegrationsschritte - da diese Problemlagen untrennbar verquickt sind, ist eine Aufsplittung kontraproduktiv, teuer, demotivierend usw.);

- eine Hilfestruktur, die diesen Menschen auch Orientierungshilfen anbietet, d.h. MitarbeiterInnen, die konzeptionell nach den gleichen Grundsätzen,

---

[162] Hervorhebungen im Original

Vorgaben, Entscheidungen agieren und reagieren, sind unverzichtbare Voraussetzung für eine zielorientierte Reintegration" (Hinze 1995:276).

Es scheint, das zeigt der Aufbau der präventiven Hilfen in Leipzig, daß bei einer Problemdefinition von Wohnungslosigkeit als strukturell bedingte Notlage eher Bündnisse und Vernetzungsbemühungen zur Abwendung möglich sind. Diese spezifische Wahrnehmung von Wohnungslosigkeit basiert sicherlich mit darauf, daß es bis zum Zusammenschluß der beiden deutschen Staaten keine sichtbare Unterversorgung mit Wohnraum in der DDR gab, also wohnungslose Frauen und Männer erst durch die gesellschaftlichen Umstrukturierungen im öffentlichen Raum in Erscheinung traten.

7. Zusammenfassung der Ergebnisse und Folgerungen

Es gab zu allen Zeiten Bevölkerungsgruppen, die ohne eigenes Obdach lebten und auf materielle Hilfen angewiesen waren. Diese sichtbar verarmten Personen erfuhren und erfahren neben der monetären Unterversorgung auch immer gesellschaftliche Ausgrenzung, die insbesondere durch Vorurteile bestimmt wird.

Die Bevölkerungsgruppe, die sichtbar im öffentlichen Raum lebt, vergrößert sich zunehmend. Neben den männlichen Stadtstreichern und Nichtseßhaften werden vermehrt Frauen und Jugendliche (Straßenkinder) bemerkt. Diese spezifischen Gruppen von wohnungsverlierenden Menschen, deren öffentliche Verelendung eigentlich nur in Krisenzeiten (z.B. nach Kriegen, in Zeiten starker Rezession) offenkundig werden, hat seit den siebziger Jahren eine begrenzte sozialwissenschaftliche Aufarbeitung erfahren, die jedoch nur marginal zur Klärung von individuellen Ausgrenzungsprozessen beigetragen hat.

Der Lebenslagenansatz versucht, die unterschiedlichen Faktoren zu erfassen, die einen sozialen Abstieg in die Wohnungslosigkeit beeinflussen. Neben strukturellen Bedingungen, die durch empirisch belegbare Daten über Einkommen, soziale Herkunft, Bildungsstand, Wohnumfeld etc. ermittelt werden können, bemüht sich dieser Ansatz, die Komplexität der Zusammenhänge und

Wechselwirkungen zu veranschaulichen. Demnach verursachen eine Vielzahl von gesellschaftlichen und individuellen Faktoren das Entstehen einer deprivierten Lebenslage, die als Basis des sozialen Abstiegs in die Wohnungslosigkeit angenommen werden kann.

Die Verfestigung abweichenden Verhaltens erfolgt durch gesellschaftliche Stigmatisierungen. Sie geschehen auf der Folie weiblicher Rollenkonzepte, die eine Konsequenz spezifischer Sozialisationsbedingungen darstellen. Durch zunehmend einengende Interaktionsprozesse verändert sich das Selbstbild der Frauen dahingehend, daß sie die Vorurteile und Etikettierungen von anderen übernehmen und sich selbst negativ beurteilen bzw. sich aufgeben.

Der soziale Abstieg in die Wohnungslosigkeit erscheint in den Biographien als dynamischer Prozeß, in dessen familialen Kontext keine stabilen, identitätsstiftenden Beziehungen aufgebaut worden. Diese mangelhaften Bindungen fördern beim Auftreten zusätzlicher Lebensprobleme den sozialen Abstieg, der mit der Lösung eben dieser familialen Kontakte begonnen hat. Die soziale Isolation verläuft als Prozeß, in dem die Frauen bei Nichterfüllung von Rollenerwartungen negativ sanktioniert werden und selbst zur Isolation beitragen, da sie sich ihres Versagens schämen. Die als konflikthaft wahrgenommenen Bindungen zur Herkunftsfamilie und/oder zum bisherigen Partner werden abgebrochen. Die Beziehungslosigkeit zieht in der Regel den Verlust der materiellen Absicherung nach sich, die aufgrund geringer Ressourcen im Ausbildungsbereich nicht genügend ausgeglichen werden kann. Durch das Eingehen neuer Beziehungen und damit einhergehender Abhängigkeiten versuchen die Frauen, Wohnungslosigkeit zu vermeiden. Dieses gelingt jedoch nur eine begrenzte Zeit, in der sich letztendlich die sozialen Kontakte und somit die Möglichkeiten einer normalen Lebensführung soweit verringern, daß sie sich entschließen, auch `Alternativen zur Fristung des Lebens´ (Albrecht u.a.) zu nutzen, die ihrer Problemlage nicht entsprechen. Eine dieser Alternativen ist das Dasein im öffentlichen Raum.

Das Leben auf der Straße beinhaltet für Frauen nicht nur den Ausschluß von der Partizipation in allen Lebensbereichen, sondern auch eine weitreichende gesellschaftliche Diskriminierung. Die Frauen stören eher die öffentliche Moral als die öffentliche Ordnung und bemühen sich daher, den Anschein einer bürgerlichen Existenz u.a. durch eine 'ordentliche' äußere Erscheinung so lange wie möglich zu bewahren.

Die Instanzen sozialer Kontrolle und Hilfe forcieren nicht unerheblich den Ausgrenzungsprozeß, in dessen Verlauf sich die Chancen einer Integration in die Gesellschaft stetig verringern. Die unreflektierte Wahrnehmung der wohnungslosen Frau als deviantes und/oder defizitäres Individuum bedingt bevormundende Maßnahmen, die in das Kleid von sozialpädagogischen Interventionen gehüllt werden. Sie werden von den Betroffenen abgelehnt, im besten Fall wenig genutzt. In Konsequenz ziehen sie in der Regel zusammen mit einem Mann ein Dasein im Straßenmilieu vor. Dieses in einzelne Gruppen gegliederte Milieu hat für die Frauen identitätsstiftende und funktionale Bedeutung: Identitätsstiftend, weil diskriminierungsärmer als das heutige Hilfesystem, funktional, weil es ein soziales Netz im Subsystem darstellt. Die sozialen Interaktionen innerhalb dieses Bezugssystems gewinnen für die Frauen in dem Maße an Relevanz, wie die Situation der Wohnungslosigkeit andauert und die normalen gesellschaftliche Kontakte abnehmen (Jochum 1996).

In den Gruppen des Straßenmilieus spielt der Konsum von Alkohol eine wichtige Rolle und trägt durch die Sichtbarkeit des Trinkens dazu bei, daß in der seßhaften Bevölkerung Wohnungslosigkeit mit Alkoholmißbrauch leicht gleichgesetzt und bei Frauen besonders rigide sanktioniert wird. Der Teufelskreis schließt sich, da die zusätzliche Diskriminierung wiederum dazu führt, daß soziale Kontakte außerhalb des Milieus immer unwahrscheinlicher werden.

Diese sich weiter einschränkenden individuellen Kompetenzen münden in eine resignative Phase, die sich in einer weitreichenden Verelendung und Hilflosigkeit zeigt. Die tragische Konsequenz ist: Je offensichtlicher die Frauen vere-

lenden, desto geringer ist die Bereitstellung von Hilfen in den sozialen Einrichtungen, da die gesellschaftlichen Stigmata unreflektiert weiterbestehen.

Wir stehen heute immer noch vor dem Problem, daß längst überwunden ge-
glaubte Vorurteile, weibliche Wohnungslosigkeit sei mit innerpersonellen Ver-
sagensleistungen zu erklären, nach wie vor bestehen. Die Frauen werden entweder als defizitäre Persönlichkeit, als Kranke oder als Opfer definiert und zu
Objekten degradiert. So besteht in den Einrichtungen in der Regel nur dann ein
Handlungsbedarf, wenn sich die Frauen wohlverhalten.

Die Beratungs- und Betreuungsangebote neigen dazu - sowohl von Trägern als
auch von Menschen interpretiert - erst die Persönlichkeit der Frauen zu klassi-
fizieren und die sozialstaatlichen Ansprüche und Rechte nachrangig zu behandeln. Ein solches Hilfesystem, das auf einem unreflektierten Konstrukt
aufbaut, kann wohnungslose Frauen nicht als gleichberechtigte Bürgerinnen
akzeptieren. Die Konkurrenz zwischen den Einrichtungen sowie unterschiedliche Standards und leitende Paradigma bedingen ein uneinheitliches und
höchst defizitäres Hilfesystem. Der eigentliche Auftrag der spezifischen Angebote für wohnungslosen Frauen sowie die Ausgestaltung von bedarfsgerechten
Hilfen im sozialen Nahbereich sind bis heute nicht erfüllt wurden.

7.1. Der sozialpolitische Handlungsbedarf

Die sichtbare Verelendung von Bevölkerungsgruppen (wohnungslose Frauen,
Männer, Kinder und Jugendlichen) geht einher mit der allgemeinen Rezession
und damit der Reduzierung von staatlichen Leistungen und integrativen Hilfeangeboten.

Die Hilfen für wohnungslose Personen verweisen auf Tendenzen, die inhaltlich
auf eine Unterteilung in *würdige* (integrierbare) und *unwürdige* (schwer integrierbare) wohnungslose Menschen hinauslaufen. Die als *resozialisierbar* ein-
gestuften Menschen erhalten die rechtlich verbrieften Hilfen laut BSHG zur
Normalisierung ihrer Lebenssituation. Dagegen werden als *unwürdig* eingestufte Menschen an karitative Institutionen (z.B. Suppenküchen, Tafeln, Über-

nachtungsstellen) verwiesen, die in der Regel keine integrativen Angebote bereitstellen, sondern nur Teil der täglichen Lebenssicherung sind.

Das Bereitstellen dieser zumeist ehrenamtlichen Hilfen wird von den Kommunen forciert; einerseits entstehen durch das ehrenamtliche Engagement nur
geringe Kosten und die Hilfen decken den notdürftigsten Bedarf der deklassierten Bevölkerung ab, die als nicht Einzugliedernde aus dem professionellen
Hilfesystem ausgeschlossen werden.[163]

Mit der Zunahme von sichtbar wohnungslosen Menschen wurden zudem sozi-
aldisziplinierende Maßnahmen in den bundesdeutschen Ballungsgebieten initiiert[164]. In einigen Großstädten ist es an der Tagesordnung, daß bettelnde
Personen mit Platzverweisen und Bettelverboten belegt werden (Rada
19.97:11; Der Spiegel 24/1997 S.48ff). In Berlin z.b. werden diese Menschen
auf Initiative von Geschäftsinhabern aber auch im Auftrag der kommunalen
Verwaltung von privaten Sicherheitsdiensten und der Polizei aufgegriffen und
am Stadtrand ausgesetzt. Hilfen zum Abwenden der Notsituation erhalten sie
nicht.

Die sich zunehmend konservativ gebärdende Gesellschaft ist der sichtbar armen, randständigen Bevölkerung überdrüssig und drängt auf Ausgrenzung.

Aus einer solchen konservativen Haltung heraus hat sich die staatliche Notzu-
wendung in eine Daseinsversorgung gewandelt, die den Empfängern prinzipiell
ein individuelles Versagen und Schmarotzertum unterstellt. In der Wohnungslosigkeit sehen viele kommunalpolitische Gremien keinen dringenden Hand-

---

[163] Das Interesse an dem Aufbau von ehrenamtlichen Hilfeangeboten bzw. die Unterstützung dieser Initiativen durch die Kommunen basiert auch auf Imagegründen. So wurde
die Gewährung von finanziellen Mitteln für ein Tagesaufenthaltsangebot für wohnungslose Menschen auf einer Sozialausschußsitzung in einer niedersächsischen Gemeinde damit begründet, daß der Erfrierungstod eines obdachlosen Menschen dem touristischen
Image schaden würde. Humanitäre oder integrative Ansätze spielten bei der Gewährung
von Geldern keine Rolle.
[164] Diese sozialdisziplinierenden Maßnahmen sind auch in den anderen westlichen Ländern
an der Tagesordnung. J. Major äußerte 1994, auf die zunehmende Zahl der Bettler in
Großbritannien angesprochen, daß Betteln ein Ärgernis und unnötig sei. Für Leute in Not
gebe es ein Netz sozialer Sicherheit - auch für Bettler, damit dieser „Schandfleck" von den
Straßen verschwinde (Kratz 1994:38).

lungsbedarf. Der Verlust jeglicher Unterkunft wird je nach Argumentationsbedarf entweder als wohnungsbau- oder als arbeitsmarktpolitische Entwicklung ausgelegt, die neben anderen gesellschaftlichen Ereignissen keine Relevanz hat[165]. Übergreifende Konzepte der verschiedenen Ressorts zur Vermeidung von Wohnungslosigkeit fehlen auf kommunaler- und Bundesebene völlig.

Die sozialpolitische Negierung von Wohnungslosigkeit trägt dazu bei, daß die gesellschaftliche Ausgrenzung der Betroffenen verstärkt wird. Der Verlust der Wohnung und das Leben im öffentlichen Raum erscheint nicht als Resultat gesellschaftlicher Umstrukturierungen, sondern immer noch als individuelle Schuld.

Die aktuelle Situation des Umgangs mit gesellschaftlich ausgegrenzten Personen unterscheidet sich dabei deutlich von den sozialpolitischen Initiativen und der Randgruppendiskussion der siebziger Jahre. Während die damalige Thematisierung von Ausgrenzung insbesondere die gesellschaftlichen Benachteiligungen dieser Menschen beschrieb und dementsprechend durch Änderungen in dem sozialen System eine Integration der randständigen Personen anstrebte, ist die heutigen Diskussion zurückgefallen auf den Stand der sechziger Jahre.

Dieser negative Perspektivenwechsel hat auch zur Folge, daß die Resozialisierung von den als unwürdig deklassierten Bevölkerungsgruppen nicht mehr angestrebt wird. Die Definitionsmacht, die über Hilfe oder Ausgrenzung, ´würdig´ oder ´unwürdig´ entscheidet, basiert auf selektiven Prozessen, die gesellschaftlich determiniert werden.

Drei Aspekte erscheinen in diesem Kontext gravierend:

- Erstens wird ein gesellschaftlicher Selektionsprozeß dahingehend umgedeutet, daß die davon betroffenen Menschen diese Marginalisierung als eigene Schuld internalisieren.

---

[165] Die öffentliche Diskussion und daraus resultierende sozialpolitische Initiativen sind abhängig von der Jahreszeit. Im Winter, wenn die Zahl der erfrorenen wohnungslosen Menschen die öffentliche Empörung erreicht, wird in der Regel, kurzfristig durch finanzielle Mittel und sozialpolitische Statements, auf die chronische Unterversorgung der Menschen ohne Unterkunft hingewiesen.

- Zweitens ist auf dieser Deutung der individuellen Schuld nur bedingt ein Protest der Betroffenen gegen die selektiven Mechanismen zu erwarten[166].

- Drittens konstituiert sich die gesellschaftliche Ausgrenzung durch sozialpolitische Faktoren, die sich insbesondere durch das Fehlen von bundesweiten einheitlichen Armutsstatistiken und gesicherter Daten über den Anteil der wohnungslosen Bevölkerung zeigen. Trotz kongruenter gesetzlicher Grundlagen existiert ein stark differierendes administratives Sozialsystem.

Hier wird ein sozialpolitischer Handlungsbedarf sichtbar, der sich, analog den Prinzipien der staatlichen Daseinsvorsorge, um die Initiierung von einer sanktionsfreien und präventiven Hilfe für die sozial deprivierten Bevölkerungsgruppen bemühen muß.

Der sozialpolitische Handlungsbedarf ist dabei vorrangig in folgenden Punkten zu sehen:

1. Verbindliche Datengrundlagen und Definitionen

Die Personen ohne jeden eigenen Wohnsitz werden in keiner der gängigen Erhebungen erfaßt.

Die Erhebung von bundesweiten Daten über den Anteil der armen und wohnungslosen Bevölkerung ist erforderlich. Aktuell bestimmt eine einheitliche Definition weder von Armut noch von Wohnungslosigkeit die Diskussion. Es ist notwendig, eine differenzierte empirische Datengrundlage zu schaffen. Die amtlichen Statistiken über den Sozialhilfebezug erfassen nur einen Teil der armen Bevölkerung.

2. Kooperationen

Die Gewährung der gesetzlichen Hilfen gem. BSHG scheitert in der Praxis auch an der mangelhaften Kooperation der administrativen Ebenen. So ist durchgängig festzustellen, daß zwischen den zuständigen Ministerien auf Län-

---

[166] Der nur zögerliche Protest gegen benachteiligende gesellschaftliche Strukturen zeigt sich z.B. auch in den Schwierigkeiten bei der Initiierung von Demonstrationen der arbeitslosen Bevölkerung.

derebene, die einen Teil der finanziellen Mittel für die Hilfen gewähren, und den ausführenden kommunalen Verwaltung keine Hilfekonzeptionen vereinbart sind. Gerade integrative Maßnahmen für wohnungslose Menschen benötigen jedoch verbindliche Hilfekonzeptionen der Sozialadministrationsebenen.

3. Die kommunale Administration

Wohnungslosigkeit und die Folgen (u.a. Arbeitslosigkeit, Fremdunterbringung von Kindern, Erkrankungen, Verelendung) ziehen volkswirtschaftliche Kosten nach sich, die durch gezielte präventive Hilfen verringert werden könnten. In diesem Rahmen sind die Kommunen gefordert, in ihnen entsteht das Problem und bei ihnen liegen die Zuständigkeiten.

Der Wohnungsverlust als sozialer Abstieg ist in der Regel der Administration bekannt, entweder, weil beim Sozialamt wohnungserhaltende Mittel beantragt wurden oder eine Nachfrage wegen einer Sozialwohnung beim Wohnungsamt erfolgte. Eine Kooperation dieser verschiedenen administrativen Hilfen, kann, das demonstriert das Leipziger Modell, Wohnungslosigkeit verhindern bzw. vermindern.

4. Koordination und Vernetzung

Es müssen nicht nur auf Bundes- und Länderebene gesetzliche Initiativen in Kooperation der zuständigen Ressorts ergriffen werden, sondern auch die jeweilige kommunale Verwaltung ist gefordert, ämterübergreifend zu arbeiten. Nur durch die Koordination der verschiedenen administrativen Hilfeangebote kann manifeste Obdachlosigkeit vermieden werden.

Diese Zusammenarbeit darf auf der kommunalen Ebene nicht auf die Administration beschränkt bleiben, sondern muß alle potentiellen Hilfeanbieter einbeziehen. Die Vernetzung bzw. Koordination der verschiedenen Hilfeangebote ist auf der Grundlage eines Konzeptes durch die Kommunen zu initiieren. Die Einbeziehung aller Hilfeanbieter in diesem Rahmen kann auch dazu beitragen die Konzeptionen zu modernisieren, die Kooperation zwischen den jeweils spezifischen Angeboten voranzutreiben und uneffektive Angebote zu erkennen bzw. zu schließen.

5. Verläßlichkeit

In einem solchen kommunalen Hilfesystem sind einheitliche Standards zu entwickeln. Für den Hilfesuchenden in der momentanen Praxis bedeutet ein Sachbearbeiterwechsel oder eine andere sozialpädagogische Bezugsperson in der Regel auch die Abänderung der Hilfepraxis. Für die Entwicklung von präventiven Hilfekonzeptionen ist eine Verbindlichkeit bei der Ausführung unerläßlich und darf nicht durch persönliche Interpretationen unterminiert werden.

6. Transparenz

Die so initiierten Hilfeangebote haben sich an den geltenden Sozial- und Rechtsnormen zu orientieren und müssen für die Hilfesuchenden in ihren Strukturen und Entscheidungen transparent sein. Die bedürftigen Personen sind dabei als *mündige* Bürger zu respektieren, die ein Anrecht auf Hilfe haben. Eine Transparenz in den Strukturen und Entscheidungen impliziert auch, daß die Angebote sich an ihrem Klientel auszurichten haben.

7. Orientierung auf den sozialen Nahbereich und Dezentralisierung

Die Angebote sollten, um präventiv arbeiten zu können, im sozialen Nahraum präsent und erreichbar sein. Eine Hilfemaßnahme, die weder über Kenntnisse des sozialen Umfelds noch über die jeweiligen spezifischen Lebensbedingungen verfügt, wird die Personen, die eventuell von einem Verlust der Unterkunft bedroht sind, nicht erreichen. Angebote zur Vermeidung von Wohnungslosigkeit müssen dort angesiedelt sein, wo die Gefahr des sozialen Abstiegs am größten ist. Die Hilfen sollten niedrigschwellig und prophylaktisch arbeiten können. Dabei ist eine Vertrauensbeziehung, die auf Verläßlichkeit und gegenseitiger Akzeptanz beruht, für den Hilfeprozeß unerläßlich.

8. Der tatsächliche Hilfebedarf

Die Hilfen haben sich analog der rechtlichen Vorgaben an dem Bedarf (§72 BSHG) der Betroffenen zu orientieren. Das beinhaltet auch, daß die Handlungskompetenzen der Hilfesuchenden unterstützt werden, nach Beseitigung der Notlage von den Leistungen wieder unabhängig leben zu können. Eine solche Ausrichtung der Hilfe sollte Typisierungen und Zuschreibungen minimieren und dem tatsächlichen Bedarf entsprechend agieren, also weder unter- noch überversorgend handeln.

7.2. Forderungen an eine bedarfsgerechte pädagogische Praxis

Der soziale Abstieg von Frauen in die Wohnungslosigkeit ist eine negative Karriere. Am Ende dieser Karriere sind arme Frauen nichtseßhafte Frauen. Eine bedarfsgerechte sozialpädagogische Praxis ist gefordert, diesen chronologischen sozialen Abstieg zu unterbrechen. Durch die derzeitige Trennung der Angebote für von Obdachlosigkeit bedrohte, obdachlose und nichtseßhafte Frauen wird der jeweilig definierte Hilfebedarf erst produziert. Wie in den Fallbeispielen sichtbar wurde, ist der soziale Abstieg ein Prozeß, der durch unadäquate und/oder keine erreichbaren Hilfeangebote an Dynamik gewinnt. Die Vermeidung von Wohnungslosigkeit ist daher nur durch Sozialarbeit, die im Gemeinwesen angesiedelt ist, möglich.

Eine solche Sozialarbeit, die sich vorrangig als Dienstleistung für arme Frauen definiert und durch konkrete Hilfen deren Lebenssituation verändern hilft, hat folgende Prinzipien zu erfüllen:

209

7.2.1. Sozialkritische Orientierung

Soziale Arbeit transportiert immer auch sozialpolitische Inhalte. In Bezug auf die armen Frauen sind hier sozialkritische Ansätze in der Hilfe gefordert, die aktiv dazu beitragen, die gesellschaftlichen Handlungsmöglichkeiten der betroffenen Frauen zu erweitern.

Staatliche Sozialarbeit ist ein Bestandteil der sozialen Sicherungsleistungen und damit ein integrierendes und notwendiges Moment staatlicher Sozialpolitik, um den grundgesetzlichen Auftrag von Gerechtigkeit zu erfüllen. Die Wechselwirkung zwischen Sozialarbeit und Sozialpolitik ist nur erfolgreich, wenn Sozialarbeit diese sozialpolitischen Vorgaben durchsetzt, ohne das kommunale System zu sprengen, oder - im Gegensatz - sich kleinlaut unterordnet; kurz: ein professionelles und moderates Handeln ist gefragt.

Die bisherige konservative Sozialpolitik war darauf ausgerichtet, die 'natürliche Ordnung' zwischen den Geschlechtern zu manifestieren. Die Familienorientierung der Frauen als klassische Rollenzuschreibung sollte durch sozial- und familienpolitische Intentionen stabilisiert werden. Die staatliche Sozialarbeit hat in diesem Rahmen die Funktionen, die 'natürlichen Ordnung' der Geschlechter zu unterstützen, andere Lebensformen dagegen, die nicht dem postulierten Weiblichkeitsbild nachkommen, wurden durch diese staatliche Dienstleistung als abweichend deklassiert. Die soziale Arbeit hat bisher in der Regel durch ihre Hilfeangebote die klassischen Rollenzuschreibungen gestärkt und hat somit eine weitreichende Normierungs- und Normalisierungsfunktion wahrgenommen (Bitzan/Klöck 1993:23).

Eine kritische Orientierung in der sozialen Arbeit mit armen Frauen muß sich auf diesem Hintergrund ihrer Funktionalisierbarkeit bewußt sein und kritische Distanz zu den konservativen gesellschaftlichen Bedingungen, die die Deklassierung von armen Frauen determinieren, aufbauen.

7.2.2. Alltagsbezogenheit

Die sozialpädagogischen Ansätze müssen auf die Alltagsprobleme der Frauen bezogen sein, d.h. die Hilfen sind innerhalb der Alltagswelt der Frauen anzusiedeln und müssen eine vorhersehbare Nützlichkeit für sie haben.

Eine Orientierung an der Alltagswelt fordert einen methodischen Ansatz, der offen ist für die Komplexität von Alltagsproblemen. Ein solcher Ansatz muß die Handlungskompetenzen des Individuums ins Zentrum rücken und darf nicht vorgegebene Problemdefinitionen und Problemorientierungen als Arbeitsgrundlage nutzen.

Jedoch liegt die Gefahr in der Individualisierung der Probleme. Lebensweltorientierung bedeutet als Grundhaltung in der sozialen Arbeit, sich umfassend auf den Begründungs- und Sinnzusammenhang der Lebenspraxis von Frauen einzulassen. Eine solche Vorklärung, „wie die Frauen leben, was sie zu bestimmten Handeln bzw. Nicht-handeln leitet, welchen subjektiven Sinn sie Erfahrungen, Absichtserklärungen und biographischen Ereignissen geben" (Bitzan/Klöck 1993:266) ist zu leisten. Nur das Kennen der subjektiven und gesellschaftlichen Faktoren ermöglicht es, individuelle Handlungen zu begreifen. Dabei ist davon auszugehen, daß „jedes Individuum.. sein Dasein in der von seinem Standpunkt aus zugänglichen und darauf zentrierten unmittelbaren Lebenswelt (bewältigt), wobei die dergestalt dem Subjekt `zugewandten´ Mikrostrukturen gesellschaftlicher Bedeutungszusammenhänge zunächst bestimmte Handlungsbegründungen nahelegen" (Oelschläger 1987:231). Je weniger Möglichkeiten die Lebenswelt an politischem, kulturellem und sozialem Handeln bietet, desto weniger Handlungsalternativen hat auch das Individuum. Soziale Arbeit, die an der Lebenswelt orientiert ist, hat den Auftrag, die individuellen Handlungsmöglichkeiten zu analysieren und das gesellschaftliche Handeln des Einzelnen zu erweitern.

7.2.3. Ganzheitlichkeit

Gemeinwesenarbeit ist auf Ganzheitlichkeit ausgerichtet (Bitzan/Klöck 1993:271ff; Oelschläger 1993:73ff) Auch die soziale Arbeit mit Frauen muß ganzheitlich agieren. In ihrem Handeln hat sie sich auf die lebensweltlichen Erfahrungen der Frauen zu beziehen und die Probleme so zu verstehen, wie die Klientinnen sie selbst verstehen. Die Hilfen müssen im Kontext der spezifischen individuellen Deutungsmuster und Lebensressourcen plaziert und auf Veränderung angelegt werden. Bitzan/Klöck weisen nach, daß eine frauenspezifische soziale Arbeit nicht weit kommt, wenn sie nicht die spezifischen Lebensbedingungen für Frauen reflektiert und dabei gleichzeitig die weibliche Sozialisation und Rollenprägung der helfenden Pädagogin selbst zum Thema macht (Bitzan/Klöck 1993:261).

Demnach müssen die Zielrichtungen und Methoden frauenspezifischer Sozialarbeit gleichermaßen im Hinblick auf die Lebenswelt und die Möglichkeiten zur Veränderung der betroffenen Frauen interpretiert werden. Es geht in der frauenspezifischen Arbeit „um eine bestimmte Haltung bei allen .. (Aktivitäten), die für geschlechtsspezifische Auswirkungen sensibel ist, Probleme auf dem Hintergrund des hierarchischen Zusammenhangs interpretieren kann (also bestimmte Konfliktfähigkeiten voraussetzt) und Traditionen der Bezugnahme von Frauen auf Frauen herstellt, mit der Frauen ... ihre eigene Wichtigkeit ernstzunehmen lernen" (Bitzan/Klöck 1993: 260).

Sozialarbeit ist in der Regel weiblich. Die Sozialpädagogin muß die eigene Situation als Frau in einer bestimmten Funktion innerhalb eines institutionellen Rahmens und in Bezug auf den gesellschaftlichen Auftrag reflektieren. Die Adressatin der Hilfe und die Helfende sind nicht frei von unterschiedlichen Bildern, wie die weibliche Rolle ausgefüllt sein sollte. Diese Diskrepanz zwischen den Vorstellungen von Weiblichkeit der Helferinnen und der hilfesuchenden Frauen verlangt nach einer fachlichen Auseinandersetzung. Jede professionelle Helferin muß beachten, daß die Lebensbedingungen und -entwürfe der betroffenen Frauen im Hilfeprozeß Beachtung finden.

7.2.4. Parteilichkeit

Parteilichkeit ist eine solidarische Grundhaltung, die die Frauen in ihren Le-
bensbezügen ernst nimmt, ihnen Sicherheit gibt und ihre Interessen als eigenständige und eigenlegitimierte Persönlichkeit respektiert und gezielt in den
Vordergrund stellt (Bitzan/Klöck 1993:268). Dieses Vorgehen basiert auf einem
Begriff von Professionalität, der versucht, den Alltag der Klientinnen aufzuklä-
ren und situative und strukturelle Bedingungsfaktoren mit den Adressatinnen
der Hilfe gemeinsam zu erarbeiten. Dieses Professionalitätsverständnis verlangt von den professionellen Helfenden nicht das Vorhalten einer besseren
Lebenspraxis, sondern soll im gemeinsamen Handeln letztendlich eine Erweiterung der Bewältigungsoptionen ermöglichen (Bitzan/Klöck 1993: 328).

Diese Erweiterung der Handlungsmöglichkeiten von wohnungslosen Frauen
muß immer auch vernetzende Funktionen umfassen, die den Betroffenen die
Chance eröffnet, zwischen für sie nützlichen und weniger adäquaten Dienstleistungen wählen zu können.

7.2.5. Fachlichkeit

Fachlichkeit benötigt nicht vorrangig die Formulierung von grundlegenden Ge-
staltungsprinzipien eines Hilfeangebots (vgl. Enders-Dragässer/Sellach 1997;
Rosenke 1996), sondern eine professionelle Klärung der verursachenden Problemlagen. In den vorliegenden Positionen der spezifischen Hilfe für wohnungslose Frauen sind keine differenzierten professionellen Ansätze erkenn-
bar. Es erscheint vielmehr so, als würde in dem groben Raster der interpre-
tierten Lebensbedingungen jedes wie auch immer geartete Verhalten der
Frauen eine Typisierung erfahren. Die Unterordnung der Klientin unter den
Typus `Opfer´ oder `deviant´ tritt dabei im Hilfesystem an die Stelle des Ver-
suchs, die „komplexe Lebenswirklichkeit und das eigensinnige Handeln der
Person in der Wirklichkeit angemessen zu rekonstruieren" (Dewe u.a.
1995:19). Dabei ist „der `Maßstab´ für die jeweilige Angemessenheit profes-
sionalisierten Handelns im Rahmen einer sozialpädagogischen Intervention ..

213

darin zu sehen, inwieweit eine professionelle Unterstützung der Lebenspraxis die -zumindest- kontrafaktisch gesetzte Autonomie des Handelns auf Seiten der .. Hilfsbedürftigen respektiert, praktisch fördert bzw. wiederherstellt" (Dewe u.a. 1995: 52). Ein solches sozialpädagogisches Handeln ist angewiesen auf eine gründliche Analyse der das Arbeitsfeld bestimmenden Faktoren und benötigt ein selbstreflexives, professionelles Verständnis der Helfenden. Fachlichkeit darf nicht als hermeneutische Beliebigkeit verstanden werden und aus der subjektiven Wahrnehmung gedeutet werden.

214

Literaturverzeichnis

AG der freien Wohlfahrtspflege Hamburg e.V. (Hg.)1992: Armut in Hamburg. Stellungnahme der Experten zur Bürgerschaftlichen Anhörung am 4. und 5. Mai 1992. Hamburg
AG SAPK 1977: Empirie einer Subkultur. Obdachlosensiedlung Wiesbaden-Mühltal. Berlin
Albrecht, G. 1981: Nichtseßhaftigkeit und Sucht. In: Feuerlein, W. (Hg.): Sozialisationsstörungen und Sucht: Entstehungsbedingungen, Folgen, therapeutische Konsequenzen. Wiesbaden
Albrecht, G. u.a. 1990: Lebensläufe. Von der Armut zur „Nichtseßhaftigkeit" oder wie man „Nichtseßhafte" macht. Bielefeld
Alheit, P./Dausien, B. 1985: Arbeitsleben. Eine qualitative Untersuchung von Arbeiterlebensgeschichten. Frankfurt/M.
Angele, G. 1989: Obdachlosigkeit - Herausforderung an Pädagogik, Soziologie und Politik. Weinheim
Arbeitsgruppe Berliner Wohnungslosentagesstätten 1997: Ausstattungsstandards und Konzeption der Berliner Wohnungslosentagesstätten. In: wohnungslos Heft 2/1997
Armut in Hamburg 1993: Beiträge zur Sozialberichterstattung. Hg.: Freie und Hansestadt Hamburg, Behörde für Arbeit, Gesundheit und Soziales. Hamburg
Armut in Rheinland-Pfalz 1992: Bericht der Landesregierung zum Beschluß des Landtags Rheinland-Pfalz vom 27. März 1992. Landtagsdrucksache 12/700/1098. Mainz
Baacke, D. 1985: Biographie: soziale Handlung, Textstruktur und Geschichten über Identität. Zur Diskussion in der sozialwissenschaftlichen und pädagogischen Biographieforschung sowie ein Beitrag zu ihrer Weiterführung. In: Baacke, D./Schulze, T. (Hg.): Pädagogische Biographieforschung: Orientierungen, Probleme, Beispiele. Weinheim, Basel
BAG Nichtseßhaftenhilfe 1986: Grundsatzprogramm für die Nichtseßhaftenhilfe und die Arbeit der BAG-NH. Allgemeiner Teil. Beilage der Gefährdetenhilfe Heft 1/87
BAG Wohnungslosenhilfe 1996: Pressemitteilung. In: wohnungslos Heft 4/96
Beck, U. 1986: Risikogesellschaft. Auf dem Weg in eine andere Moderne. Frankfurt/M.
Beck, U./Beck-Gernsheim, E. 1994: Individualisierung in modernen Gesellschaften - Perspektiven und Kontroversen einer subjektorientierten Soziologie. In: Beck, U./Beck-Gernsheim, E. (Hg.): Riskante Freiheiten. Frankfurt/M.
Behnsen, S. 1995: Wege zu einer sozialen Medizin für Wohnungslose. In: Lutz, R. (Hg.): Wohnungslose und ihre Helfer. Bielefeld
Berger, H. 1983: Verheimlichungsmöglichkeiten und sozial auffällige Verhaltensweisen bei alkoholkranken Frauen. In: Berger, H. (Hg.): Frauenalkoholismus: Entstehung - Abhängigkeit - Therapie. Stuttgart, Berlin, Köln, Mainz
Bieback, K.-J./Milz, H. 1995: Zur Einführung: Armut in Zeiten des modernen Strukturwandels. In: Bieback, K.-J./ Milz, H. (Hg.): Neue Armut. Frankfurt/M. New York
Bilden, H. 1991: Geschlechtsspezifische Sozialisation. In: Hurrelmann, K./Ulich, D. (Hg.): Neues Handbuch der Sozialisationsforschung. Weinheim, Basel
Birtsch, V. 1991: Doppelt benachteiligt: Sozialisation von Mädchen in Familie und Heim. In: Birtsch, V./ Hartwig,L / Retza, B. (Hg.): Mädchenwelten - Mädchenpädagogik. Perspektiven zur Mädchenarbeit in der Jugendhilfe. Frankfurt/M.
Bitzan, M. /Klöck, T. 1993: „Wer streitet schon mit Aschenputtel ?". Konfliktorientierung und Geschlechterdifferenz - eine Chance zur Politisierung sozialer Arbeit? München
Blank, B. 1990: Die Meerjungfrau lernt fliegen. Interviews mit wohnungs- und obdachlosen Frauen. München
Bode, E. 1990: Lebensbedingungen von Frauen und spezifische Suchtentwicklungen. In: Frau und Sucht: Berichtsband der Tagung der NLS vom 27.-29. April 1989 in Hannover. Hg.: Niedersächsische Landesstelle gegen die Suchtgefahren. Hannover
Bodenmüller, M. 1995: Auf der Straße leben. Mädchen und junge Frauen ohne Wohnung. Münster

215

Böckmann-Schewe, L. 1996: Armutsrisiken von Frauen. In: Böckmann-Schewe, L./Röhrig, A./Schings, C. (Hg.): Armut und Frauen in Berlin. Dokumentation der Tagung vom 2. Mai 1996. Berlin
Böhnisch, L./Scheford, W. 1985: Lebensbewältigung. Soziale und pädagogische Verständigung an den Grenzen der Wohlfahrtsgesellschaft. Weinheim, München
Böllert, K. 1995: Zwischen Intervention und Prävention. Neuwied
Bohle, H.H. 1984: Abweichendes Verhalten. In: Eyferth, H./Otto, H.-U./Thiersch, H. (Hg.): Handbuch zur Sozialarbeit/Sozialpädagogik. Neuwied, Darmstadt
Bremer, H./Romaus, R. 1990: Alleinstehende wohnungslose Frauen in München. Hg.: Landeshauptstadt München Sozialreferat, Abt. Sozialplanung, München
Breuer, W./Schoor-Theissen, I./Silbereisen, R. 1984: Auswirkungen der Arbeitslosigkeit auf die Situation der betroffenen Familien. Köln
Britten, U. 1996: Straßenkinder in Deutschland. In: Theorie und Praxis der sozialen Arbeit Heft 1/1996
Bronfenbrenner, U. 1989: Die Ökologie der menschlichen Entwicklung. Natürliche und geplante Experimente. Frankfurt/M.
Brusten, M./Hohmeier, J. (Hg.) 1975: Stigmatisierung 1. Zur Produktion gesellschaftlicher Randgruppen. Neuwied, Darmstadt
BSU 1993: Fortschreibung der kommunalen Konzeption zur Hilfe für alleinstehende Wohnungslose (Nichtseßhafte) in Baden-Württemberg. Untersuchung über Stand, Qualität und Weiterentwicklung der Hilfe. Hg.: Landeswohlfahrtsverbände Baden und Württemberg-Hohenzollern, Stuttgart
Buhr, P.1995: Dynamik der Armut. Dauer und biographische Bedeutung von Sozialhilfebezug. Opladen
Bundessozialhilfegesetz. Lehr- und Praxiskommentar, 2. Auflage, Gesetzesstand vom 1.1.1989. Baden-Baden
Bundessozialhilfegesetz. Lehr- und Praxiskommentar, 4. Auflage, Gesetzesstand vom 1.7.1994. Baden-Baden
Busch-Geertsema, V./Ruhstrat, E.-U. 1992: Kein Schattendasein für Langzeitarme! In: NDV Heft 11/1992
Busch-Geertsema, V./Ruhstrat, E.-U. 1997: Wohnungslosigkeit in Sachsen-Anhalt. Bielefeld
Butterwegge, C. 1996: Zerrbild der Armut. Resultate der "dynamischen Armutsforschung und ihre sozialpolitischen Konsequenzen. In: neue praxis Heft 1/1996,
Conen, M.-L. 1983: Mädchen flüchten aus der Familie. Abweichendes Verhalten als Ausdruck gesellschaftlicher und psychischer Konflikte. München
Datenreport 1994: Zahlen und Fakten über die Bundesrepublik Deutschland. Hg.: Statistisches Bundesamt. Bonn
De Haan, G. 1994: Beratung. In.: Lenzen, D. (Hg.): Pädagogische Grundbegriffe, Band 1. Reinbek
Degen, M. 1995: Straßenkinder. Szenebetrachtungen, Erklärungsversuche und sozialarbeiterische Ansätze. Bielefeld
Der Spiegel 1997: Dreckspatzen und Drecksarbeit. Heft 24/1997, S. 48-50 (ohne Autor).
Deutscher Städtetag 1987: Sicherung der Wohnungsversorgung in Wohnungsnotfällen und Verbesserung der Lebensbedingungen in sozialen Brennpunkten. -Empfehlungen und Hinweise-. Reihe D/Heft 21. Köln
Deutscher Verein für öffentliche und private Fürsorge (Hg.) 1990: Texte und Materialien 1. Hilfe für alleinstehende Wohnungslose (Nichtseßhafte). Frankfurt/M.
Dewe, B./Ferchhoff, W./Scherr, A./Stüwe, G. 1995: Professionelles soziales Handeln. Soziale Arbeit im Spannungsfeld zwischen Theorie und Praxis. Weinheim, München
Dewe, B./Otto, H.-U. 1996: Sozialpädagogik - über ihren Status als Disziplin und Profession. Thematische Differenzierungen, vergleichendes Beziehungsdenken und angemessene Vermittlungsformen. In: neue praxis Heft 1/1996
Die Zeit Nr. 3/12. Januar 1996. Länderspiegel, S. 12

216

Döring, D./Hanesch, W./Huster, E.-U. 1990: Armut als Lebenslage. Ein Konzept für Armutsberichterstattung und Armutspolitik. In: Döring, D./Hanesch, W./Huster, E.-U. (Hg.): Armut im Wohlstand. Frankfurt/M.

Dreifert, B. 1992: Vielleicht geht ja doch wieder alles schief. In: Sozialmagazin Heft 4/1992

Drommer, R. 1993: ... und segne, was du uns bescheret hast. Obdachlos in Deutschland. Berlin

Dupont, S. 1993: Frauen in besonderen sozialen Schwierigkeiten in Hannover - wo finden sie Hilfe? In: Gefährdetenhilfe Heft 4/1993

Enders-Dragässer, U. 1994: Frauen in Wohnungsnot. Endbericht der Studie „Zur Situation alleinstehender wohnungsloser Frauen in Rheinland-Pfalz". Hg.: Ministerium für die Gleichstellung von Frau und Mann. Mainz

Enders-Dragässer, U./Sellach, B. 1997: Die Bedeutung von Frauenorten in der ambulanten Wohnungslosenhilfe. In: Materialien zur Wohnungslosenhilfe, Heft 34: Gradwanderungen. Ausbau der Hilfen für wohnungslose Frauen in Zeiten des Abbaus sozialer Leistungen, Bielefeld

Endisch, R./Halas, H./Neuendorf, J. 1995: Arbeiterkolonie Herzogsägmühle - vom Kolonisten zum Mitbürger. In: Lutz, R. (Hg.): Wohnungslose und ihre Helfer, Bielefeld

Engfer, A. 1986: Kindesmißhandlung. Ursachen, Auswirkungen, Hilfen. Stuttgart

Erler, G./Jaeckel, M./Pettinger, R./Sass, J. 1988: Kind? Beruf? Oder Beides?. Studie im Auftrag der Zeitschrift Brigitte. Hamburg

Evers, J./Ruhstrat, E.-U. 1993: Wohnungslosigkeit im ländlichen Raum. Bielefeld

Evers, J./Ruhstrat, E.-U. 1994: Wohnungsnotfälle in Schleswig-Holstein. Im Spannungsfeld zwischen Sozial-, Ordnungs- und Wohnungspolitik. Hg.: Ministerin für Arbeit, Soziales, Jugend und Gesundheit des Landes Schleswig-Holstein. Kiel

Fachausschuß Frauen in der BAG 1993: Wohnungsnot - Die Bedeutung für Frauen - Eine Darstellung der Situation. In: Gefährdetenhilfe Heft 2/93

Ferber, v. C. 1990: Armut und Krankheit - sozialmedizinische Zusammenhänge und Konsequenzen für Politik und Sozialarbeit. In: Materialien zur Wohnungslosenhilfe, Heft 11. Thema: Armut und Leid, Politik und Sozialarbeit. Bielefeld

Frauenübernachtungsstelle Dortmund/Jahresbericht 1995. Hg.: Diakonisches Werk der Vereinigten Kirchenkreise Dortmund, Fachbereich II. Dortmund

Friedrich, H. u.a. 1979: Soziale Deprivation und Familiendynamik. Göttingen

Funk, H. 1997: Familien und Gewalt - Gewalt in Familien. In: Böhnisch, L./Lenz, K. (Hg.): Familien. Eine interdisziplinäre Einführung. Weinheim, München

Gahleitner, K. 1996: Leben am Rand. Zur subjektiven Verarbeitung benachteiligter Lebenslagen. Frankfurt/M., Berlin, Bern, New York, Paris, Wien

Geiger, M./Steinert, E. 1991: Alleinstehende Frauen ohne Wohnung. Hg.: Bundesministerium für Frauen und Jugend. Stuttgart, Berlin, Köln

Geiger, M. 1992: Keine sagt: „Ich habe keine Wohnung, weil ich arm bin" In: Sozialmagazin Heft 2/1992

Gerhard, U. 1988: Über Frauenalltag und Frauenrechte. Und über die Notwendigkeit, ˋaus der Rolle zu fallen´ In: Gerhard, U./Limbach, J. (Hg.): Rechtsalltag von Frauen. Frankfurt/M.

Gerstenberger, H. 1994: Vom Leben ohne Zuhause. In: taz- Bremen vom 26.02.1994, S. 36

Giesbrecht, A. 1987: Wohnungslos - arbeitslos - mittellos. Lebensläufe und aktuelle Situation Nichtseßhafter. Opladen

Giesecke, H. 1978: Einführung in die Pädagogik. München

Girtler, R. 1984: Methoden der qualitativen Sozialforschung. Anleitung zur Feldarbeit. Wein, Köln, Graz

Glück, E.-W. 1997: Sicherung von Qualität und Leistungsfähigkeit der Wohnungslosenhilfe bei der Umsetzung des § 93ff BSHG. In: wohnungslos Heft 3/1997

Goldbrunner, H. 1996: Arbeit mit Problemfamilien. Systemische Perspektiven für Familientherapie und Sozialarbeit. Mainz

Golden, S. 1992: The women outside: meanings and myths of homelessness. Berkeley, Los Angeles, Oxford

Gröning, K. 1993: Beratung für Frauen. Überlegungen für eine Konzeption auf der Basis sozialpädagogischer und feministischer Theorien und Praxen. In: neue praxis Heft 3/1993

Grohall, K.-H./Wolff, B. 1990: „Nichtseßhaften"-Hilfe. Ein Projektbericht aus Münster. Münster

Gronau, D./Jagota, A. 1994: Ich bin Stadtstreicherin. Über das Leben obdachloser Frauen. Frankfurt/M.

Grundmann, M./Huinink, J./Krappmann, L. 1994: Familie und Bildung. Empirische Ergebnisse und Überlegungen zur Frage der Beziehung von Bildungsbeteiligung, Familienentwicklung und Sozialisation. In: Büchner, P. u.a.: Kindliche Lebenswelten, Bildung und innerfamiliale Beziehungen. Materialien zum 5. Familienbericht. Hg. durch das DJI München

Hagemann-White, C. 1992: Berufsfindung und Lebensperspektiven in der weiblichen Adoleszenz. In: Flaake, K. /King, V. (Hg.): Weibliche Adoleszenz. Zur Sozialisation junger Frauen. Frankfurt/M., New York

Hanesch, W. u.a. 1994: Armut in Deutschland, Hg.: Deutsche Gewerkschaftsbund/ Paritätische Wohlfahrtsverband in Zusammenarbeit mit der Hans-Böckler-Stiftung. Reinbek

Hartmann, K./Herriger, N. 1995: Verwahrlosung. In: Lenzen, D. (Hg.): Pädagogische Grundbegriffe, Band 2. Reinbek

Hauenschild, C. F. 1984: Mustervereinbarung zwischen dem Land Niedersachsen und den freien Trägern über die Durchführung der ambulanten Nichtseßhaftenhilfe. In: Gefährdetenhilfe Heft 1/84

Henke, M. 1997: Die ambulante Hilfe - niedrigschwellig, billig, ehrenamtlich ? In: wohnungslos Heft 4/1997

Herlyn, I./Vogel, U. 1988: Familienfrauen und Individualisierung. Eine Literaturananlyse zu Lebensmitte und Weiterbildung. Weinheim

Hess-Diebäcker,D. 1980: Deklassierte Arbeiterfamilien. Handlungsansätze zur Veränderung ihrer Lebenssituation. Berlin

Hesse-Lorenz, H./Moog, R. 1996: Wohnungslosigkeit bei Frauen ist unsichtbar. In: Institut für kommunale Psychiatrie (Hg.): auf die Straße entlassen - obdachlos und psychisch krank. Bonn

Hess, H./Mechler, A. 1973: Ghetto ohne Mauern. Ein Bericht aus der Unterschicht. Frankfurt/M.

Hinze, K. 1995: Offensive Prävention ohne Konkurrenz. Wohnungssicherung und Wohnraumversorgung für Haushalte in der Stadt Leipzig, die von Obdachlosigkeit bedroht sind. In: Lutz, R. (Hg.): Wohnungslose und ihre Helfer. Bielefeld

Hitzler, R./Honer, A. 1988: Der lebensweltliche Forschungsansatz. In: neue praxis Heft 6/1988

Holzach, M./Rautert, T. 1985: „ Betteln ist schwerer als Arbeiten" -Da bleibt nur der Strick- In: Heyden, F. (Hg.): Zeitberichte. München

Horn, A. 1992: "Brücke kalt, möbliert. - Preis?". Eine Untersuchung zur Situation Obdachloser in Hamburg. Hg.: Diakonisches Werk in Hamburg. Hamburg

Holtmannspötter, H. 1996: Von „Obdachlosen", „Wohnungslosen" und „Nichtseßhaften". In: Institut für kommunale Psychiatrie (Hg.): auf die Straße entlassen - obdachlos und psychisch krank. Bonn

Hübinger, W. 1991: Zur Lebenslage und Lebensqualität von Sozialhilfeempfängern. Frankfurt/M.

Hübinger, W. 1996: Prekärer Wohlstand. Neue Befunde zu Armut und sozialer Ungleichheit. Freiburg

Hurrelmann, K. 1997: Lebensphase Jugend. Eine Einführung in die sozialwissenschaftliche Jugendforschung. Weinheim, München

Iben, G. u.a. 1971: Randgruppen der Gesellschaft. Untersuchungen über Sozialstatus und Erziehungsverhalten obdachloser Familien. München

218

Iben, G. 1993: Armut und Sozialarbeit in: Brennpunkte Sozialer Arbeit -Armut-. Hg.: Mühlfeld, C./Oppl, H. u.a.. ,Neuwied
Institut für soziale Arbeit e.V. (Hg.) 1996: Lebensort Straße. Kinder und Jugendliche in besonderen Problemlagen. Münster
Jochum, G. 1996: „Penneralltag" - Eine soziologische Studie zur Lebensführung von „Stadtstreichern" in München. In: Kudera, W./Voss, G.G. (Hg.): „Penneralltag". München, Mering
John, W. 1988: ...ohne festen Wohnsitz... Ursachen und Geschichte der Nichtseßhaftigkeit und die Möglichkeiten der Hilfe. Bielefeld
Jugendwerk der Deutschen Shell (Hg.)1981: Jugend ´81. Hamburg
Kaufmann-Reis, C. 1992: „Un alles für die Kinner". Zum Wandel familiärer Strukturen in sozialen Brennpunkten. Frankfurt/M.
Kieper, M. 1980: Lebenswelten „verwahrloster" Mädchen: autobiographische Berichte und ihre Interpretation. München
Klenk, C. 1995: Hilfe für wohnungslose Frauen in den neuen Bundesländern. In: Lutz, R. (Hg.): Wohnungslose und ihre Helfer. Bielefeld
Klenk, C./Böhme, H. 1995: Expertise zum Stands der Wohnungslosenhilfe in Leipzig. In: Simon, T. (Hg.): Standards in der Wohnungslosenhilfe. Bielefeld
Kleve, H. 1996: Soziale Arbeit als wissenschaftliche Praxis und als praktische Wissenschaft. Systemtheoretische Ansätze einer Praxistheorie Sozialer Arbeit. In: neue praxis Heft 3/1993
Koch, F. 1991(unveränderter Nachdruck, Erstdruck 1984) : Ursachen von Obdachlosigkeit. Bericht über das Forschungsprojekt der Arbeitsgemeinschaft der Spitzenverbände der Freien Wohlfahrt. Hg.: Ministerium für Arbeit, Gesundheit und Soziales des Landes Nordrhein-Westfalen. Düsseldorf
Koch, F. u.a. 1993: Landessozialbericht, Band 2: Wohnungsnot und Obdachlosigkeit. Expertise des Paritätischen Bildungswerkes Nordrhein-Westfalen. Hg.: Ministerium für Arbeit, Gesundheit und Soziales des Landes Nordrhein-Westfalen, Düsseldorf
Könen, R. 1990: Wohnungsnot und Obdachlosigkeit im Sozialstaat. Frankfurt/M., New York
Köppen, R. 1985: Die Armut ist weiblich. Berlin
Kohli, M. (Hg.) 1978: Soziologie des Lebenslaufs. Darmstadt
Kohli, M./Robert, G. (Hg.) 1984: Biographie und soziale Wirklichkeit, Stuttgart
Kohli, M. 1986: Gesellschaftszeit und Lebenszeit. Der Lebenslauf im Strukturwandel der Moderne. In: Berger, J. (Hg.): Die Moderne - Kontinuitäten und Zäsuren. Soziale Welt, Sonderband 4. Göttingen
Krämer, K. 1992: Delinquenz, Suchtmittelumgang und andere Formen abweichenden Verhaltens. Ein Geschlechtervergleich. Freiburg
Kratz, W. 1994: Betteln wird zur Schande. In: Die Zeit Nr. 25/17.06.1994, S. 38.
Kreppner, K. 1991: Sozialisation in der Familie. In: Hurrelmann, K./Ulich, D.: Neues Handbuch der Sozialisationsforschung. Weinheim, Basel
Kulawik, T. 1990: Unbeschreiblich weiblich: Die Unsichtbarkeit der Armut von Frauen. In: neue praxis Heft 1/1990
Lamnek, S. 1993: Theorien abweichenden Verhaltens. München
Lamnek, S. 1997: Neue Theorien abweichenden Verhaltens. München
Langer, W. 1985: Sozio-demographische Merkmale und Mobilitätsverhalten wohnungsloser Frauen in der BRD. In: Gefährdetenhilfe Heft 2/85
Lautenschläger, U./Simon, T. 1995: Landkreis Potsdam-Mittelmark. In: Simon, T. (Hg.): Standards in der Wohnungslosenhilfe. Bielefeld
Leibfried, S./Leisering, L. u.a. 1995: Zeit der Armut. Frankfurt/M.
Lenz, K./Böhnisch, L. 1997: Zugänge zu Familien - ein Grundlagentext. In: Böhnisch, L./Lenz, K. (Hg.): Familien. Eine interdisziplinäre Einführung. Weinheim, München
Loch-Braun, B./Rehling, B. 1988: Die sprossenlose Leiter. Zur Situation „nichtseßhafter" Frauen. In: Theorie und Praxis der sozialen Arbeit Heft 2/88

Locher, G. 1990: Gesundheits-/Krankheitsstatus und arbeitsbedingte Erkrankungen von alleinstehenden Wohnungslosen. Bielefeld

Ludwig, M. 1996: Armutskarrieren. Zwischen Abstieg und Aufstieg im Sozialstaat. Opladen

Lutz, R. 1992: Fremdverstehen sozialer Randgruppen: Ausgangspunkte methodischer Interventionen. In: NDV Heft 12/1992

Lutz, R. 1995: Sozialarbeit und Wohnungslose: Zwischen Pädagogik und Sozialpolitik. In: Lutz, R. (Hg.): Wohnungslose und ihre Helfer, Bielefeld

Lutz, R. 1996: Zur Pädagogik der Wohnungslosen. In: neue praxis Heft 3/1996

Maas, U. 1996: Soziale Arbeit als Verwaltungshandeln. Weinheim, München

Mädje, E./Neusüß, C. 1996:Frauen im Sozialstaat. Zur Lebenssituation alleinerziehender Sozialhilfeempfängerinnen. Frankfurt/M., New York

Maelicke, B. 1987: Soziale Arbeit als soziale Innovation. In: Maelicke, B. (Hg.): Soziale Arbeit als soziale Innovation. Weinheim, München

Maelicke, B./Simmedinger, R. 1987: Ambulante Straffälligen- und Nichtseßhaftenhilfe. In: Materialien zur Wohungslosenhilfe, Heft 5: Zentrale Beratungsstellen. Forschungsergebnisse und Praxiserfahrungen über ein Organisationsmodell der Hilfen für alleinstehende Wohnungslose. Bielefeld

Mathies, C. 1997: Die Bedeutung des bürgerlichen Engagements für Wohnungslose. In: wohnungslos Heft 3/1997

Merten, R./Olk, T. 1992: Wenn Sozialarbeit sich selbst zum Problem wird. Strategien reflexiver Modernisierung. In: Rauschenbach, T./Gängler, H. (Hg.): Soziale Arbeit und Erziehung in der Risikogesellschaft. Neuwied, Berlin

Mertens, R. 1987: Allgemeine Grundsicherung. Ein Weg zur Behebung der ´Neuen Armut´ als Abbau repressiver Sozialstaatspraktiken? In: neue praxis Heft 6/1987

Mollenhauer, K. 1972: Theorien zum Erziehungsprozeß. München

Müller, W. E. 1992: Der Beitrag der Ethik zum kritischen Umgang mit Normen und Werten in der Sozialarbeit/Sozialpädagogik. In: neue praxis Heft 6/1992

Nave-Herz, R. 1994: Familie heute. Wandel der Familienstrukturen und Folgen für die Erziehung. Darmstadt

Nestmann, F. 1997: Familie als soziales Netzwerk und Familie im sozialen Netzwerk. In: Böhnisch,L./Lenz,K (Hg.): Familien. Eine interdisziplinäre Einführung. Weinheim, München

Niedersächsisches Sozialministerium (Hg.)1988: Umfang und Struktur der Obdachlosigkeit in Niedersachsen. Hannover

Nouvertné, K. 1996: Wer sind die psychisch kranken Obdachlosen? In: Institut für Kommunale Psychiatrie (Hg.): auf die Straße entlassen: Obdachlos und psychisch krank. Bonn

Nouvertné, U. 1996: Wohnungslosigkeit und psychische Erkrankungen. Repräsentative Ergebnisse einer empirischen Großstadt-Studie. In: Institut für Kommunale Psychiatrie (Hg.): auf die Straße entlassen: Obdachlos und psychisch krank. Bonn

Oelschläger, D. 1986: Lebenswelt oder Gemeinwesen? Anstöße zur Weiterentwicklung der Theorie-Diskussion in der Gemeinwesenarbeit. In: Rösgen/Neumaier/Hillenbrand/Luner (Hg.): Gemeinwesenarbeit -Frauen -. Jahrbuch 4, München

Oelschläger,D. 1994: Gemeinwesenarbeit im Armutsquartier - zur Kooperation zwischen Hochschule und sozialer Arbeit. In: neue praxis Heft 1/1994

Olk, T./Otto, H.-U. 1987: Institutionalisierungsprozesse sozialer Hilfe - Kontinuitäten und Umbrüche. In: Olk, T./ Otto, H.-U. (Hg.): Soziale Dienste im Wandel, Band 1. Neuwied, Darmstadt

Olk, T./Otto, H.-U. 1989: Perspektiven professioneller Kompetenz. Zum Problem der Vermittlung wissenschaftlichen und alltagsweltlichen Wissens in Modellen sozialpädagogischer Handlungskompetenz. In: Olk, T./ Otto, H.-U. (Hg.):Soziale Dienste im Wandel, Band 2, Neuwied, Frankfurt/M.

Paritätische Wohlfahrtsverband 1989: (Blätter der Wohlfahrtspflege) „ .. wessen wir und schämen müssen in einem reichen Land". Heft 11+12/1989

Permien, H./Zink. G. 1996: Straßenkinder in Deutschland - der Hauptbahnhof als Endstation? In: KJuG Heft 2/1996

220

Peters, H. 1989: Devianz und soziale Kontrolle. Eine Einführung in die Soziologie abweichenden Verhaltens. Weinheim, München

Petry, J. 1989: Trunksucht sozialer Randgruppen. In: neue praxis Heft 6/1989

Pfaff, A. 1992: Feminisierung der Armut durch den Wohlfahrtsstaat? In: Leibfried, S./Voges, W. (Hg.): Armut im modernen Wohlfahrtsstaat. Sonderheft 32/1992. Kölner Zeitschrift für Soziologie und Sozialpsychologie

Pfennig, G. 1996: Lebenswelt Bahnhof. Sozialpädagogische Hilfen für obdachlose Kinder und Jugendliche. Neuwied

Pressespiegel der BAG Wohnungslosenhilfe e.V.: Informationen für MitarbeiterInnen in der Wohnungslosenhilfe. Die Ausgaben der Jahrgänge 1995, 1996, 1997

Preußer, N. 1993: Obdach. Eine Einführung in die Politik und Praxis sozialer Aussonderung. Weinheim, Basel

Rada, U. 1997: Die City ist nicht für alle da. In: taz vom 31.5/1.6.97, S. 11

Reichelt, A. 1989: Exkurs: Armut und Frauen. Die Armut ist weiblich. In: Paritätischer Wohlfahrtsverband (Blätter der Wohlfahrtspflege): „... wessen wir uns schämen müssen in einem reichen Land...". Heft 11+12/1989

Ridder, B./Wulf, O. 1993: Die Beratungsstelle für Frauen in Lübeck. In: Gefährdetenhilfe Heft 4/1993

Riege, M. 1993: Alleinstehende wohnungslose Frauen. Rahmenbedingungen und Praxis einer Fachberatungsstelle. Aachen

Rohrmann, E. 1987: Ohne Arbeit - ohne Wohnung. Wie Arme zu „Nichtseßhaften" gemacht werden. Heidelberg

Romaus, R. 1995: Obdachlose auf der Strasse. Umfang und Struktur alleinstehender Wohnungsloser, die in München `Platte machen´. Hg.: Arbeitsgemeinschaft Wohnungslosenhilfe. München

Roscher, F. 1996: Kleine Änderung, große Wirkung - die Neuregelung des § 72 BSHG. In: wohnungslos Heft 4/1996

Rosenke, W. 1996: Weibliche Wohnungsnot. In: Simon, T. (Hg.): Standards in der Wohnungslosenhilfe. Bielefeld

Roth, U. 1979: Armut in der Bundesrepublik. Untersuchungen und Reportagen zur Krise des Sozialstaats. Reinbek

Rothe, S. 1994: Gewalt in Familien. In: Büchner, P. u.a.: Kindliche Lebenswelten, Bildung und innerfamiliale Beziehungen. Materialien zum 5. Familienbericht. Hg. vom DJI München

Ruf, W. (Hg.) 1994: Zehn Jahre Erich-Reisch-Haus. Zehn Jahre Hilfe für alleinstehende Menschen ohne Wohnung. Freiburg

Ruhstrat, E.-U. 1991: Ohne Arbeit keine Wohnung - ohne Wohnung keine Arbeit, Bielefeld

Schachtner, C. 1994: Funktionen der Sozialpädagogik und gesellschaftliche Veränderungen. In: neue praxis Heft 4/1994

Schlottmann, G./Schmidtke, H. 1991:Die Situation alleinstehenden wohnungsloser Frauen in Hamburg. Bericht für die Bürgerschaft. Hamburg

Schlottmann, G. 1992: „ (K)ein Zimmer für mich allein". Ursachen, Folgen und Bedeutung weiblicher Obdachlosigkeit. In: Henschel, A. (Hg.): Obdachlosigkeit und Wohnungsnot unter weiblichem Blickwinkel. Bad Segeberg

Schmidtke, H. 1982: Zur Lage der Nichtseßhaftenhilfe heute. In: Künstlerhaus Bethanien (Hg.): Wohnsitz: Nirgendwo. Vom Leben und Überleben auf der Straße. Berlin

Schneewind, K. A. 1987: Familienentwicklung. In: Oerter, R./Montada, L. u.a.: Entwicklungspsychologie. Weinheim

Schütze, F. 1983: Biographieforschung und narratives Interview. In: neue praxis Heft 3/1983

Seidenspinner, G./Burger, A. 1982: Mädchen ´82. Studie im Auftrag der Zeitschrift Brigitte. Hamburg

Sellach, B. 1995: Armut - Wohnungsnot - Gewalt. Forderungen an eine neue Sozialpolitik für Frauen. In: Zeitschrift für Frauenforschung Heft 1+2/1995

221

Seyfarth, B. 1996: Armutsrisiken für Frauen infolge sozialer Differenzierung in Berlin-Marzahn, Hohenschönhausen und Hellersdorf. In: Böckmann-Schewe, L. u.a.(Hg.): Armut und Frauen in Berlin. Berlin
Simmedinger, R. 1987: Armut und soziale Arbeit - Ansätze für einen anderen Umgang mit Armut und Ausgrenzung. In: Maelicke, B. (Hg.): Soziale Arbeit als soziale Innovation. Veränderungsbedarf und Innovationsstrategien. Weinheim, München
Simon, T. 1996: Zur Einführung: Überlegungen zum Verhältnis von Politik, Reichtum, Armut und Wohlstand. In: Simon, T. (Hg.): Standards in der Wohnungslosenhilfe. Bielefeld
Simon, T. 1996: Wohnungslosigkeit und Wohnungslosenhilfe im Landkreis Rügen. In: Simon, T. (Hg.): Standards in der Wohnungslosenhilfe. Bielefeld
Simon, T./Hermann, P. 1996: Standards in der Wohnungslosenhilfe, Ergebnisse einer bundesweiten Untersuchung. In: Simon, T. (Hg.): Standards in der Wohnungslosenhilfe. Bielefeld
Specht, T. 1985: Die Situation der alleinstehenden Wohnungslosen in Hessen. Studie der BAG für Nichtseßhaftenhilfe e.V.. Frankfurt/M.
Specht, T. 1988: Wohnungslose Alleinstehende. In: Blätter der Wohlfahrtspflege Heft 4/1988
Specht, T. 1990: Spaltung im Wohnungsmarkt - Die unsichtbare Armut des Wohnens. In: Döring, D./Hanesch, W./Huster, E.-U. (Hg.): Armut im Wohlstand. Frankfurt/M.
Specht-Kittler, T. 1997: Wohnungslosenhilfe in der Krise. Neue Herausforderungen und die Suche nach Antworten auf dem Weg ins 21. Jahrhundert. In: wohnungslos Heft 4/1997
Steffan, W. 1989: Rahmenbedingungen und arbeitsorganisatorische Fragen von Straßensozialarbeit. In: Steffan, W. (Hg.): Strassensozialarbeit: eine Methode für heisse Praxisfelder. Weinheim, Basel
Steinert, E. 1991: Wohnungslose Frauen im Spiegel des Selbst: Problemgenese des Wohnungsverlustes, soziale Orientierung und Bewältigungsstrategien. In: Geiger, M./Steinert, E.: Alleinstehende Frauen ohne Wohnung. Hg.: Bundesminister für Frauen und Jugend. Stuttgart, Berlin, Köln
Steinkamp, G. 1991: Sozialstruktur und Sozialisation. In: Hurrelmann, K./Ulich, D. (Hg.): Neues Handbuch der Sozialisationsforschung. Weinheim, Basel
Stoltenberg, U. 1979: Deklassierte Frauen. Die Arbeits- und Lebenssituation von Frauen in einer Obdachlosensiedlung. Weinheim, Basel
Stumpp, G. 1991: Nichtseßhaftigkeit als Karriere. In: neue praxis Heft 5+6/1991
Swientek, C. 1986: Das trostlose Leben der Karin P.. Geschichte einer Pennerin. Reinbek
Thiersch, H. 1992: Das sozialpädagogische Jahrhundert. In: Rauschenbach, T./Gängler, H. (Hg.): Soziale Arbeit und Erziehung in der Risikogesellschaft. Neuwied
Thiersch, H. 1995: Lebenswelt und Moral. Beiträge zur moralischen Orientierung Sozialer Arbeit. Weinheim, München
Thiersch. H. 1997: Armut und Gerechtigkeit. In: Müller, S./Otto, U. (Hg.): Armut im Sozialstaat. Neuwied
Tobias, G./ Boettner, J. (Hg.) 1992: Von der Hand in den Mund. Armut und Armutsbewältigung in einer westdeutschen Großstadt. Essen
Tophoven, K. 1992: Pädagogik und Sozialpädagogik. Perspektiven für ein gemeinsames Projekt im Rückblick auf `klassische´ Einheitskonzepte. In: neue praxis Heft 1/1992
Trabert, G. 1995: Soziales Umfeld beeinflußt Gesundheitszustand. In: Deutsches Ärzteblatt 1995; 92: A-748-751, Heft 11
Trauernicht, G. 1989: Ausreisserinnen und Trebegängerinnen. Theoretische Erklärungsansätze, Problemdefinition der Jugendhilfe, strukturelle Verursachung der Familienflucht und Selbstaussagen der Mädchen. Münster
Treuberg, E. v. 1990: Mythos Nichtseßhaftigkeit. Zur Geschichte des wissenschaftlichen, staatlichen und privatwohltätigen Umgangs mit einem diskriminierten Phänomen. Bielefeld
Uhrig, W. 1997: Standards niedrigschwelliger Angebote der Wohnungslosenhilfe. In: wohnungslos Heft 4/1997

222

Vaskovics, L.A./Weins, W. 1983:Randgruppenbildung im ländlichen Raum/Armut und Obdachlosigkeit. Hg.: BM für Jugend, Familie und Gesundheit, Band 146. Stuttgart, Berlin, Köln, Mainz
Vester, M./ Oertzen v. P. u.a. 1993: Soziale Milieus im gesellschaftlichen Strukturwandel. Zwischen Integration und Ausgrenzung. Köln
Walper, S. 1997: Wenn Kinder arm sind - Familienarmut und ihre Betroffenen. In: Böhnisch, L./Lenz, K. (Hg.): Familien. Eine interdisziplinäre Einführung. Weinheim, München
Wandt, C. 1995: Ambulante Hilfen für Frauen. In: Lutz, R. (Hg.): Wohnungslose und ihre Helfer. Bielefeld
Weber, R. 1984: Lebensbedingungen und Alltag der Stadtstreicher in der Bundesrepublik. Bielefeld
Weinert, A. 1993: Das Geschlecht des Reichtums ... ist männlich, was sonst! In: Huster, E.-U. (Hg.): Reichtum in Deutschland. Frankfurt/M., New York
Wendt, W. R. 1988: Das Konzept der Lebenslage. In: Paritätischer Wohlfahrtsverband (Blätter der Wohlfahrtspflege) Heft 4/1988
Wenzel, G. 1992: Neue Software in der Sozialhilfe. Herausforderungen für die Verwaltungspraxis. In: neue praxis Heft 1/1992
Werth, B. 1991: Alte und neue Armut in der Bundesrepublik Deutschland. Berlin
Wessel, T./Zechert, C. 1996: Wohnungslose Patienten in der psychiatrischen Klinik. In: Institut für Kommunale Psychiatrie (Hg.): auf die Straße entlassen: Obdachlos und psychisch krank. Bonn
Wichtmann, M. 1991: Frauen in Heimen für alleinstehende Wohnungslose innerhalb Westdeutschlands. Münster
Windaus-Walser, K. 1991: Geschlechterfrage in der Sozialen Arbeit. Plädoyer zur Integration der Geschlechterfrage in den allgemeinen Diskurs von Sozialarbeit und Sozialpädagogik am Beispiel der Arbeit im Gesundheitswesen. In: neue praxis Heft 5+6/1991
Wolf, A. 1989: Probleme und Perspektiven ambulanter Hilfen. In: Gefährdetenhilfe Heft 3/1989
Wolf, A./Denninger, J. 1995: der Blick über den Zaun. Ein paar Bemerkungen zur Wohnungslosenhilfe in den neuen Bundesländern. In: wohnungslos Heft 2/1995
Ziehlke, B. 1992: „Fehlgeleitete Machos" und „frühreife Lolitas" - Geschlechtstypische Unterschiede der Jugenddevianz. In: Tillmann, K.-J. (Hg.): Jugend weiblich - Jugend männlich. Sozialisation, Geschlecht, Identität. Opladen
Zinnecker, J. 1997: Streßkinder und Glückskinder. Eltern als soziale Umwelt von Kindern. In: Zeitschrift für Pädagogik Heft 1/1997

Anhang

Anhang 1

Gesprächsleitfaden
Interview mit wohnungslosen Frauen

I. Sozialdaten

Vorname:
Geb.-datum/Alter:
Interviewort:
Familienstand:
Kinder:
Schulausbildung:
Berufsausbildung:

Gesprächsinhalte

A. Objektive Merkmale der Lebensgeschichte, die die Wohnungslosigkeit
verursacht haben.

B. Problematik der Situation „Leben ohne Wohnung", Beschreibung
der Lebenswelt.

C. Klärung der Wechselbeziehung zwischen der spezifischen Lebensgeschichte und
dem sozialen Abstieg.

I. Aktuelle Situation

1. Unterkunft/Wohnung
2. Sicherung des Lebensunterhalt
3. Persönliche Beziehungen
4. Körperliche Verfassung/Krankheiten

II. Herkunftsfamilie

5. Eltern und Geschwister
6. Familienstrukturen
7. Wohnsituation
8. Arbeitssituation der Eltern
9. Materielle Situation der Eltern
10. Wiederkehrende Konfliktsituationen
11. Erziehungsstil
12. Gewalterfahrungen
13. Krankheiten in der Familie

14. Unterbringungen außerhalb der Herkunftsfamilie

III. Schulbesuch/ Berufsausbildung

15. Einschulung
16. Lernanforderung in der Schule/Schulwechsel
17. Kontakt zu MitschülerInnen
18. Verhalten/Forderungen der Eltern
19. Schulabschluß

20. Berufsausbildung/Berufsausübung
21. Berufslaufbahn

IV. Der Weg in die Wohnungslosigkeit

22. Erster Wohnungsverlust
23. Erster Verlust des Arbeitsplatzes
24. Konflikte mit dem Lebenspartner
25. Konflikte mit den Eltern
26. Hilfeangebote von Familienangehörigen
27. Hilfeangebote von Freunden/Bekannten
28. Kontakte zu anderen Betroffenen
29. Inanspruchnahme von Hilfeangeboten zur Wohnungserhaltung
30. Erfahrungen mit administrativen Institutionen/Ämtern
31. Wohnungsverlust nach stationärer Unterbringung

V. Erfahrungen in der Wohnungslosigkeit

32. Aufenthaltswechsel während der Wohnungslosigkeit
33. Unterkünfte/Unterbringungen
34. Frauenspezifische Unterbringungsmöglichkeiten
35. Gründe eines wiederholten Wohnungsverlustes
36. Finanzielle Situation/Beschaffung der Mittel zum Lebensunterhalt
37. Beziehungen zur „Scene"
38. Partnerschaften
39. Ausleben der Sexualität
40. Kontakte zur Herkunftsfamilie/eigenen Familie/eigenen Kindern
41. Hilfeangebote von Verwandten
42. Hilfeangebote von Freunden/Bekannten
43. Gewalterfahrungen
44. Krankheiten/Suchterfahrungen/Schwangerschaften

VI. Hilfen

45. Unterstützung von administrativen Stellen
46. Hilfeangebote von Beratungsstellen
47. Praxis der kommunalen Unterbringung
48. Erfahrungen mit spezifischen Hilfeangeboten für wohnungslose Frauen

225

Anhang 2

Die § 7-11 DVO zu § 72 BSHG.

- Beratung und persönliche Betreuung (§ 7 DVO zu § 72 BSHG)

Die Beratung soll den Hilfeempfänger über alle zur Überwindung der sozialen Schwierigkeiten in Betracht kommenden Maßnahmen unterrichten.
Die persönliche Betreuung ist darauf gerichtet, die Ursachen für die Schwierigkeiten des Hilfeempfängers festzustellen und ihn dahingehend zu motivieren, notwendige Sozialhilfeleistungen in Anspruch zu nehmen.
Dabei wird besonders betont, daß die Erschließung des gesamten Leistungsnetzes (Gemeinwesenorientierung) und die Inanspruchnahme der Rechte zu der persönlichen Hilfe gehören. Von den die persönliche Hilfe leistenden Personen ist diese Aufgabe auch gegenüber den Sozialhilfeträgern zu erfüllen, sie haben hier einen konkreten Auftrag an der Verwirklichung der Rechte, auch aus dem BSHG, mitzuwirken.
Durch Förderung der individuellen Handlungskompetenzen soll der Hilfeempfänger in die Lage versetzt werden, seine Schwierigkeiten zu überwinden und soweit als möglich unabhängig von der Hilfe am Leben in der Gemeinschaft teilzunehmen. Die persönliche Betreuung erstreckt sich, wenn dieses erforderlich ist, auch auf das soziale Umfeld des Hilfeempfängers. Vorurteilen und Stigmatisierungen ist entgegenzuwirken. Ebenso sollte den Einflüssen begegnet werden, die die Handlungskompetenzen zur Teilnahme am Leben in der Gemeinschaft beeinträchtigen.
Die persönliche Betreuung kann auch in Gruppen erfolgen, wenn diese Art der Hilfegewährung besonders geeignet ist, den Erfolg der Maßnahmen herbeizuführen.

- Beschaffung und Erhaltung einer Wohnung (§ 8 DVO zu § 72 BSHG)

Zu den Maßnahmen für die Beschaffung und Erhaltung einer Wohnung gehören auch die Übernahme der Kosten für den Umzug in eine ausreichende Wohnung, neben den anderen wohnungserhaltenden Hilfe laut BSHG. Zudem soll durch diese spezifische Hilfe Maßnahmen bereitgestellt werden, die den Hilfeempfänger befähigen, die Wohngewohnheiten seiner Umgebung anzunehmen.

- Erlangung und Sicherung eines Platzes im Arbeitsleben (§ 9 DVO zu § 72 BSHG)

Diese Hilfe umfaßt Maßnahmen, die daraufhin wirken daß der Hilfeempfänger die Bereitschaft entwickelt einer geregelten Arbeit nachzugehen, und ein regelmäßiges Erwerbseinkommen erzielt. Die Hilfe soll darüber hinaus Maßnahmen für die Erlangung und Erhaltung eines Arbeits- oder Ausbildungsplatzes bereitstellen.
Bei der Gewährung der Hilfen ist der Bildungsstand sowie die individuellen Fähigkeiten und Neigungen des Hilfeempfängers zu berücksichtigen.
In dem Gesetzestext nach der Reform 1996 wird diese Sicherung des Arbeitsplatzes besonders beachtet. Das Haben einer Ausbildung und eines Arbeitsplatzes wird als wichtige Ressource verstanden, „um besondere Lebensverhältnisse, die mit sozialen Schwierigkeiten verbunden sind, zu überwinden und durch das Verfügen über die Ressource am Leben in der Gemeinschaft teilnehmen zu können" (Roscher 1996:124). Damit wendet sich der Gesetzgeber gegen die Sichtweise, nach der Arbeit als Mittel zum Zweck einer Verhaltensbeeinflussung, als 'Therapeutikum' verstanden wird.

- Ausbildung (§ 10 DVO zu § 72 BSHG)

Diese Hilfen zielen daraufhin, den Hilfeempfänger bei einem Ausbildungsabschluß an allgemeinbildenden Schulen oder bei der Ausbildung in einem angemessenen Beruf oder für einen sonstige angemessene Tätigkeit zu motivieren und während der Teilnahme zu unterstützen.

- Hilfe zur Begegnung und zur Gestaltung der Freizeit (§ 11 DVO zu § 72 BSHG)

Die persönliche Hilfe in diesem Bereich umfaßt Maßnahmen, die die Begegnung und den Umgang des Hilfeempfängers mit anderen Personen anregen und ermöglichen. Dem Hilfeempfänger soll dabei die Möglichkeit eröffnet werden am kulturellen Leben in der Gemeinschaft teilzunehmen und sich in diesem Rahmen auch aktiv zu betätigen.

Anhang 3

Fragebogen

Einrichtungen der Wohnungslosenhilfe

Beratung und Betreuung von wohnungslosen Frauen

1. Träger

....

1.1. Die Einrichtung besteht seit: ....,

1.2. Aufgaben der Einrichtung   (Mehrfachnennung möglich)

a) Beratungsstelle   O

b) Wärmestube   O

c) Streetwork   O

d) Übergangswohnbereich   O

e) Stationäre Einrichtung   O

f) sonstige Aufgaben: ....

....

....

1.3. Mitarbeiterinnen

a) Wie viele Mitarbeiterinnen sind in der Einrichtung beschäftigt?

sozialarbeiterisch ausgebildete Frauen   ....

davon: in voller Stelle ....   in halber Stelle ....

andere Mitarbeiterinnen   ....

davon: in voller Stelle ....   in halber Stelle ....

b) Welche formale Berufsausbildung haben die Mitarbeiterinnen.

Sozialpädagogin/Sozialarbeiterin   O

Dipl.Päd./Psychologin/Soziologin   O

andere:..

....

c) Haben Sie spezielle Qualifikationen für die Beratung/Betreuung von

wohnungslosen Frauen (z.B. Praktika, Schwerpunkt im Studium)?

....

....

1.4. Fachliche Fortbildungen und Reflexion

Bitte ankreuzen

Teilnahme an	durchschnittlich einmal im Jahr	durchschnittlich alle 6 Monate	durchschnittlich alle 3-4 Monate	häufiger
Lehrgängen				
Fachtagungen				
Innerbetrieblicher Fortbildung				
Fachberatungen Supervision				

1.5. Öffentlichkeitsarbeit der Institution

Bitte ankreuzen

	monatlich oder häufiger	alle 2-3 Monate	alle 3-6 Monate	alle 6-12 Monate
Pressemitteilungen				
besondere Aktionen (z.B. Tag der offenen Tür)				
Auslage von Handzetteln				
Plakataktionen, Demos				
sonstiges:				

2. Politische Einflußmöglichkeiten

durch Mitarbeit in kommunalen sozialpolitischen Gremien/Ausschüssen   ja O   nein O

wenn ja, in welchen: ....

....

....

durch Mitarbeit in kommunalen/ überkommunalen Arbeitsgruppen   ja O   nein O

wenn ja, in welchen: ....

....

....

229

3.   Klientel

Die Einrichtung ist für folgende Personenkreise zuständig:

Beratung und Betreuung gem. § 4 DVO zu 72 BSHG.   O

Beratung und Betreuung gem. § 2 DVO zu 72 BSHG   O

Beratung und Betreuung gem. § 2 DVO und § 4 DVO zu 72 BSHG   O

Ausländische Mitbürgerinnen/Migrantinnen   O

sonstige:...

....

3.1. Wie viele Klientinnen suchten die Einrichtung auf ? *(Anzahl)*

	wohnungslose Frauen	von Wohnungslo- sigkeit bedrohte Frauen
1993		
1994		
1995		

Tendenz:

Frauen:...

....

3.2. Kontaktaufnahme zur Einrichtung.

Wie erfolgt die Kontaktaufnahme zu der Einrichtung ? (bitte ankreuzen)

Kontakt- aufnahme	sehr häufig	häufig	weniger häufig	selten	nie
ohne Vermittlung					
durch Bekannte/ Familie					
durch das Sozialamt					
durch das Woh- nungsamt					
andere Beratungs- stellen					
stationäre Einrich- tungen					
durch den Partner					
sonstige:					

3.3. Frauen mit Partner

Können auch männliche Partner die Einrichtung besuchen, wenn die Frauen

es wünschen?

ja O   nein O

Anzahl der Frauen mit Männern, die die

Einrichtung aufsuchen

Wenn ja, hat sich der Anteil der Frauen,

die eine Beratung/Betreuung zusammen

mit ihrem Partner wünschen, verändert?

ja O   nein O

Falls eine gemeinsame Betreuung/Beratung von den Frauen

gewünscht wird, welche Probleme beinhaltet das:

	Frauen mit Partner
1993	
1994	
1995	

....

....

3.4. Frauen mit Kindern

Nutzen Frauen mit Kindern Ihre Einrichtung?

ja O   nein O

Wenn ja, nutzen weniger bzw. mehr Frauen mit Kindern in den letzten Jahren

Ihre Einrichtung?

....

....

3.5. Altersentwicklung des Klientel

Das Alter der Klientinnen bei Aufnahme

in die Beratung/Betreuung ist:

a) seit Jahren gleichbleibend   O

b) es zeigt sich ein zunehmender

   Anteil von jüngeren Klientinnen   O

c) es zeigt sich ein zunehmender

   Anteil von älteren Klientinnen   O

Altersverteilung:

Falls keine statistischen Daten *(Anzahl)* vorhanden, bitte

eigene Einschätzung (ankreuzen)

Alter	Frauen
bis 21 Jahre	
21 - 30 Jahre	
31 - 45 Jahre	
45 Jahre oder älter	

3.6. Suchen von Wohnungslosigkeit *bedrohte* Frauen und Jugendliche die Einrichtung auf?

Wenn ja, welche Personengruppen (bitte ankreuzen)

Personengruppe	Häufige Hilfe-anfragen	Wenige Hilfe-anfragen	Noch nicht vorge-kommen
Alleinstehende Frauen			
Alleinerziehende Frauen mit Kindern			
Weibliche „junge Erwachsene" (KJHG)			
Weibliche Jugendliche			

4. Inhaltliche Schwerpunkte der Beratung/Betreuung.

Bitte ankreuzen

Beratungs/ Betreuungsinhalte	wohnungslose Frauen					von Wohnungslosigkeit *bedrohte* Frauen				
	sehr häufig	häufig	weniger häufig	selten	nie	sehr häufig	häufig	weniger häufig	selten	nie
Grundversorgung Sozialhilfe, Unterbringung										
Rechtsberatung Hilfe bei Amtsgängen										
Hilfe bei der Durchsetzung von Rechtsansprüchen										
Vermittlung in Wohnraum										
Unterstützung bei der Wohnungssuche										
Vermittlung in Arbeit										
Vermittlung an andere soziale Dienste (z.B. Suchtberatung, psychosoziale Dienste)										
Hilfe bei der Schuldenregulierung										
Geldverwaltung										
Beratung /Betreuung in persönlichen Belangen (z.B. Schwangerschaft)										
Hilfe bei der Freizeitgestaltung										
Koordination der verschiedenen Hilfen										
Beratung/Hilfe bei Partnerschaftskonflikten										
Beratung/Hilfe bei amtlichen Schreiben/ Schriftverkehr										

Gibt es andere, spezifische Beratungs- und Betreuungsinhalte, die von
den Frauen gewünscht werden?

....

....

....

5. Dauer der Betreuung

Geben Sie bitte die *Anzahl* der Klientinnen an die 1994/1995 in der Betreuung waren?

Betreuungsdauer	alleinlebende Frauen	Frauen die mit einem Partner zusammenleben
bis zu 1 Jahr		
1 - 2 Jahre		
2 Jahre		
2 - 3 Jahre		
3 Jahre und mehr		

Falls keine statistischen Daten vorhanden, bitte schätzen

5.1. Abbruch der Betreuung durch die Klientinnen

Geben Sie bitte die Zeitspanne an, in der die meisten Abbrüche der Betreuung
durch die Klientinnen erfolgen (bitte ankreuzen).

Abbruch der Betreuung	alleinlebende Frauen	Frauen die mit einem Partner zusammenleben
in den ersten 3 Monaten nach Betreuungsbeginn		
in den ersten 6 Monaten nach Betreuungsbeginn		
in den ersten 12 Monaten nach Betreuungsbeginn		
nach 1 - 1 ½ Jahren		
nach 1 ½ - 2 Jahren		

Falls keine statistischen Daten vorhanden, bitte schätzen

Welche spezifischen Umstände/Situationen führen bei den
Frauen überwiegend zu einem Abbruch der Betreuung?

....

....

....

6. Unterbringung/Vermittlung in Unterkunft

Geben Sie bitte jeweils die *Anzahl* der untergebrachten/vermittelten Klientinnen an.

Falls keine differenzierten Statistiken vorhanden, bitte schätzen

Unterkunft	alleinlebende Frauen		Frauen die mit einem Partner zusammenleben		
	1993	1994	1993	1993	1994	1995
in eigene Wohnung						
in Hotel Pension						
in eigenes Zimmer						
in Übergangs- wohnung						
in Wohnge- meinschaft etc.						
in Wohn- wagen						
in Zelt						
in Obdach						
in andere Unterkunft						

7. Vermittlung in Arbeit

Wieviel Klientinnen konnten 1994/1995 in Arbeitsstellen vermittelt werden ?

(Bitte die *Anzahl* der vermittelten Klientinnen angeben)

7.1. Gibt es vor Ort kommunale Arbeitsprogramme, inte-grierende Werkstätten, etc. in die Klientinnen vermittelt werden können?

ja O   nein O

gegebenenfalls, welche Arbeitsstellen/Werkstätten/etc.

Arbeitsstelle	Frauen	
	1994	1995
ABM		
nach § 19.1 BSHG		
freier Arbeitsmarkt		
sonstige		

....

....

....

Wenn ja, wie gestaltet sich die Zusammenarbeit mit diesen Einrichtungen ?

regelmäßige Kontakte   O

nur im Einzelfall   O

keine Zusammenarbeit   O

234

Wie gestaltet sich die Zusammenarbeit mit dem Arbeitsamt?

regelmäßige Kontakte   O

nur im Einzelfall   O

keine Zusammenarbeit   O

Wird eine Betreuung am Arbeitsplatz gewährleistet?

ja O   nein O

Wenn ja, durch welche Institution, etc.:

....

....

....

7.2. Abbrüche der Arbeitsgelegenheit

Von den in Arbeitsstellen vermittelten Klientinnen

beenden ca. .... % das Arbeitsverhältnis vorzeitig.

Gründe des Abbruchs der Arbeitsgelegenheit durch die Klientinnen sind überwiegend:

....

....

....

8.   Zusammenarbeit/Kontakte zu anderen Institutionen/Einrichtungen

Wie gestaltet sich die Zusammenarbeit mit anderen Einrichtungen/Ämtern etc. (Bitte ankreuzen)

Einrichtungen	kontinuierliche Zusammenarbeit, regelmäßige Kontakte	keine kontinuierliche Zusammenarbeit (Einzelfallbezogen)	wenige Kontakte, keine Zusammenarbeit
Sozialämter			
Ordnungsämter			
Wohnungsämter			
Psychosoziale Dienste			
Jugendamt			
Schuldnerberatung			
Suchtberatung			

235

Fortsetzung Einrichtungen	kontinuierliche Zu-sammenarbeit, regel-mäßige Kontakte	keine kontinuierliche Zusammenarbeit (Einzelfallbezogen)	wenige Kontakte, keine Zusammenar-beit
Bewährungshilfe			
karitative Einrichtungen (AWO, Bahnhofsmission) kirchliche Einrichtungen (Diakonie, Caritas, etc.) Pflegeeinrichtungen			
Selbsthilfegruppen			
Frauenhäuser			
spezifische Beratungs-stellen für Frauen			
stationären Einrichtungen der Whg.-losenhilfe			
ambulante Einrichtungen für wohnungslose Männer			
Einrichtungen für whg.-lose Frauen und Männer			
Krankenhäuser Arztpraxen			
sonstige:			

8.1. Vermittlung/Vernetzung

Ist die Vermittlung von *Klientinnen* an andere spezielle Dienste (z.B. Frauen-Notruf, Frauenhaus, Wohngruppen für chronisch Kranke, etc.) möglich?

ja O   nein O

Wenn ja, an welche Dienste konnten Frauen weiter vermittelt werden,

....

....

....

und wie gestaltet sich die Zusammenarbeit mit diesen spezifischen Diensten (z.B. gemeinsame Hilfeplanung, regelmäßiger informeller Austausch, gemeinsame Aktionen/ Öffentlichkeitsarbeit)?

....

....

....

9. Soziale und persönliche Lebensumstände der Klientinnen

Falls keine statistischen Daten vorhanden, bitte eigene Einschätzung (ankreuzen)

Wodurch wurde der Verlust der Wohnung bedingt?

	Frauen				
Wohnungsverlust	sehr häufig	häufig	weniger häufig	selten	nie
durch Trennung / Scheidung					
Zwangsräumung/ Mietschulden					
Kündigung durch Vermieter					
eigene Kündigung					
Entlassung aus stationärer Unterbringung					
kein eigener Mietvertrag					
an Arbeitsstelle gebundene Wohnung (z.B. in der Gastonomie)					
sonstiger:					

Wodurch haben sich die Klientinnen vor der Wohnungslosigkeit ihren Lebensunterhalt gesichert?

Falls keine statistischen Daten vorhanden, bitte eigene Einschätzung (ankreuzen)

	Frauen				
Sicherung des Lebensunterhalt	sehr häufig	häufig	weniger häufig	selten	nie
eigene Berufstätigkeit					
durch Verwandte / Angehörige					
Sozialhilfe					
Arbeitslosengeld Arbeitslosenhilfe					
sonstiges:					

Welche Bildungsabschlüsse haben die Klientinnen?

Falls keine statistischen Daten vorhanden, bitte eigene Einschätzung (ankreuzen)

Schulabschluß Berufsausbildung	Frauen				
	sehr häufig	häufig	weniger häufig	selten	nie
kein Schulabschluß					
Sonderschule					
Schulabschluß (Hauptschule)					
Schulabschluß (Realschule, Abi)					
keine Berufstätigkeit					
keine abgeschlossene Berufsausbildung					
angelernte Tätigkeit					
abgeschlossene Berufsausbildung					

9.1. Verhalten und Problemlagen der Klientinnen

Welches Verhalten/Problemlagen trifft Ihrer Erfahrung nach auf die Klientinnen zu?

(bitte jeweils ankreuzen).

Problemlagen und Verhalten	Frauen				
	sehr häufig	häufig	weniger häufig	selten	nie
Suchtproblematik					
Analphabetismus					
Geistige Behinderungen					
Körperliche Behinderungen					
Chronische psychische Erkrankungen					
Chronische physische Erkrankungen					
Aggressives Verhalten					
Autoaggressives Verhalten					
Partnerorientiertes Verhalten					
Dominantes Auftreten/Verhalten					
Unsicheres Auftreten/Verhalten					
Versorgendes, soziales Verhalten					

Fortsetzung	Frauen				
Problemlagen und Verhalten	sehr häufig	häufig	weniger häufig	selten	nie
Emotional geprägte Reaktionen/Verhalten					
Rational geprägte Reaktionen/Verhalten					
Bemühen um Unauffälligkeit					
Eingebundensein in die „Straßenscene"					
Dominante Stellung in der „Straßenscene"					
Aktives, zielgerichtetes Lösen von Konflikten					
Schwierigkeiten Konflikte zu ertragen und zu lösen					
Bemühen um Kontakte zur Familie (Eltern, Kinder)					
Körperlichen, sexuellen Übergriffen ausgesetzt					
Stärkerer Diskriminierung durch „Normalbürger"					
Konfliktreiche, schwierige Beratungssituationen					
Regelmäßige Kontakte zur Beratungsstelle.					
Suchen die Beratungsstelle nur unregelmäßig auf.					
Benötigen ein besonderes „Vertrauensverhältnis".					
sonstiges:					

10. Wie schätzen Sie das z.Z. bestehende Hilfesystem für arme/wohnungslose Frauen ein?

....

....

....

10.1. Werden bei Ihnen vor Ort präventive Hilfen für, *von Wohnungslosigkeit bedrohte,* Frauen angeboten?

ja O   nein O

Wenn ja, welche Stellen (z.B. Fachstelle im Wohnungsamt) bieten präventive Hilfen

an,:...

....

....

und wie gestaltet sich eine Zusammenarbeit mit diesen Stellen (z.B. regelmäßiger Kontakt, gemeinsame Hilfeplanung, Zusammenarbeit in AG's, gemeinsame Aktionen -Öffentlickeitsarbeit-)?

....

....

....

11. Befürchten Sie einen Anstieg an wohnungslosen und von Wohnungslosigkeit *bedrohten* Frauen (und Kindern) in den nächsten Jahren?

ja O   nein O

Wenn ja, welche kommunalen Initativen (z.B. besserer Austausch zwischen Hilfeanbietern, zentrale Fachstelle für Wohnungsnotfälle) sind Ihrer Meinung nach erforderlich, um adäquate (ev. präventive) Hilfen zu ermöglichen?

....

....

....

....

Sonstige Anmerkungen:

....

....

....

....

....

Vielen Dank !

Fragebogen

Einrichtungen der Wohnungslosenhilfe

Beratung und Betreuung von wohnungslosen Frauen und Männern

1. Träger

....

1.1. Die Einrichtung besteht seit: ....

1.2. Aufgaben der Einrichtung   (Mehrfachnennung möglich)

    a) Beratungsstelle   O

    b) Wärmestube   O

    c) Streetwork   O

    d) Übergangswohnbereich   O

    e) Stationäre Einrichtung   O

    f) sonstige Aufgaben: ....

    ....

    ....

1.3. Mitarbeiterinnen und Mitarbeiter

    a) Wieviel Mitarbeiterinnen und Mitarbeiter sind in der Einrichtung beschäftigt.

        Frauen   ....

        davon: in voller Stelle ....   in halber Stelle ....

        Männer   ....

        davon in voller Stelle ....   in halber Stelle ....

    b) Welche formale Berufsausbildung haben die Mitarbeiterinnen und Mitarbeiter.

        Sozialpädagogen/Sozialarbeiter   O

        Dipl.Päd./Psychologen/Soziologen   O

        andere:...

        ....

    c) Haben Sie spezielle Qualifikationen für die Beratung/Betreuung von

        wohnungslosen Menschen (z.B. Praktika, Schwerpunkt im Studium).

        ....

        ....

1.4. Fachliche Fortbildungen und Reflexion

Bitte ankreuzen

Teilnahme an	durchschnittlich einmal im Jahr	durchschnittlich alle 6 Monate	durchschnittlich alle 3-4 Monate	häufiger
Lehrgängen				
Fachtagungen				
Innerbetrieblicher Fortbildung				
Fachberatungen Supervision				

1.5. Öffentlichkeitsarbeit der Institution

Bitte ankreuzen

	monatlich oder häufiger	alle 2-3 Monate	alle 3-6 Monate	alle 6-12 Monate
Pressemitteilungen				
besondere Aktionen (z.B. Tag der offenen Tür)				
Auslage von Handzetteln				
Plakataktionen, Demos				
sonstiges:				

2. Politische Einflußmöglichkeiten

durch Mitarbeit in kommunalen sozialpolitischen Gremien/Ausschüssen   ja O   nein O

wenn ja, in welchen: ....

....

....

durch Mitarbeit in kommunalen/ überkommunalen Arbeitsgruppen   ja O   nein O

wenn ja, in welchen: ....

....

....

3. Klientel

Die Einrichtung ist für folgende Personenkreise zuständig:

Beratung und Betreuung gem. § 4 DVO zu 72 BSHG.	O
Beratung und Betreuung gem. § 2 DVO zu 72 BSHG	O
Beratung und Betreuung gem. § 2 DVO und § 4 DVO zu 72 BSHG	O
Ausländische Mitbürgerinnen/Migrantinnen und Mitbürger/Migranten	O

sonstige:...

....

3.1. Wie viele Klientinnen und Klienten suchten die Beratungsstelle auf? (Anzahl)

	Frauen	Männer
1993		
1994		
1995		

Tendenz:

Frauen:...

....

Männer:...

....

3.2. Kontaktaufnahme zur Einrichtung.

Wie erfolgt die Kontaktaufnahme zu der Einrichtung? (bitte ankreuzen)

Kontakt-aufnahme	sehr häufig	häufig	weniger häufig	selten	nie
ohne Vermittlung					
durch Bekannte/ Familie					
durch das Sozialamt					
durch das Woh-nungsamt					
andere Beratungs-stellen					
stationäre Einrich-tungen					
sonstige:					

3.3. Paare

Nutzen wohnungslose Paare die Einrichtung

ja O   nein O

Wenn ja, hat sich der Anteil dieses Klientel

in den letzten Jahren verändert

ja O   nein O

Anzahl der Paare, die in Einrichtung

aufsuchen

	Paare
1993	
1994	
1995	

3.4. Altersentwicklung des Klientel

Das Alter der Klientinnen/Klienten bei Aufnahme

in die Beratung/Betreuung ist:

a) seit Jahren gleichbleibend   O

b) es zeigt sich ein zunehmender

Anteil von jüngeren Klientinnen

und Klienten   O

c) es zeigt sich ein zunehmender

Anteil von älteren Klientinnen

und Klienten   O

Altersverteilung:

Falls keine statistischen Daten (Anzahl) vorhanden,

bitte eigene Einschätzung (ankreuzen)

Alter	Frauen	Männer
bis 21 Jahre		
21 - 30 Jahre		
31 - 45 Jahre		
45 Jahre oder älter		

3.5. Suchen *von Wohnungslosigkeit bedrohte* Menschen die Einrichtung auf.

Wenn ja, welche Personengruppen (bitte ankreuzen)

Personengruppe	Häufige Hilfe-anfragen	Wenige Hilfe-anfragen	Noch nicht vorge-kommen
Alleinstehende Männer			
Alleinstehende Frauen			
Paare			
Alleinerziehende Frau-en mit Kindern			
Weibliche „junge Er-wachsene" (KJHG)			
Männliche „junge Er-wachsene" (KJHG)			
Männliche Jugendliche			
Weibliche Jugendliche			

4. Inhaltliche Schwerpunkte der Beratung/Betreuung.

Bitte ankreuzen

Beratungs/ Betreuungsinhalte	Frauen					Männer				
	sehr häufig	häufig	weniger häufig	selten	nie	sehr häufig	häufig	weniger häufig	selten	nie
Grundversorgung Sozialhilfe, Unterbringung										
Rechts- beratung										
Hilfe bei der Durchsetzung von Rechtsansprüchen										
Vermittlung in Wohnraum										
Unterstützung bei der Wohnungssuche										
Vermittlung in Arbeit										
Vermittlung an andere soziale Dienste (z.B. Suchtberatung, psychosoziale Dienste)										
Hilfe bei der Schulden- regulierung										
Geldverwaltung										
Beratung /Betreuung in persönlichen Belangen										
Hilfe bei der Freizeit- gestaltung										
Koordination der verschiedenen Hilfen										
Beratung/Hilfe bei Partnerschaftskonflikten										
Beratung/Hilfe bei amtlichen Schreiben/ Schriftverkehr										
Hilfe bei Amtsgängen										
sonstiges:										

Gibt es andere, spezifischen Beratungs- und Betreuungsinhalte, die überwiegend von *Frauen* gewünscht werden.

....

....

5. Dauer der Betreuung

Geben Sie bitte die Anzahl der Klientinnen und Klienten an die 1994/1995 in

der Betreuung waren ?

Betreuungsdauer	Frauen	Männer	Paare
bis zu 1 Jahr			
1 - 2 Jahre			
2 Jahre			
2 - 3 Jahre			
3 Jahre und mehr			

Falls keine statistischen Daten vorhanden, bitte schätzen

5.1. Abbruch der Betreuung durch die Klienten

Geben Sie bitte die Zeitspanne an, in der die meisten Abbrüche der Betreuung

durch die Klientinnen/Klienten erfolgen (bitte ankreuzen).

Abbruch der Betreuung	Frauen	Männer	Paare
in den ersten 3 Monaten nach Betreuungsbeginn			
in den ersten 6 Monaten nach Betreuungsbeginn			
in den ersten 12 Monaten nach Betreuungsbeginn			
nach 1 - 1 ½ Jahren			
nach 1 ½ - 2 Jahren			

Falls keine statistischen Daten vorhanden, bitte schätzen

5.2. Unterscheiden sich die Situationen, die zum Abbruch der Betreuung

führen, bei Frauen und Männern?

ja O   nein O

Wenn ja, welche spezifischen Umstände/Situationen führen bei

Frauen überwiegend zu einem Abbruch der Betreuung?

....

....

....

6. Unterbringung/Vermittlung in Unterkunft

Geben Sie bitte jeweils die Anzahl der untergebrachten/vermittelten Klientinnen und Klienten an.

Falls keine differenzierten Statistiken vorhanden, bitte schätzen

Unterkunft	Frauen (alleinstehende)			Männer (alleinstehende)			Paare		
	1993	1994	1995	1993	1994	1995	1993	1994	1995
in eigene Wohnung									
in Hotel Pension									
in eigenes Zimmer									
in Übergangswohnung									
in Wohngemeinschaft etc.									
in Wohnwagen									
in Zelt									
in Obdach									
in andere Unterkünfte									

7. Vermittlung in Arbeit

Wieviel Klientinnen/Klienten konnten 1994/1995 in Arbeitsstellen vermittelt werden.

(Bitte die Anzahl der vermittelten Klientinnen/Klienten angeben)

7.1. Gibt es vor Ort kommunale Arbeitsprogramme, integrierende Werkstätten, etc. in die Klientinnen und Klienten vermittelt werden können?

ja O   nein O

Arbeitsstelle	Frauen		Männer	
	1994	1995	1994	1995
ABM				
nach § 19,1 BSHG				
freier Arbeitsmarkt				
sonstige				

gegebenenfalls, welche Arbeitsstellen/Werkstätten/etc.

....

....

....

Wenn ja, wie gestaltet sich die Zusammenarbeit mit diesen Einrichtungen.

regelmäßige Kontakte   O

nur im Einzelfall   O

keine Zusammenarbeit   O

Wie gestaltet sich die Zusammenarbeit mit dem Arbeitsamt?

regelmäßige Kontakte   O

nur im Einzelfall   O

keine Zusammenarbeit   O

Wird eine Betreuung am Arbeitsplatz gewährleistet?

ja O   nein O

Wenn ja, durch welche Institution, etc.

....

....

....

7.2. Abbrüche der Arbeitsgelegenheit

Von den in Arbeitsstellen vermittelten Klientinnen und Klienten

beenden ca. .... % das Arbeitsverhältnis vorzeitig.

Gründe des Abbruchs der Arbeitsgelegenheit durch die Klientinnen/Klienten sind überwiegend

bei Frauen:...

....

....

bei Männern:...

....

....

8.   Zusammenarbeit/Kontakte zu anderen Institutionen/Einrichtungen

Wie gestaltet sich die Zusammenarbeit mit anderen Einrichtungen/Ämtern etc. (Bitte ankreuzen)

Einrichtungen	kontinuierliche Zusammenarbeit, regelmäßige Kontakte	keine kontinuierliche Zusammenarbeit (Einzelfallbezogen)	wenige Kontakte, keine Zusammenarbeit
Sozialämter			
Ordnungsämter			
Wohnungsämter			
Psychosoziale Dienste			
Jugendamt			
Schuldnerberatung			

Fortsetzung **Einrichtungen**	kontinuierliche Zu- sammenarbeit, regel- mäßige Kontakte	keine kontinuierliche Zusammenarbeit (Einzelfallbezogen)	wenige Kontakte, keine Zusammenar- beit
Suchtberatung			
Bewährungshilfe			
Krankenhäuser			
karitative Einrichtungen (AWO, Bahnhofsmission)			
kirchliche Einrichtungen (Diakonie, Caritas, etc.)			
Pflegeeinrichtungen			
Selbsthilfegruppen (z.B. Arbeitslosenselbsthilfe)			
Frauenhäuser			
spezifische Beratungs- stellen für Frauen			
stationären Einrichtungen der Whg.-losenhilfe			
sonstige:			

8.1. Vermittlung/Vernetzung

Ist die Vermittlung von *Klientinnen* an andere spezielle Dienste (z.B. Frauen-Notruf, Frauenhaus,

Wohngruppen für chronisch Kranke, etc.) möglich?

ja O   nein O

Wenn ja, an welche Dienste konnten Frauen vermittelt werden

....

....

....

und wie gestaltet sich die Zusammenarbeit mit diesen spezifischen Diensten

(z.B. gemeinsame Hilfeplanung, regelmäßiger informeller Austausch, gemeinsame

Aktionen/ Öffentlichkeitsarbeit)

....

....

....

9. Soziale und persönliche Lebensumstände der Klientinnen und Klienten

Falls keine statistischen Daten vorhanden, bitte eigene Einschätzung (ankreuzen)

Wodurch wurde der Verlust der Wohnung bedingt?

	Frauen					Männer				
Wohnungsverlust	sehr häufig	häufig	weniger häufig	selten	nie	sehr häufig	häufig	weniger häufig	selten	nie
durch Trennung / Scheidung										
Zwangsräumung/ Mietschulden										
Kündigung durch Vermieter										
eigene Kündigung										
Entlassung aus stationärer Unterbringung										
kein eigener Mietvertrag										
sonstiges:										

Wodurch haben sich die Klientinnen/Klienten vor der Wohnungslosigkeit

ihren Lebensunterhalt gesichert?

Falls keine statistischen Daten vorhanden, bitte eigene Einschätzung (ankreuzen)

	Frauen					Männer				
Sicherung des Lebensunterhalt	sehr häufig	häufig	weniger häufig	selten	nie	sehr häufig	häufig	weniger häufig	selten	nie
eigene Berufstätigkeit										
durch Verwandte / Angehörige										
Sozialhilfe										
Arbeitslosengeld Arbeitslosenhilfe										
sonstiges:										

Welche Bildungsabschlüsse haben die Klientinnen und Klienten?

Falls keine statistischen Daten vorhanden, bitte eigene Einschätzung (ankreuzen)

	Frauen					Männer				
Schulabschluß **Berufsausbildung**	sehr häufig	häufig	weniger häufig	selten	nie	sehr häufig	häufig	weniger häufig	selten	nie
kein Schulabschluß										
Sonderschule										
Schulabschluß (Hauptschule)										
Schulabschluß (Realschule, Abi)										
keine Berufstätigkeit										
keine abgeschlossene Berufsausbildung										
angelernte Tätigkeit										
abgeschlossene Berufsausbildung										

9.1. Verhalten und Problemlagen der Klientinnen und Klienten

Welches Verhalten/Problemlagen trifft Ihrer Erfahrung nach eher auf Klientinnen bzw. Klienten zu?

(bitte jeweils ankreuzen).

	Frauen					Männer				
Problemlagen und **Verhalten**	sehr häufig	häufig	weniger häufig	selten	nie	sehr häufig	häufig	weniger häufig	selten	nie
Starkes Suchtverhalten										
Kontrollierte Sucht										
Analphabetismus										
Geistige Behinderungen										
Körperliche Behinderungen										
Psychische Erkrankungen										
Physische Erkrankungen										
Aggressives Verhalten										
Autoagressives Verhalten										
Partnerorientiertes Verhalten										
Dominantes Auftreten/Verhalten										
Unsicheres Auftreten/Verhalten										
Versorgendes, soziales Verhalten										

251

Fortsetzung	Frauen					Männer				
Problemlagen und Verhalten	sehr häufig	häufig	weniger häufig	selten	nie	sehr häufig	häufig	weniger häufig	selten	nie
Emotional geprägte Reaktionen/Verhalten										
Rational geprägte Reaktionen/Verhalten										
Körperliche „Verwahrlosung"										
Geistige „Verwahrlosung"										
Bemühen um Unauffälligkeit										
Eingebundensein in die „Straßenscene"										
Dominante Stellung in der „Straßenscene"										
Aktives, zielgerichtetes Lösen von Konflikten										
Schwierigkeiten Konflikte zu ertragen und zu lösen										
Bemühen um Kontakte zur Familie (Eltern, Kinder)										
Körperlichen, sexuellen Übergriffen ausgesetzt										
Stärkerer Diskriminierung durch „Normalbürger"										
Konfliktreiche, schwierige Beratungssituationen										
Nehmen Beratungsgespräche nur allein wahr.										
Nehmen Beratungsgespräche nie allein wahr.										
Regelmäßige Kontakte zur Beratungsstelle.										
Suchen die Beratungsstelle nur unregelmäßig auf.										
Benötigen ein besonderes „Vertrauensverhältnis".										
sonstiges:										

Anmerkungen:...

....

....

....

....

....

....

Vielen Dank !

www.ingramcontent.com/pod-product-compliance
Lightning Source LLC
Chambersburg PA
CBHW022306280326
41932CB00010B/1005